Deliberative
Difficulties and
Beyond

熟議民主主義の困難

● その乗り越え方の政治理論的考察

田村哲樹
Tetsuki Tamura

ナカニシヤ出版

序　論

　本書のテーマは、再び熟議民主主義（deliberative democracy）である。「再び」と書いたのは、私は 2008 年に『熟議の理由——民主主義の政治理論』（勁草書房）と題する著作を刊行しているからである（田村 2008）。『熟議の理由』と本書『熟議民主主義の困難』とでは、いったい何が異なるのだろうか。8 年後に再び熟議民主主義を、どのように論じるべきだろうか。

　『熟議の理由』において私は、社会学における「再帰的近代化」の現代社会診断を踏まえつつ、ある種の（少々修正された）熟議民主主義が現代社会にとって不可避的に求められる、ということを論じた。また、その時点における熟議民主主義をめぐる異論や反論、それを踏まえた熟議民主主義論者たちの自己批判を踏まえた上で、熟議民主主義というアイデアを構想し直そうとした。その「構想し直し」の中には、熟議民主主義を多層的に把握することも含まれていた。同書で「多層化」と言う場合、市民社会や親密圏における熟議も含まれていた。このようにして『熟議の理由』は、熟議民主主義に関する一定の包括的な構想を示そうとしたものであった。

　これに対して、本書のテーマは、熟議民主主義の「困難」である。このような、ネガティブにも受け止められかねないテーマを、いったいなぜ掲げるのかを説明しよう。確かに、『熟議の理由』刊行前後から、日本においても熟議民主主義への関心は、アカデミズムの世界を超えて広まった。地方自治体レベルでは、現在では「ミニ・パブリックス」と総称される、様々な形態の熟議のための市民参加のフォーラムが、数多く開催された。国政レベルでも、特に民主党政権期に「熟議」はキーワードの一つとなった。とりわけ、2012 年 7 月～8 月に実施された「エネルギー・環境の選択肢に関する討論型世論調査」は、エネルギーに関する政府の政策形成に一定の影響を及ぼした[1]。

1）　その詳細については、柳瀬（2015）の第 4 章を参照。

このような具体的な実践を通じて、熟議民主主義の認知度は、確実に高まったと思われる。それにもかかわらず、熟議民主主義をめぐる様々な疑問や論点に決着がついたというわけではない。現在においても、「「普通の人々」には熟議はできないのではないか？」「合意できない解決困難な問題に熟議では対応できないのではないか？」といった疑問を抱く人々は多く存在する。また、『熟議の理由』の「まえがき」において私は、熟議民主主義は、「規範論にすぎる」と見なされることもあれば、それとは逆に、「規範としては弱すぎる」と見なされることもあると書いた（田村 2008：iii）。このような状況に、現在でもそれほど大きな変化はないのではないかと思われる。そうだとすれば、そのような疑問を人々に抱かせる理由をあらためて探究し、それに対する解答を考えなければならないだろう。本書は、熟議民主主義に対する人々の疑念の基礎には、「それを阻む何か」への直観・想定があるのではないかと考え、その直観・想定を一つ一つ取り上げ検討する。これが、本書が「困難」を主題とする理由である。

　本書では、「熟議民主主義の困難」をもたらすものを「阻害要因」と呼ぶ。ひとくちに阻害要因と言っても、あるものがどのような意味で熟議民主主義の阻害要因として立ち現れるのかには、いくつかのパターンがある。そこで本書では、「阻害要因」を三つのタイプに分類できると考えた。第一に、熟議では対応できない（とされがちな）ものである。特に本書で取り上げるのは、熟議が行われることが期待される社会のあり方である。つまり、「このような社会状況では熟議を行うことはできない」「このような社会に熟議で対応することはできない」と思わせるようなものである。そのような社会状況として、本書では、「分断社会」（第1章）、「個人化社会」（第2章）、「労働中心社会」（第3章）を取り上げ、これらと熟議民主主義との関係を検討する。第二に、機能的な観点から見て、熟議の代替案となり得るものである。熟議が果たすと想定される役割を、それとは異なる別のものが果たすことができるかもしれない。つまり、熟議の機能的等価物は存在し得る。しかも、そうした機能的等価物が期待される機能を熟議以上によりよく果たすことができるとすれば、どうだろうか。この時、機能的に等価な制度や実践は、熟議の展開

を阻むことになるかもしれない。そのような熟議の機能的等価物として、本書では、コミュニケーションのミクロ基礎としての「情念」（第 4 章）と、よりマクロないし制度的な次元における「アーキテクチャ」（第 5 章）を取り上げることにした。最後に第三に、私たち自身の思考枠組である。「熟議とはこのようなものだ」と見なす私たちのアプリオリな思考枠組自体が、熟議の実践と研究の一層の発展に対する障害となっているかもしれない。そうだすれば、このアプリオリを見直すことが重要であろう。本書では、親密圏（第 6 章）、ミニ・パブリックス（第 7 章）、そして自由民主主義（第 8 章）を取り上げ、これらと熟議との関係についての私たちの思考枠組を問い直すことを試みる。

＊　＊　＊

　念のために記すならば、本書の目的はもちろん、「様々な阻害要因／困難ゆえに熟議民主主義を行うことはできない」と主張することではない。そうではなく、本書の最終的な目的は、様々な阻害要因に対して、熟議民主主義の意義や可能性を擁護することにある。その際に、本書が念頭に置いているのは、近年の「熟議システム」論の議論動向である。熟議システム論とは何かについては第 8 章で詳述する。そのため、ここではごく簡単に述べるにとどめるが、そのポイントは次の三点にまとめられる（Dryzek 2010a；Parkinson 2006；Parkinson and Mansbridge 2012；田村 2013a；Tamura 2014）。

　第一に、熟議を何か一つの制度や実践だけで見るのではなく、熟議に関する複数の制度や実践の連関（システム）を見ていこうとすることである。したがって、熟議システム論の立場からは、たとえばミニ・パブリックス（第 7 章）のみを熟議の場と見るようなアプローチは批判されることになる。もちろん、ミニ・パブリックスだけが問題ということではない。それ以外の制度であれ実践であれ、特定のものだけを「熟議民主主義」として把握する考え方が問題にされるのである。第二に、従来は必ずしも「熟議的」とは見なされてこなかった制度や実践も、「熟議システム」の構成要素という観点から論じることができるようになる。それ自体は熟議的ではなくとも、他の要

素やマクロな政治体制に対して熟議的な効果を有していれば、熟議システムの構成要素と考えることができるのである。たとえば、抗議運動や自己の利益の実現を目指して政治家等に働きかける利益アドヴォカシー活動なども、それを通じて当該社会全体に熟議的な効果をもたらすならば、熟議システムの構成要素として捉えることができる。第三に、熟議民主主義を自由民主主義の政治体制といったん切り離して考えることを可能にすることである。熟議民主主義に関する従来の多くの研究は、明示的であれ暗黙にであれ、自由民主主義の政治体制（ナショナルな次元であれ、それ以外の次元であれ）を想定していた。つまり、自由民主主義の政治体制をより「熟議的」にしていくことが、熟議民主主義論の主たる関心だったのである。これに対して、熟議システム論は、このような従来の自由民主主義（の政治体制）と熟議民主主義との関係を逆転させる可能性を有している。すなわち、熟議システムの概念を用いることで、熟議システムの一つの類型として自由民主主義的なそれがある、と考えることができるようになるのである。

　本書は、必ずしもこの熟議システム論に体系的に依拠して書かれているわけではない。しかし、多くの章では、熟議システム論的な視座に基づいた議論がなされている。たとえば、第Ⅰ部第1章の分断社会や第2章の個人化社会に関する議論は、熟議を自由民主主義の枠内でのみ考えるべきではないことを、その結論に含んでいる。第Ⅱ部第5章のアーキテクチャ論も、様々な熟議の場を念頭に置いた議論であるという点で、熟議システム論的な視座を一定程度踏まえたものとなっている。そして、第Ⅲ部の各章は、本書の中でもっとも熟議システム論の視座を踏まえたものである。親密圏における熟議を論じる第6章は、親密圏を、よりマクロな熟議システムの構成要素であるとともに、それ自体として一つの熟議システムでもあるものとして捉え直そうとする試みである。第7章におけるミニ・パブリックスについての考察は、ミニ・パブリックスをそれのみではなく、その外部の諸要素との関係で「システム的に」見ることの重要性を主張するものである。そして、自由民主主義と熟議民主主義との関係を再検討する第8章は、まさに、熟議システムの一類型として自由民主主義を位置づけ直そうとするものである。

このように見ていくならば、熟議の「阻害要因」をどのように乗り越えるかという本書のテーマにとって、熟議システム論は有意義な視座を提供しているように思われる。すなわち、熟議を阻む様々な要因は熟議システム論的な視座を採用することで相当程度対応可能なのではないだろうか、というメッセージを本書は発している。また、本書での熟議システム概念への依拠は、多くの場合、自由民主主義の見直しという論点とセットになっている。つまり、本書は、熟議システム概念に依拠することで、熟議民主主義が自由民主主義とは異なる民主主義の構想であることをより明確化できると考えている。正確に言えば、第8章で述べるように、自由民主主義は熟議システムの類型の一つ——自由民主主義的な熟議システム——として再定式化されるのである。現在、熟議システム論については多くの研究が行われるようになっている。しかし、この概念を自由民主主義の見直しという文脈に位置づけるという問題関心は、ジョン・S・ドライゼク（Dryzek 2010a）やジェーン・マンスブリッジ（Mansbridge 1999；2007；Mansbridge *et al.* 2012）による研究を除いて、十分に共有されているとは言えない。また、詳しくは第8章で論じることになるが、ドライゼクやマンスブリッジの研究も、自由民主主義の特徴の一つである公／私区分の再検討という点では、なおも不十分である。このような研究状況において、彼らの問題関心を引き継ぎつつ、特に家族・親密圏における熟議民主主義の可能性を真剣に考慮に入れることで、彼ら以上に、「自由民主主義を超える」熟議システム論の可能性を引き出そうとする点に、本書の最大の独自性がある。

＊　＊　＊

序論の最後に、重複を恐れず本書の構成について述べておこう。本書は、「熟議を阻むもの」のタイプの違いに応じた三部構成をとっている。第Ⅰ部は、熟議では対応できないとされがちな現代社会の状況を取り上げる。第1章は、「分断社会」という問題に熟議民主主義がどのように対応できるかについて検討する。しばしば、民族的なアイデンティティ等の深刻な対立に対して熟議民主主義は無力であると言われる。本章では、熟議民主主義が分断を乗り

越えられるとしたらどのようにしてかについて検討する。第2章の主題は、「個人化社会」である。現代社会の「個人化」（ウルリヒ・ベック）は、民主主義全般にとっての脅威となり得る。そこで、第2章では、社会の個人化が政治と民主主義にとって有する諸帰結を考察した上で、ポピュリズムおよび「民主主義2.0」（東浩紀）との比較を通じて、熟議民主主義が個人化にどのように対応できるのかを検討する。第3章では、「労働」を重視する社会、すなわち「労働中心社会」がいかに熟議民主主義の阻害要因となるかについて、また、どのようにすればこの阻害要因の克服を目指すことができるのかについて論じる。後者の問題について、本章では、社会保障、とりわけベーシック・インカムを熟議民主主義の条件として捉え直すことを提案する。

　第Ⅱ部では、熟議民主主義の、機能的に等価な代替案となり得る二つのものについて検討する。本書では、この問題を、熟議のミクロレベルにおける機能的等価物と、マクロレベルにおけるそれとの、二つのレベルで検討する。第4章では、コミュニケーション様式のミクロな基礎に関する、「理性か情念か」という問題を検討する。特に、情念は、理性に基づく熟議を阻むものとされることが多い。これに対して、本章では、理性と情念は排他的とは限らないことに加えて、熟議民主主義にとって重要なことは、「理性か情念か」ではなく「反省性」の確保であることを主張する。続く第5章では、よりマクロな次元に関して、アーキテクチャを取り上げる。ここでは、アーキテクチャを熟議の機能的等価物と見なす。その上で、リチャード・セイラーとキャス・サンスティーンによる「ナッジ」の概念に注目し、それを熟議民主主義の推奨に応用することができることを論じる。すなわち、本章は「熟議のためのナッジ」を提案する。このようにして、本章では、ある種のアーキテクチャはむしろ熟議民主主義と肯定的な形で結びつき得ることを示す。

　第Ⅲ部では、熟議民主主義に関する私たちの「思考枠組」こそが熟議の阻害要因となり得ると考える。したがって、私たちの思考枠組を転換し、より熟議民主主義の可能性を開くために、三つの重要な問題を検討する。まず、第6章では、親密圏（ないし家族）を取り上げる。「親密圏／家族には熟議はなじまない」という私たちの思考枠組を見直すことが、ここでの目的である。

もちろん、そこでは、熟議の阻害要因となる親密圏の構造特性についての考察も行われる。次に、第7章では、ミニ・パブリックスを取り上げ、それをその外部との関係で見ることの重要性を主張することを通じて、「熟議＝ミニ・パブリックス」とする思考枠組は再考されるべきであることを主張する。最後に第8章で扱うのは、「自由民主主義（リベラル・デモクラシー）」である。熟議を考える時に自由民主主義を前提とするような思考枠組こそが、熟議民主主義の展望を狭めているのかもしれない。本章では、すでに述べたように、「熟議システム」概念を自由民主主義の上位概念として提示することを通じて、自由民主主義的ではない熟議システムがあり得ることを主張する。そのことを通じて、自由民主主義という枠組みの制約から熟議民主主義を解放することができること、および、そのことによって熟議民主主義研究はより発展し得ることを論じることになる。

　最後に結論で、本書全体の議論を要約するとともに、本書の議論が政治学あるいは政治理論にとって有する意義と今後の課題を述べて、本書を閉じることにする。本書の議論は、国家ないし政府を中心とした政治学のあり方――「方法論的国家主義（methodological statism）」ないし「方法論的政府主義（methodological governmentalism）」と言ってもよい[2]――の再考を求めるとともに、政治学の下位分野としての政治理論ないし政治哲学において、「分析的政治哲学」とは区別される「政治理論」があることを示そうとするものである。

2）「方法論的国家／政府主義」と述べる時、私は「方法論的ナショナリズム」（遠藤 2013）を念頭に置いている。私の場合は、「ネーション」というよりも、政治学が集合的意思決定を機構・制度としての国家／政府に還元する傾向を問題にしたいため、「国家主義」ないし「政府主義」の言葉を用いている。

目　次

序論 ——————————————————————————— i

第Ⅰ部　現代社会の状況への対応可能性

第1章　分断社会 ———————————————————— 9
　　第1節　分断社会における熟議民主主義をめぐる諸議論
　　　　　　——ドライゼクとオフリン　10
　　第2節　どのような熟議民主主義か？　16

第2章　個人化社会 ——————————————————— 26
　　第1節　社会の個人化の政治的な帰結　27
　　第2節　個人化時代の民主主義——ポピュリズムと「民主主義2.0」　30
　　第3節　個人化と熟議民主主義　39
　　第4節　反省的かつ包括的に　42
　　第5節　自由民主主義を超えて？　44

第3章　労働中心社会 —————————————————— 46
　　第1節　条件としての社会保障　49
　　第2節　熟議民主主義の条件としての社会保障　52
　　第3節　熟議民主主義の条件としてのベーシック・インカム
　　　　　59

第II部　代替案の存在

第4章　情念

「理性か情念か」から反省性へ ———————————— 70

第1節　民主主義論が情念を考慮すべき理由　72

第2節　熟議民主主義における理性と情念——三つのアプローチ　75

第3節　どのように考えるべきなのか？　82

第4節　「理性と情念」から「反省性」へ　86

第5節　反省性と熟議システム　92

第5章　アーキテクチャ

「熟議民主主義のためのナッジ」へ ———————————— 94

第1節　アーキテクチャ——阻害要因か、補完か　96

第2節　アーキテクチャの具体像　121

第3節　アーキテクチャをめぐる熟議民主主義　139

第III部　問題としての思考枠組

第6章　親密圏 ———————————————————————— 156

第1節　親密圏における熟議——その二つのパターン　157

第2節　熟議の（非）正当性の基準——プレビシット的理由・私的理由・沈黙　164

第3節　熟議の阻害要因——親密圏の構造特性　169

第4節　親密圏における熟議民主主義を実現するために　172

第5節　親密圏は「親密」か？　180

目　次

第7章　ミニ・パブリックス ―――――――――――――― *184*
　　　第1節　ミニ・パブリックスへの批判をどう見るか　*186*
　　　第2節　コミュニケーション様式としての熟議　*190*
　　　第3節　ミニ・パブリックスの外部依存性――①その役割・
　　　　　　機能の観点から　*191*
　　　第4節　ミニ・パブリックスの外部依存性――②その正統性
　　　　　　という観点から　*194*

第8章　自由民主主義 ―――――――――――――――― *203*
　　　第1節　「複線モデル」と自由民主主義　*207*
　　　第2節　ミニ・パブリックスと自由民主主義　*210*
　　　第3節　熟議システム論の射程　*213*

結論 ―――――――――――――――――――――――― *229*
　　　第1節　本書の要約　*229*
　　　第2節　本書の含意　*230*
　　　第3節　今後の課題　*236*

参 考 文 献　*239*
あ と が き　*257*

人 名 索 引　*265*
事 項 索 引　*267*

熟議民主主義の困難
その乗り越え方の政治理論的考察

第Ⅰ部

現代社会の状況への対応可能性

第Ⅰ部　現代社会の状況への対応可能性

　第Ⅰ部は、現代社会のいくつかの特徴的な状況を熟議の「阻害要因」と見なし、熟議民主主義がどのように対応することができるかを検討する。第1章では、典型的には民族的なアイデンティティの深刻な対立によって特徴づけられる「分断社会 (divided society)」を扱う。第2章では、人々が「集合的な、集団に固有の意味供給源」(Beck 1994 : 7 = 1997 : 20) に頼らず、個人として自分自身で判断を行わなければならない「個人化社会 (individualized society)」を扱う。ここでは、個人化の状況に適合的であり得る民主主義の提案としてポピュリズムと「民主主義2.0」を挙げ、「反省性」と「包括性」という観点から熟議民主主義との比較を行う。第3章では、「労働」が生活手段としても、各人のアイデンティティの源泉としても最も重要となる——あるいは、重要との認識が皆に共有される——「労働中心社会 (work-centred society, Arbeitsgesellschaft)」について検討する。このように、第Ⅰ部では現代社会のある状況との関係で、熟議民主主義の困難と可能性が検討されるのである。

　先ほど熟議民主主義の困難と可能性と書いた。第Ⅰ部の各章で最終的に論じられるのは、熟議の可能性の方である。すなわち、第1章では、分断社会における熟議民主主義は可能であり、そのためには、一見「文化的」「民族的」と見える問題をいかにしてそうではない形で争点化できるかということ、および、熟議の場を国家・市民社会・親密圏を横断して多様な空間で行われるものとして考えていくことが鍵であると論じられる。第2章では、熟議民主主義は、「反省性」においてすぐれている反面、「包括性」においては「民主主義2.0」よりも不十分であることが明らかになる。ただし、この包括性についても、熟議民主主義の多層化によって、ある程度は対応可能である。第3章では、労働中心社会の中で熟議民主主義の可能性を拡大するために、個人単位の無条件所得保障の制度・原理であるベーシック・インカムを熟議関与の条件として位置づけることを提案する。ベーシック・インカムの保障によって、労働以外に民主主義に関わる時間を持つことができる可能性が高まるとともに、現代社会を生きる人々の不安を緩和すること——その結果として、人々の積極的な民主主義参加を期待すること——ができると考えられ

るのである。

　ところで、第Ⅰ部の各章のように、現代社会の状況との関係で熟議民主主義を論じるスタイル[1]については、いくつかの重要な疑問が寄せられ得る。そこで、それらの疑問について検討しておきたい。第一に、そこで言われている時代状況の把握は妥当なのかという疑問である。第二に、仮に妥当だとしても、時代状況という「現実」に照らして熟議民主主義を論じることで、その規範性を削いでしまうのではないか、という疑問である。以下で順に説明しよう。

　第一に、時代状況の把握の適切性についてである。経験的な分析を直接行うわけではない理論研究が経験的な事象に言及することは、常にある種の危険性を伴う。それは、言及した事象が間違っているかもしれないという危険性である。政治理論研究者は、経験的分析を行うわけではない。そこで経験的事象に言及する場合には、主に経験的研究者によって行われた研究を参照することになる。しかし、政治理論研究者は、当該の経験的研究の妥当性を自らの方法によって確かめることはできない。そのため、経験的には必ずしも妥当ではないかもしれない研究を「現実」と見なしてしまう可能性がある。

　とりわけ、参照する「経験的な事象」がマクロな社会像に関するものである場合に、この危険性は高まるように思われる。たとえば、前著で注目した「再帰的近代化」や本書第2章の「個人化」という時代診断は本当に経験的に妥当なのかと問われた場合、政治理論はどのように答えることができるのだろうか。この問題は、政治理論研究者が経験的な研究を行っていないということに加えて、次の事情にも由来するがゆえに、より厄介なものとなると思われる。すなわち、「再帰的近代化」や「個人化」といったマクロな時代診断そのものが、そもそも厳密な意味で経験的な認識というよりも、むしろ理論的なものだという事情である。

　政治理論がこの問題に対応する方法として考えられるのは、それが依拠す

---

　1)　序論で述べたように、拙著『熟議の理由』（田村 2008）もまた、「再帰的近代化」という現代社会の時代状況において熟議民主主義が不可避的に求められることを論じた著作であった。したがって、本書第Ⅰ部の各章と同じ疑問が投げかけられ得る。

る「経験的事象」を絶えず吟味し、妥当性が疑わしいと判断する場合には、できるだけ妥当性の高いと思われるものに置き換えていくことである。その場合でも、政治理論が依拠する「現実」は、基本的にはデータそのものではなく、経験的研究を通じた「様式化された事実」（Dryzek 2007：238-239）であろう。もちろん、政治理論研究者自身が経験的研究を行うこともあり得る。その場合の経験的研究のための方法そのものは、政治理論の研究とは別個のものであろう。いずれの場合でも——とはいえ後者の場合にはとりわけ——、政治理論研究者には、政治理論の研究方法（論）だけではなく、経験的研究の方法（論）について、少なくともある程度は知っておくことが求められる[2]。このようにして、政治理論研究者には、政治理論と経験的現象との関連性を認識し、自らが依拠する経験的事実の妥当性について絶えず吟味していくことが求められる。第Ⅰ部で取り上げる「分断社会」「個人化社会」「労働中心社会」についても、そもそもそのような時代診断が妥当であるのかどうかについて、再考していくことも必要なのである。しかし、残念ながら本書ではこの作業に十分に取り組むことはできていない。そのため、本書に対してとりわけ経験的研究を行う人々から、それが前提としている時代診断に対する疑義が提示されることは避けられないだろう。

　第二の疑問に移ろう。時代状況に照らすことで熟議民主主義の規範性が損なわれてしまうということはないのだろうか。「現実」を参照項にすることは、規範的な議論の過度の（と見える）規範性を批判することに、意図的であれそうでない場合であれ、寄与することがある。熟議民主主義を現代社会の状況との関係で論じることは、必ずしも熟議が行われているわけではない「現実」に、熟議民主主義本来の理想を適応させ、結果的に、その規範的ポテンシャルを削いでしまうことにならないのだろうか。

---

[2] ただし、ここで言う経験的研究の方法（論）は、実証主義の認識論的立場に基づくそれに限られるわけではない。解釈学や批判的実在論（critical realism）に基づくそれもあり得る（cf. Danermark *et al.* 2002 ＝ 2015；Furlong and Marsh 2010；田村 2015a）。実証主義の立場に依拠して経験的事象に関する把握の仕方の方法的吟味を行った場合、マクロな時代診断は容易に「非実証的」と評価されてしまうであろう。しかし、時代診断的なマクロな社会理論の意義は、そもそも実証主義的な基準／方法では図ることのできないもののはずである。したがって、その評価は、実証主義とは異なる認識論的立場に基づいて行うことが重要であると思われる。

この疑問に答えることは、前段落で述べた時代診断の「危険性」にもかかわらず、本書第Ⅰ部があえてマクロな時代診断との関係で熟議の「政治理論」を展開する理由を述べることでもある。その理由をここでは、近年の政治理論における「理想理論」と「非理想理論」の区別に依拠しながら述べてみたい[3]。松元雅和の整理によれば、理想理論とは、現在の社会の「到達目標となるような、完全に正しい社会の輪郭を描き、またなぜそれが正義に適っているのかを説明すること」である。これに対して、非理想理論とは、現在の社会に「存在する不正に対処するため方策を提示すること」である（松元 2015：115）。この区別に依拠するならば、ある時代状況において熟議民主主義（という理想）がどのように可能なのかを問う本書第Ⅰ部の議論は、非理想理論の水準でのそれということになる[4]。すなわち、本書第Ⅰ部では、現状の社会がどのような社会であるのかについての理解を前提とした上で、それが熟議民主主義にとってどのような困難をもたらし得るのかについて考察し、あり得る熟議民主主義の姿を描き出そうとする。このような作業は、必ずしも規範的な理想のポテンシャルを削ぐことを意味しない。それが目指しているのは、むしろ（なおも理論的な水準においてではあるが）その実現可能性の探究であろう。
　『熟議の理由』の「あとがき」で私は、同書の「政治理論」とは「政治哲

---

[3] 理想理論／非理想理論の区別については、ジョン・ロールズの議論へのG・A・コーエンによる批判に端を発する膨大な研究の蓄積があり、私にはそれを整理し論じるだけの準備はない。松元（2015：第4章）のほか、Miller（2008＝2011）、Stemplowska and Swift（2012）をも参照。
[4] なお、「政治哲学」と「政治理論」とを区別する場合には、政治哲学が哲学的な論証に基づいて「正しさ」を追求するのに対して、政治理論はそもそもより現実の「政治」（どのように定義するのであれ）との関係で「正しさ」を考える分野であるように思われる。『オックスフォード政治理論ハンドブック』の編者たちによる序章からは、そのような示唆を受け取ることができる（Dryzek, Honig and Phillips 2006）。その意味では、（「政治哲学」と区別された）「政治理論」の研究は、基本的には（政治哲学が言うところの）「非理想理論」の水準で行われるものと言うこともできるかもしれない。
　なお、「非」理想理論という用語から、理想理論よりも非理想理論の方が「劣って」いるかのような印象を受ける人もいるかもしれない。しかし、このような印象は妥当ではない。両者のどちらがより重要ということではなく、非理想理論の水準での研究も政治理論にとっては不可欠である（cf. 松元 2015：130ff.）。このことは、「政治理論」を「政治哲学」から区別する場合には、より当てはまるように思われる。

学・思想でも、実証研究のためのモデルでもない」ものと述べた（田村 2008：190）。その時には消去法的にしか述べることができなかったが、現在では、そのような「政治理論」をもう少し積極的な形で述べることができる。すなわち、「政治理論」とは、「非理想理論」の水準で展開するがゆえに、ある種の——主に「様式化された」——経験的知見を参照しながら、「現実」が形成されるメカニズムを考察するとともに、規範的原理・構想を探究するような営みのことである。

　以上のことを念頭に置いた上で、各章の議論に進んでいくことにしよう。

第 1 章
分断社会

　第 1 章で取り上げるのは、「分断社会」である。熟議民主主義は、深い文化的差異や（民族的）アイデンティティに基づく深刻な対立によって特徴づけられる「分断社会[1]（divided society）」に対して無力なのではないだろうか。たとえば、アンドリュー・シャープは、熟議民主主義は熟議において期待される「道徳的合意」という形で、紛争状態にある人々の間にある種の共通性があることをあらかじめ織り込んでしまっていると批判する。これに対して彼は、そのような共通性は、道徳的に合意されるものではなく、偶然性の中で「政治的に」形成されるものと考えなければならないと述べ、偶然性と「政治」を強調する「闘技（agonism）」の立場を擁護している（Schaap 2006）。このような、熟議民主主義は深刻な分断に対して無力であるとの批判は多く存在する。社会的な分断は、熟議を妨げる重要な要因の一つなのである。

　したがって、本章では、熟議民主主義の第一の阻害要因として、分断社会を取り上げる。その上で、本章は、熟議民主主義論が社会の分断にどのように取り組むことができるのかという問題を検討する。以下ではまず、分断社会における熟議民主主義を論じている研究者の代表として、ジョン・S・ドライゼクとイアン・オフリンの議論を紹介する。そのあとで、熟議による分断の克服がどのようにして可能であるのかについて、本書なりの見解を提示する。

1）「分断社会」については、現代社会の「個人化」（ベック）の帰結としてのそれも考えられるように思われる。「個人化」の下では、人々の社会的共通基盤は自明ではなくなる。その結果、あるルールや規範の存在そのものを理解することができない「制度の他者」（北田暁大）も発生し得る。たとえば、「人を殺してはいけない理由がわからない」と言う「制度の他者」と、その理由をとりあえず「わかっている」つもりの人とが存在する社会をも、「分断社会」と呼んではいけないだろうか。詳細は、田村（2008）を参照。

第Ⅰ部　現代社会の状況への対応可能性

第1節　分断社会における熟議民主主義をめぐる諸議論——ドライゼクとオフリン

（1）ドライゼク

　ドライゼクは、分断社会を「相互に矛盾するアイデンティティの主張」によって定義する。分断社会の問題とは、「あるアイデンティティの妥当性が他のアイデンティティの抑圧によってのみ立証され得る」か、より悪い場合には、「あるアイデンティティが他のアイデンティティの抑圧によってこそ構成される」ことである。そこで、熟議民主主義がこうしたアイデンティティの衝突にどのように対応できるのかが問われる（Dryzek 2006a：6）。

　彼の議論のポイントは、以下の四点にまとめられる。第一に、「文化」を「言説」によって再解釈することである。文化的な差異は、しばしば絶対的なものとして捉えられがちである。しかし、ドライゼクによれば、このような理解は妥当ではない。一方で、「文化」を「統一的な実態（unitary entities）」として理解することはできない。ある「文化」の外部の者がその文化の特徴と見なすことの多くは、当該文化の内部では「しばしば激しく争われている」ものだからである（Dryzek 2006a：42）。他方で、分断社会で対立している諸勢力は、「文化的にはほとんど同一」であることが多い。これは、北アイルランドのプロテスタントとカトリックの対立にも、ボスニアにおけるムスリム・クロアチア人・セルビア人の対立にも当てはまる。このように「文化」とは、「同じ」に見えて「違う」ものであるとともに、「違う」ように見えて「同じ」ものでもある。そこでドライゼクは、「文化」を「言説」の観点から捉え直すことを提案する。一見「同じ」に見える「文化」も、その内部に異なる「言説」を抱えている。だからこそ、同じ「文化」内でも争いが発生し得るし、場合によってその争いは、特定の（民族間対立を煽るような）言説の提起によって、抜き差しならないレベルにまでエスカレートし得るのである（cf. Dryzek 2006a：53）。

注意すべきは、ドライゼクにとって、「文化」を「言説」として捉えることは、単に分断の理由の説明だけを意味しているわけではないということである。むしろ、文化を言説の観点から理解することは、「分断」の解決策をもたらすことにもつながる。なぜなら、「言説」は複数存在するため、それらの配置状況を、「分断」を深めるのではなく「和解」を促進するような形で変化させることも可能だからである。

　第二に、分断社会における熟議においては、一般的な価値観ではなく、「特定のニーズ」に焦点を当てることが重要だということである（Dryzek 2006a：53）。たとえば、アフリカにおける女性器切除問題について、ドライゼクは、しばしばなされるように、普遍的人権の侵害や家父長制の問題といった観点でこれを批判するのは逆効果であると指摘する。このような批判はかえって、この実践を文化的なアイデンティティのマーカーとすることを助長し、その廃止に対する抵抗をもたらしてしまう。したがって彼は、むしろ、女性の個別的な状況と、当地の女性たちが自分たち自身の要求をどのようなものとして認識しているかについて理解することから始めるべきだと言う。つまり、一般的原理とアイデンティティ・マーカーの両方に抗して、個人・集団の個別のニーズに焦点を当てることによって、文化の境界を横断する対話は生産的になるのである（Dryzek 2006a：42-43）。

　第三に、そのような熟議の場としては、国家から「半ば切り離された（semi-detached）」、あるいは国家と（緊密ではなく）「ゆるやかに結びついた」公共圏が想定される（Dryzek 2006a：62）。この場合の公共圏とは、そこに形成される——しばしば「ミニ・パブリックス」と呼ばれるような——熟議のフォーラムではなく、より非公式の様々な集団のネットワークを意味する（cf. Dryzek 2006a：58）。近年の熟議民主主義論が熟議の場としてミニ・パブリックスに注目することが多いことを念頭に置くならば（Dryzek 2010a：chap. 8；Fung 2007；篠原編 2012；Fishkin 2009＝2011）、この主張は意外に思われるかもしれない。しかし、ドライゼクは、意見の変化という観点から見た場合、分断社会におけるフォーラムでの熟議の効果は限定的なものであると考える。なぜなら、その人の立場がアイデンティティと結びついている場合、

フォーラムにおける熟議そのものの結果として意見が変化することは、あまりありそうにないからである。これに対して、より広範な公共圏における「言説を通じた関わり合い（engagement of discourses）」は、この問題を回避することができる。なぜなら、自己の見解を見直す反省（reflection）は、「分散したプロセス」であり、「時間を経て」効果を持つものだからである（Dryzek 2006a：57-58）。「時間とともに、特定の争点についての関心の活性化の程度は変化し得る。人々は、党派性から穏健的な立場、さらには無関心へと変化し得るし、その逆もあり得る」（Dryzek 2006a：58）。

最後に、「言説を通じた関わり合い」が分断を超えるためには、「社会的学習（social learning）」としての熟議が決定的に重要である（Dryzek 2006a：28）。「社会的学習」としての熟議は、ボラ・カンラが提案したものであり、その目的は決定を行うことではなく、それぞれの主張についての相互理解を深めることである。「社会的学習」としての熟議は、意思決定に影響を及ぼさなくとも、それ自体として重要性を持つ（Kanra 2009：7）。

（2）オフリン

オフリンは、分断社会における安定性の確保のために、比較政治学における「権力分有（power sharing）」制度設計の議論と、政治理論における熟議民主主義論とを結びつけることを提案している。前者の代表として彼が注目するのは、多極共存型民主主義である。これは、分断社会における安定性を確保する民主主義の形態として、アレンド・レイプハルトが提唱したものである[2]（レイプハルト 2005）。レイプハルトの議論は、一見、多極共存型民主主義の経験的な説明であるかのように見える。しかし、オフリンによれば、実際にはレイプハルトの議論には、分断社会を安定化させるための様々な規範的想定──たとえば、それぞれの「区画（segment）」の自律性が確保されることは望ましい、といったような──が含まれている。つまり、多極共存型民主主義論は、単に分断社会がいかにして安定的であるかという経験的次元だ

2）　多極共存型民主主義と権力分有をめぐる諸議論については、中村（2009）、松尾（2013）などを参照。

けではなく、同時に、分断社会の安定性はこのようにして実現される「べき」だという規範的次元をも伴った理論なのである。それにもかかわらず、レイプハルト（および、彼を批判する分断社会における民主主義研究者たち）は、この規範的次元の正当化問題に十分な注意を払っていない（O'Flynn 2007）。そこで、規範理論としての熟議民主主義が持ちだされるのである。

分断社会における熟議民主主義を論じる際にオフリンが重視するのは、次の二点である。第一に、制度の重要性である。制度なき場での自由な熟議ではなく、熟議を促進するような権力分有の制度がどのように設計され得るのかを考えることが重要なのである。ここでは、ドライゼクが非制度的な熟議を重視していたこととの違いに注意しておこう。第二に、熟議を通じた集合的アイデンティティ形成の重要性である。どのような民主的社会も、それがうまくいくためには、「そのアイデンティティについての一般的構想」を作り上げなければならない。そのようなアイデンティティがなければ、その社会の市民たちに自分たちが共通の政治的営みに関わっていると感じさせることができず、市民たちを束ねることもできないので、その社会はうまくいかない。分断社会において欠けているのは、まさにこのような種類のアイデンティティである。だからこそ、それは熟議を通じて作り出されなければならないのである（O'Flynn 2006：4-5）。以下で、それぞれについて説明する。

第一の熟議的な制度の設計について、オフリンが行うのは、多極共存型民主主義論を熟議民主主義的な観点から再構成することである。多極共存型民主主義の基本想定は、民族紛争を民主的に管理するために、主要なエスニック集団または区画（segment）の代表者たちが「統治の大連合」に包摂されなければならない、というものである。しかし、オフリンは、熟議民主主義の規範的要請である「互恵性（reciprocity）」と「公開性（publicity）」の観点から見ると、多極共存型民主主義の問題点が明らかになると主張する。その問題点とは、つまるところ、この民主主義論では、エスニックな境界線を横断するようなアイデンティティや利益の表出のための十分な空間を確保することができないということである[3]（O'Flynn 2006：12, 152）。

まず、互恵性とは、自らの主張を正当化する際には、他者も受け容れるこ

とができると期待できる理由によってそれを行うべきだという規範である（O'Flynn 2006：77）。次に、公開性とは、一般に政治のプロセスが開かれていること、透明性があることを指す。とりわけ、オフリンは、代表者たちだけの熟議ではなく、彼／彼女たちが代表しているすべての人々の声を聴き、その人々とともに理由づけを行うべきであることが重要であるとする（O'Flynn 2006：52）。もしもある熟議が互恵性の要請を満たしているとしても、公開性を欠くならばそれは、「統治エリートによる小規模の非常に排他的な集団」による決定を下支えしてしまうかもしれない（O'Flynn 2006：98）。民主主義が政治における「本質的平等」と「個人の自律」を基底的価値とするものならば[4]（O'Flynn 2006：chap.2）、熟議「民主主義」は、互恵性とともに公開性の規範も満たしていなければならない。

　それでは、互恵性と公開性の観点から見た場合に、多極共存型民主主義にはいかなる問題があるのだろうか。まず、互恵性については、多極共存型民主主義に適合的とされる比例代表制によって、政治的争点がエスニックな境界線に沿って、しかも、より極端な形で表出されかねないことが指摘される。たとえば、松尾秀哉がベルギーにおける「分裂危機」の分析において明らかにしているように、より極端な民族主義的主張を掲げる政党が出現すると、それ以外の政党も、有権者からの支持を維持するためにより極端な立場をとるようになることがあり得る（松尾 2011）。この場合、異なる文化に属する人々が互いの主張を尊重するという互恵性の理念は見失われてしまう（O'Flynn 2006：153-154）。次に、公開性については次の問題点が指摘される。多極共存型民主主義では、主要なエスニック集団・区画のエリートが統治連

3）　ただしオフリンは、区画の存在そのものが分断を横断する熟議を不可能にするとは考えていない。この点で彼は、区画が既存の社会的亀裂を凍結させ、「社会的学習」としての熟議を妨げるとするドライゼク（Dryzek 2006a：51）と意見を異にする。オフリンによれば、区画の内部でエスニック・グループに属する人々に裁量の余地を残す場合もあり得るのであって、その場合には、人々が区画内部で「社会的学習」を経験することも可能である（O'Flynn 2006：151）。

4）　「本質的平等」とは、「それぞれの市民の善あるいは利益を何らかの他者のそれと本質的に平等なものと見なすべき」、あるいは、市民は「その利益が等しく重要であるかのように」扱われるべき、ということである。また、「個人の自律」とは、「人々は、あたかも各人が自分自身の善と利益の最善の判断者であるかのように扱われるべき」ことを指す（O'Flynn 2006：45）。なお、オフリンは、ロバート・A・ダールの議論を参照している。

合を形成すると想定されている。しかし、それは、エリート連合への反対派が消滅することを意味する。その結果、エリートたちの決定をチェックし、それに異議を申し立てる機会が失われてしまう。このことは、民主主義における公開性の確保が失われることを、ひいては、個人の自律が保障されないことを意味する。

　それでは、互恵性と公開性が確保されるためにはどうすればよいのだろうか。オフリンは、多極共存型民主主義がこの二つの規範的要請に合致するためには、この民主主義における「エリート間の交渉」という特徴を緩めることが必要であると述べる。そして、そのためには、できるだけ市民社会と議会・代表との間の相互作用を生み出すような制度設計が重要であると主張する（O'Flynn 2006：142-143）。

　第二の集合的アイデンティティの構想について、オフリンは、分断社会においては、「すべてを包摂する市民的ナショナリティ」の創出が重要とする。「市民的ナショナリティ」とは、エスニックなそれとは異なり、共通の政治制度への忠誠の感覚の共有によって成り立つものである（O'Flynn 2006：56）。熟議民主主義は、この市民的ナショナリティの創出に貢献する。なぜなら、いったん熟議を行うことに同意したならば、各エスニック集団が単純に自分自身の利益に訴える形で自己の主張を正当化することは、もはやできなくなるからである。熟議において自分たちの主張を認めてもらいたければ、各集団は、「自分たちの主張が他の集団にどのようにインパクトを与えるか」について考え始めなければならない。この時、各エスニック集団のメンバーたちは、自分が属する集団の一員としてではなく、「市民として行動し始める」のである（O'Flynn 2006：57-58）。「ナショナリティ」は論争的な概念だが、ここでは、オフリンが「市民的」と「エスニック」とを区別し、熟議民主主義において前者の観点からの議論が行われることで、民族的な分断を超えた集合的アイデンティティの形成が可能になると考えていることを確認しておきたい。

第2節　どのような熟議民主主義か？

本節では、ドライゼクとオフリンの議論の共通点と差異を整理することを通じて、分断社会における和解を実現するための熟議民主主義をどのように考えるべきなのかについて、私見を示していきたい。

（1）熟議民主主義は共通性を前提としてしまっているか？

本章冒頭で述べたように、しばしば闘技民主主義の立場からは、熟議民主主義は分断社会におけるある種の共通性を前提としてしまっているという批判が投げかけられる。この批判に熟議民主主義論は、どのように応えることができるだろうか。

おそらく問題は、共通性の前提の有無そのものではなく、熟議民主主義論が規範的基準を立て、その規範的基準を分断状況に当てはめて評価する場合に生じる。たとえば、オフリンが提示する「互恵性」の基準については、そもそもその基準が要請する「自分とは異なる意見を持った他者も受け容れ可能な理由を提示する」ということ自体が不可能であるのが分断社会ではないか、という疑問が提起されるであろう。

まず確認しておくべきことは、分断社会を論じる熟議民主主義論では、この点は意識されているということである。たとえば、ドライゼクは、互恵性概念を提示する熟議民主主義論者に対して、それこそが分断社会において欠けているものなのだと指摘している（Dryzek 2006a：7）。おそらく、ドライゼクの指摘は正しい[5]。しかし、そうだとすれば、規範的な民主主義論としての熟議民主主義論に何ができるのだろうか。それが掲げる規範的基準は、分断社会において求められるものでありながら、まさにそうであるがゆえにそこには存在しないものなのである。

ここには、規範的な議論が抱える固有の困難が存在する。一方で、規範的

5）　同様の指摘として、Bashir（2008）を参照。

な基準は、「現実」そのものではない。むしろ、何らかの意味で「望ましく」ない状態にある「現実」を規制するための基準として提示されている。規範が現実そのものであれば、そもそもあえて規範について論じる必要性はない。この意味では、規範は現実と乖離しているがゆえに規範なのである。しかし、他方で、規範的な基準はまさにこの現実との乖離ゆえに批判される。現実と乖離した規範を唱えても、それが期待されている現実に対する規制効果など望むべくもないというわけである。

　ここでは、規範と現実に関する一般的な議論ではなく、分断社会における熟議民主主義に話題を限定しよう。少なくとも言えることは、熟議民主主義論が「望ましい」民主主義像を提示する規範的な議論だとしても、その「規範性」を「現実」への考察と切り離されたところで設定すると、上記のような難問が生じる、ということである。「互恵性」や「公開性」などの規範的な基準は、まさに分断社会において求められているものかもしれない。しかし、重要なことは、これらの規範的基準が、それが存在しない場所でどのようにして獲得されるのかについての考察であるように思われる[6]。

　この点に関して興味深いのは、ドライゼクによる「言説」の観点からの「文化」の再解釈の議論である。既に紹介したように、彼は、文化を言説として捉えることで、分断社会における「文化」を「統一的な実態」として見るのではなく、可変的なものとして見ることができると主張している。もしも文化がこのような形で可変的なものであれば、言説への働きかけ次第で、互恵性を満たすような熟議を行うように各集団が変化していくことも、理論的にはあり得ることになる。ドライゼクはまた、個人そのものも複数の言説に関わる「複数的な自己」（エルスター）として理解することを提案している

　6）　バシール・バシールは、特にガットマン／トンプソンの議論を念頭に置きながら、熟議民主主義は、「互恵性」と「道理性（reasonableness）」の重視および（社会集団ではなく）個人への焦点のゆえに、歴史的に排除されてきた社会集団の要求に対応することができず、和解の政治たり得ないと主張している（Bashir 2008：64-66）。しかし、熟議民主主義における「道理性」が必ずしも感情的な表現や主張の排除につながるわけではないことについては、多くの指摘がある（齋藤 2012）。また、熟議民主主義が「個人」単位でなければならないのかどうかも異論の余地がある。たとえば、本文で取り上げるドライゼクによる複数の言説によって構成される「複数的な自我」の議論は、狭い意味での「個人」主義の発想を乗り越えるものである。

(Dryzek 2010a：47-48)。ここでは「個人」は、複数の言説によって構成されるとともに、それら複数の言説を横断して反省を行うことができる存在として捉え返される。そうだとすれば、「文化」が可変的である理由も説明できる。ある「文化」を享受しているように見える「個人」は、同時に他の「文化」についての言説によっても構成された「複数的な自己」である。だからこそ、それらの個人を構成する諸言説の変化を試みる働きかけによって、当該個人がどのような文化に同一化するかも変化する。

　このように、文化や個人を（複数の）言説的に捉えることが望ましい価値の正当化という意味での「規範的な」議論であるのかどうかは、微妙な問題である。なぜなら、こうした言説の観点からの文化や個人の再解釈は、それ自体として必然的に望ましい状態を導くものでも、望ましい価値を正当化しているわけでもないからである。それはむしろ、「現実」の再解釈の実践と言うべきかもしれない。したがって、言説の観点からの再解釈は、規範的な議論そのものとしては不十分である。しかし、このような理論的試みによってこそ、「現実」と「規範」とをつなぐ理論的結節点を提供することができる。このような形での「現実」の再解釈という次元を欠くならば、「現実」と「規範」の乖離はそのまま続いていくであろう。

（2）非「分断」的な争点の構成

　ドライゼクとオフリンはともに、分断社会における熟議が「分断的」ではない形で行われることが重要だと考えていた。ドライゼクは、文化を言説によって構成されるものとして捉え直すことに加えて、「特定のニーズ」に焦点を当てた熟議の意義を述べていた。オフリンは、エスニックな争点ではなく、「市民的な」争点を軸に熟議が行われることによって、「市民的な」アイデンティティ形成が可能になると論じていた。いずれも、分断社会といえども、そこでの争点が必然的に分断的なもの――深い文化的／民族的対立――となるとは限らないことを示唆している。

　他の論者たちも、分断社会を非分断的に捉える可能性を提示している。たとえば、モニーク・デヴォーは、文化的紛争の「政治的」次元を認識するこ

との重要性を指摘する（Deveaux 2006：chap. 4）。しばしば、文化的差異は道徳的差異と見なされがちである。しかし、文化的紛争には、道徳的次元とともに政治的次元も含まれている。後者において争われているのは、集団構成員の具体的ニーズと利益であり、それらに関わる権威と権力の配分の問題である。そうだとすれば、文化的差異をめぐる熟議は、アイデンティティに関する主張を特別視するのではなく、人々の戦略的でプラグマティックな関心やニーズを扱うものでなければならない。そこでは人々は、個別の実践や制度についての自分たちの日常的な関心を表明し、それらが議論の中で精査され評価されることになるだろう（Deveaux 2006：106）。熟議民主主義が必ずしも利益に関する主張を排除するものではないことは、しばしば指摘されている（田村 2008）。デヴォーは、文化的紛争もまた、利益（の配分）の次元から捉えることが可能であり、だからこそ、それを和解不可能なものとして見る必然性はないことを示している。

　また、セレン・A・エルカンは、文化的紛争をめぐる公式の熟議制度における争点のフレーミングの仕方の重要性を指摘している（Ercan 2012）。たとえば、イスラムにおける「名誉の殺人（honor killings）」について、この問題を扱うために形成される公式の熟議制度において、それが文化の違いとしてフレーミングされるか、それとも、「西洋」も含めたどの文化においても見られる家父長制的不平等の帰結としてフレーミングされるかによって、この問題への対応が異なってくるのである。エルカンも、ドライゼクやデヴォーと同様に、文化を本質主義にではなく、多層的な特徴を持つものとして理解している。また、彼女は、やはりドライゼクと同様に、市民社会・公共圏における非公式の熟議の意義をも認めている。しかし、同時に彼女は、ドライゼクらよりも、国家によって公式に形成される熟議フォーラムの意義をより強調する（see also Ercan 2011）。公式の熟議制度において、争点がどのようにフレーミングされるかによって、紛争が文化的差異に基づく和解不可能なものとなるか、それとも、文化的差異を横断した合意可能なものとなるかが決まるのである。

（3）熟議の場はどこか？

　分断社会における熟議の場について、ドライゼクは、公共圏におけるそれ、しかもミニ・パブリックスではない非制度的なそれを重視していた。彼は、国家から「半ば切り離された」公共圏は非制度的であるがゆえに、（国境を含めた）既存の境界線を越えることができ、ゆえにアイデンティティの衝突を穏健化することができると言う（Dryzek 2006a：47）。これに対して、オフリンは、制度的な場における熟議を重視していた。とりわけ彼の関心は、選挙制度を含めた国家レベルの制度を熟議民主主義の規範的観点から捉え直すことにあった。このようにドライゼクとオフリンが注目する熟議の場は異なっている。分断社会における熟議の場として適切なのは国家なのだろうか、それとも、公共圏なのだろうか。

　まず指摘しておくべきことは、オフリンも公共圏ないし市民社会における熟議を軽視しているわけではないという点である。かつ、市民社会における熟議が重要である理由として、彼が「市民的な」争点についての熟議が可能になることを挙げている点である。

　すでに述べたように、オフリンにとって、分断社会における熟議は、エスニックな境界線を超えて「市民的な」アイデンティティを形成するために必要なものである。彼は、市民社会は、「エスニックな」争点とは異なる「市民的な争点」について人々を議論させることができると主張する。市民社会には、多様な自発的結社が存在するが、それらは、多様なバックグラウンドを持つ市民たちを一堂に会させ、公共サービスの供給、ジェンダー平等、医療問題、教育、環境などの争点について熟議させることを可能にする。これらの争点が「市民的な」争点であるのは、「特定のエスニック集団の利益に還元され得ず、市民全般に関わるものだから」である（O'Flynn 2006：141）。市民社会で始まる議論は、「横断的なネットワークが結果的に形成されるプラットフォーム」を提供する。このようなネットワークは、分断社会における民主主義の展望にとって非常に重要である。というのは、それは、「人々が自分たちのことを単純に特定のエスニック集団のメンバーとしてではなく、市

民として考え始めることを可能にするからである」(O'Flynn 2006 : 142)。

　このように、オフリンにおいて市民社会における熟議は、エスニックなアイデンティティではなく、「市民的な」それを形成するための重要な契機として認識されている。彼にとって重要なのは、市民社会と国家との相互作用を適切に理解することである。彼からすれば、ドライゼクはむしろ市民社会のみを重視し過ぎなのである (O'Flynn 2006 : 143-144)。

　もっとも、ドライゼクも国家と市民社会／公共圏の関係に注意を払っていないわけではない。彼が注目するのが国家から「半ば切り離された」公共圏であって、完全に切り離されたそれではないことを想起しておきたい。ドライゼクは、公共圏と国家とがあまりに緊密に結びついている場合には、国家と主権の内実をめぐる破壊的な対立が増大すると見ている。しかし、同時に彼は、公共圏における熟議に全く応答しない国家もまた問題であると見ている。そのような国家は、暴力の行使を好み、暴力的で宗派的な政治を煽ってしまうと考えられるからである (Dryzek 2006a : 66-68)。したがって、ドライゼクの見解に賛成したとしても、公共圏における熟議にそれなりに応答するような国家のあり方を考えることも、なおも必要なことであるように思われる。

　以上の考察を踏まえるならば、分断社会における熟議民主主義を考える場合に、どこか特定の場だけに焦点を合わせるべきではないということがわかる。以下では、分断社会における熟議民主主義を国家‐市民社会の相互作用の中で考える場合に、さらに考慮に入れるべき問題をいくつか指摘しておきたい。

　第一に、市民社会・公共圏における熟議について、より広く捉える必要があるということである。オフリンは、市民社会における様々なアソシエーションにおける熟議を主に念頭に置いていた。ドライゼクは、より非制度的な熟議を重視するが、それは具体的には主に社会運動によって担われるものである。彼がしばしば、アメリカ公民権運動の指導者マーティン・ルーサー・キング牧師や南アフリカ反アパルトヘイトの指導者ネルソン・マンデラに、公共圏における言説的な関わり合いとしての熟議民主主義の事例として言及

するのはそのためである。

　しかし、分断社会における熟議は、より日常生活に即した局面でも行われる可能性がある。日常生活の場は、親密圏と呼ぶべき空間かもしれない。たとえば、第6章で論じるように、家族という親密圏における「日常的な話し合い（everyday talk）」を通じて、性別分業などのジェンダー規範が変化する可能性がある。塩原良和は、この「日常的な話し合い」が多文化主義を考える際にも重要であると論じている。彼によれば、「国民社会の多民族・多文化化の進展」によって、「ごく普通の人々が日常生活のなかで異なる民族や文化をもつ他者と出会い、対立・交渉を繰り返すなかで共存を目指して対話するという経験」が「ますます一般的なもの」になっている。このような対話の経験は、「日常的な多文化主義」と呼ばれるべきものである。そこでの対話は、「仲良く」なくても、「片言の言葉や身振り手振り」でも、「沈黙」の共有としても可能である。「日常的な多文化主義」においては、「居場所」を共有する他者と対話を積み重ねる「対話人」へと変容していくことが要請されるのである（塩原 2012：153-154）。

　「日常的な多文化主義」は、社会運動やアソシエーションにおける熟議と相反するものではない。むしろ、それらのなかでも「日常的な話し合い」が行われる可能性がある。とはいえ、ここでは、「日常的な話し合い」の場はそれらに限られるわけではないことを指摘しておきたい。

　第二に、熟議の制度設計の問題である。まず、市民社会と国家を媒介するミニ・パブリックスの制度設計については、しばしば、どのような人々をどのように集めるのかということが問題になる。一般市民の無作為抽出はその一つの方法であり、それをどのように行うかは重要な論点である（Fishkin 2009＝2011）。しかし、無作為抽出以外にも、参加者を募る方法はあり、それぞれのメリットとデメリットが検討されるべきだろう（Dryzek and Hendriks 2012：42-46）。もっとも、分断社会における熟議においては、どのような人々が集まるか／集めるかということだけが重要なのではない。すでに紹介したエルカンが述べているように、当該ミニ・パブリックスにおいて、問題がどのような問題としてフレーミングされるかも、場合によってはそれ以上に重

要な問題なのである（Ercan 2012）。

　次に、国家と代表における熟議についても、それを二段階のものとして捉えるべきとする提案もある。このような提案は、国家における「意思決定」と市民社会における「意見形成」とを区別する「複線（二回路）モデル」として提示されることが多い（田村 2008：第五章）。これに対して、アン・ドレークとアリソン・マカロックは、多極共存型民主主義をより熟議的にするために、代表レベルにおける二段階の熟議を提案する。すなわち、第一段階では相互理解と可能な限りの包摂を目指して熟議の基準はゆるやかなものとし、第二段階ではより厳密な熟議の基準（公共的理由／理性）を適用する、「熟議的多極共存主義」が提案されるのである（Drake and McCulloch 2011）。

（4）自由民主主義は前提か？

　オフリンの議論は、多極共存型民主主義を熟議民主主義の観点から解釈し直すものであった。もっとも、彼の議論では、そもそも分断社会において（多極共存型民主主義をその一つのタイプとする）自由民主主義の制度を導入することそのものがどこまで妥当なのかという問題関心は希薄であるように思われる。しかしながら、熟議民主主義の観点から見た場合、このような自由民主主義を前提とする発想そのものが再検討されなければならない。なお、「自由民主主義」は多義的な概念であるが、ここでは特に、選挙を通じた政党間競争を主要な制度とする民主主義の考え方を指すものとする。

　しばしば熟議民主主義は自由民主主義を前提とし、それを補完する民主主義論として考えられてきた。しかし、それが必然なのかどうかは検討を要する。たとえば、ドライゼクは、自由民主主義を「熟議システム」の類型の一つと捉えることを提案している。熟議システムは、拘束的な意思決定を行う制度を必要とするが、それが「西欧的な」自由民主主義である必然性はない。つまり、自由民主主義的ではない意思決定の制度も、理論的にはあり得るのである（Dryzek 2010a）。ドライゼクは、ソ連・東欧の旧社会主義諸国の崩壊後に「勝利」したように見えた自由民主主義が、現在では、権威主義的な諸国の台頭、様々な宗教的原理主義の興隆、国家の主権を超えるネットワー

ク・ガヴァナンスの発生などによってあらためてその意義が問われていることを指摘し、自由民主主義に基づく政体が今後も必然とは限らないことを示唆している（Dryzek 2010a：203-205）。分断社会と自由民主主義との関係については、さらに次のことを考慮に入れる必要があるだろう。すなわち、分断からの「和解」が必要とされる地域において、自由民主主義的な制度導入の試みそのものが、現地における「伝統的な」政治制度に依拠する人々との間に新たな分断を招くこともあり得るということである[7]。そうだとすれば、分断社会における熟議を考える場合に、自由民主主義の枠内でそれをどこまで熟議的にするかのみを考えていては不十分であることがわかる。それだけではなく、本書で述べるように、熟議民主主義的ではあるけれども自由民主主義的とは言えないような制度形態の可能性も視野に入れることが必要なのである。

　本章では、熟議民主主義が分断社会にどのように対応することができるかについて、ドライゼクとオフリンの議論を中心に取り上げつつ、考察を行った。分断社会における熟議のポイントは、「文化的」「民族的」と見える問題を、いかにしてそうではない形で争点化することができるかということである。

　そのためには、まず熟議民主主義を狭い意味での規範的基準に関する理論から拡張し、（たとえばドライゼクによる「言説」概念を通じた「文化」の再解釈のように）「現実」の再解釈を可能にするような理論としても考えていく必要がある。その上で、熟議が行われる場の範囲を親密圏（「日常的な話し合い」）まで拡張するとともに、市民社会・公共圏を媒介する熟議の諸制度の設計に注意を払うことが必要である。このように熟議を多層的に捉えていく方向性は、第8章のテーマである熟議システム論の問題関心と合致している。分断社会における熟議を真剣に考えることは、熟議システム論的な視

7）　たとえばターニャ・ホーエ（Hohe 2002）は、東ティモールにおける国連による自由民主主義的な政治制度導入が現地の人々が抱く伝統的な政治的正統性についての考え方と衝突することを指摘している。

座の必要性へと私たちの思考を導くことになるのである。最後に、熟議民主主義を自由民主主義の枠内で考えることを見直すことである。確かにオフリンが論じるように、国家レベルにおける選挙制度などの公式の制度をより熟議的なものにしていくことも重要である。しかし、本章の議論からすれば、そもそも分断社会において私たちが知っているような自由民主主義的な政治制度の導入を前提としてよいのかどうかという点が、最終的に問われるべきである。このように問うことは、熟議民主主義と自由民主主義との関係を根本的に再考することを意味する。そして、本章第3節（4）でも述べたように、この再考においても熟議システム論は重要な役割を果たすことになるだろう。これは非常に大きな課題であり、そうであるがゆえに最終章で取り組まれることになる。

第Ⅰ部　現代社会の状況への対応可能性

第2章
個人化社会

　次に扱う熟議の阻害要因は、「個人化」である。個人化は、現代社会の構造的変化を表す概念として、ウルリヒ・ベックによって提起されたものである。この概念をなぜ扱うのかと言えば、個人化の進展が、少なくとも既存の民主主義の形態である自由「民主主義」のあり方に困難をもたらし得るように思われ、そして、もしそうだとすれば、熟議「民主主義」との関係も問題となり得るからである。個人化の下で、自由民主主義における社会と国家の媒介経路は動揺し、再考を迫られるように思われる。簡単に言えば、従来の社会における組織化／集合性を基礎にした自由民主主義が機能不全を起こしている（と見なされやすくなる）のである。それでは、熟議民主主義はどうであろうか。

　以下、第1節ではまず、個人化が自由民主主義に対してもたらし得る帰結を確認する。第2節では、個人化の時代の民主主義について、ポピュリズム、「民主主義2.0」、熟議民主主義を取り上げて検討する。続いて第3節では、「反省性」と「包括性」という二つの評価基準を設定し、それぞれの民主主義論を評価する。第4節では、反省的な民主主義である熟議民主主義を包括的にもするためにはどうすればよいかという問題を検討する。第5節では、民主主義論はなおも自由民主主義を前提とするべきなのかという問題を提起する。

第 2 章　個人化社会

第 1 節　社会の個人化の政治的な帰結

（1）個人化とは何か

　本節では、社会構造の個人化が「政治」の次元に及ぼすと考えられる影響について概観する。まず、本書における「個人化」とは何を指すかについて簡単に述べておこう。ベックの言葉を借りれば、それは「集合的な、集団に固有の意味供給源」が枯渇し解体しつつある社会のことである。「集合的な、集団に固有の意味供給源」とは、たとえば、家族集団、村落共同体、社会階級などを指す。かつて人々は、自分たちのライフ・ヒストリーにおいて生じる様々な出来事について、これらの意味供給源に依拠して対応・解決することができた。しかし今では、自分自身で対応していかなければならない（Beck 1994：7, 13＝1997：20, 30；cf. 宇野・田村・山崎 2011：15-19）。宇野重規が述べるように、個人＝「私」が「価値の唯一の源泉であり、あらゆる社会関係の唯一の起点」となり、そのような個人＝「私」抜きに社会を論じることができないような状況と言ってもよい（宇野 2010：viii）。個人化とは、現代社会のこのような変化を意味する。

（2）個人化の政治的帰結

　個人化が及ぼし得る政治的影響として、次の二つが考えられる。第一は、社会の政治化である。個人化の結果、社会生活の様々な事柄が（好むと好まざるとにかかわらず）「決定」の対象となる。そのことは、国家だけではなく、選択が行われる社会の様々な場所において「政治」が発生し得ることを意味する。ベックの言う「サブ政治」や、アンソニー・ギデンズの言う「生活政治」は、このような社会の政治化という状況を指している。この意味での社会の政治化をどのように考えるかは、政治の再考という観点から大変興味深い問題である。ただし、この問題については、すでに何度も論じているので（宇野・田村・山崎 2011；田村 2008）、ここでは繰り返さない。

第二は、自由民主主義の動揺である。コリン・クラウチ（Crouch 2004＝2007）の言葉を使用して、「ポスト・デモクラシー」と言ってもよい。ここで言う「自由民主主義」とは、複数の政党間の競争を通じた代表の選出とその代表による集合的意思決定によって特徴づけられる民主主義のタイプのことである。これは、近代に成立した資本主義経済から自由競争の発想を取り入れることで「自由主義」化した民主主義である（Macpherson 1965＝1967）。ジョセフ・シュムペーターがこのタイプの民主主義を擁護して、人民自身による決定ではなく、「決定を行うべき人々の選挙を第一義的なものとし、選挙民による問題の決定を第二義的」なものとする形で民主主義の定義を転換したことはよく知られている（シュムペーター 1995）。
　自由民主主義の主要な特徴としては、このほかに「法の支配」も挙げられる。「民主主義は、可能な民主的意思決定の実質的な範囲が厳しく制限され、市民の政治的・市民的自由に対する政府の干渉が実効的に妨害されている程度に応じて、「自由主義的」」である（Offe 2011：453＝2012：51）。こちらは、民主主義原理を自由主義によって制限するという形での前者と後者の組み合わせである。自由民主主義における「法の支配」の側面については、のちに述べるポピュリズムとの関係で特に重要となる。

（3）自由民主主義の動揺

　「自由民主主義の動揺」とは、国家と社会を媒介する主要アクターとされてきた政党および代表制民主主義が、個人化の趨勢の下で大きな変容を迫られていることを指す。
　元来、政党はそれが代表する明確な社会的基盤を持っていた。この社会的基盤は、典型的には「労働者（階級）」や「資本家（階級）」などのように、明確な集合性を有していると考えられていた。つまり、政党は、社会的な集合性を与件とし、その代表として、国家と社会とを媒介する役割を果たすと考えられていた。社会の個人化が進展するとは、このような政党の支持基盤としての社会的な集合性が解体するということである。その結果、政党が果たしてどのような「私たち」の代表であるのかが不明確になってしまう。他方、

政党の側も、個別の社会集団との固定的な関係にとどまらず、より広い範囲の人々から支持を獲得しようとする。しかし、このことは、従来の支持者たちからすると、自分たちと政党との距離の拡大と認識されるであろう。その結果はやはり、政党が「私たち」の代表なのかどうかが疑わしくなる、ということである（オッフェ 1988）。

　また、政党の組織のあり方についても、その変容が指摘されている。第一に、政党はそれを支持する社会諸集団よりも、個々の党員と党指導部との直接的な関係を重視するようになってきている。また、そもそも党員数そのものが減少傾向にあり、党員組織としての政党の衰退が生じている（田村・堀江編 2011：序章）。このことは、政党がその構成員からの支持よりも、そうではない一般有権者からの支持獲得をより重視しなければならないことを意味する。これらの特徴が示していることは、政党というアクター／組織そのものもまた「個人化」する傾向にある、ということである。その結果が、政党政治の「人格化（personalization）」である（Dalton and Klingemann 2009）。政党の支持獲得のためには、イデオロギーや政策理念の内容よりも、候補者やリーダーの個人的特徴が重要になるというわけである[1]。

　ところで、このような現象は「新しい」のだろうか。この問いに対しては、過去からの連続性と断続性の両方を指摘できる。一方で、政党とその社会的基盤との関係の変容については、以前から指摘がある。「包括政党」（キルヒハイマー）概念が提示されたのは 1960 年代のことであり、包括政党化に伴う政党帰属意識の衰退も議論されてきた（オッフェ 1988）。社会集団における同一性の想定は維持できず、むしろその多様性が進展しているとの指摘もなされてきた（田村・堀江編 2011：序章）。今日の代表の不確実性は、確かにこのような以前からの傾向の延長線上にある。しかし他方で、1970 年代まではなおも社会集団の組織的影響力が顕著であったとの指摘もある。クラウチが現在の「ポスト・デモクラシー」と対比するのは、70 年代までの、社会集団とりわけ労働者組織が大きな影響力を保持し、平等主義的な政策が形成されていた

---

[1] ただし、政党政治の「人格化」については、それが一過性の現象である可能性もあるとの指摘も存在する。待鳥（2012）を参照。

時代である（Crouch 2004＝2007）。そうだとすれば、今日の状況は、「福祉国家の黄金時代」とは異なる側面を確かに持っていることになる。

第2節　個人化時代の民主主義――ポピュリズムと「民主主義2.0」

　それでは、個人化の時代における民主主義は、どのようなものであり得るのだろうか。本節では、個人化の下でのあり得る民主主義として、「ポピュリズム」と「民主主義2.0」（東 2011）の二つを取り上げ検討する。ポピュリズムが現実に生じている政治現象であるのに対して、「民主主義2.0」は批評家の東浩紀によって提案された構想であり、両者を厳密な意味で比較することは適切ではない。また、両者は「熟議的」な民主主義でもない。それにもかかわらず、この両者を取り上げる理由は、これらの民主主義（論）が個人化に適合的な性質を明確に有していると思われるからである。以下では、「自由民主主義の動揺」にどのように対応しようとしているのかに注意しながら、両者の民主主義を概観する。

（1）ポピュリズム

　ポピュリズムについてまず指摘しておくべきことは、それを必ずしも非民主主義的と言い切ることはできないということである。ポピュリズムには、既存の政治つまり自由民主主義の硬直性や閉鎖性を指摘し、その変化をもたらそうとする側面がある（野田 2013；吉田 2011）。マーガレット・カノヴァンの言葉を用いれば、ポピュリズムは、自由民主主義があまりに民主主義の「実際的（pragmatic）」な側面に傾斜してしまったことを問題視し、民主主義のもう一つの側面である「救済的な（redemptive）」側面を取り戻そうとする試みである（Canovan 1999：8-10；cf. 石田 2013：56-57）。実際、ヨーロッパの「右翼ポピュリズム」諸政党についても、それらを単純に民主主義そのものに対して敵対的と評価することはできないという指摘もある（野田 2013：14-17）。もちろん、ポピュリズムと民主主義とを明確に区別し、前者を、後者を侵害するものとして批判する見解もある。たとえば、コエン・アブツとステ

ファン・ルメンスは、民主主義の定義として「人民の主権」ではなく、クロード・ルフォールの「権力の場が空虚であること」という定義を採用することによって、ポピュリズムと民主主義とは連続的ではなく、前者は後者にとって脅威なのだと論じている（Abts and Rummens 2007）。これは大変興味深い見解だが[2]、ここでは、「ポピュリズムは民主主義的か？」という問題にはこれ以上立ち入らず、ポピュリズムにも民主主義的側面がないとは言えない、という点を確認しておきたい。

しかし、ポピュリズムにとって、自由民主主義は明確に批判の対象である（Mudde 2004：561）。ポピュリズムから見れば、国家／政府と社会とを媒介するはずの自由民主主義の諸制度は、「普通の人々」としての「私たち」の意思を反映する際の障害である。そのような諸制度の存在こそが、「普通の人々」を無力化し、特定の階層による政治支配を可能にしているのである（野田 2013：12）。したがって目指されるべきは、自由民主主義的な媒介諸制度を経由するのではなく、代表と「サイレント・マジョリティ」とを直接的に結びつけることである（Akkermann 2003：151ff.）。そうだとすれば、「自由民主主義の動揺」の時代において、ポピュリズムが出現することは「ある意味で必然的」（石田 2013：57）ということになるだろう。

（2）民主主義2.0

2011年に刊行された『一般意志2.0』において、東は、民主主義を大胆に捉え直す議論を展開している。それは、既存の民主主義の修正や改善にとどまらない。東は、インターネットの発展した今日の社会において、かつてジ

2）　多くの論者は、民主主義との関係でポピュリズムを評価する際に、次のどちらかの民主主義観に立っているように思われる。すなわち、民主主義を人民主権ないし治者と被治者の同一性という意味で理解するか、法の支配や立憲主義あるいはそれらに基づく人権の保障といった自由主義的な側面を含めた「自由民主主義」（ないし立憲民主主義）として理解するか、である。ポピュリズム批判は主に後者の立場からなされており（cf. Akkermann 2003：155-158；野田 2013：18）、前者の意味で民主主義を理解する論者の場合は、民主主義とポピュリズムとの親和性を主張する傾向にある（cf. 山本 2012：272-274）。これらに対して、アブツ／ルメンスの場合は、いずれでもない民主主義の定義を採用することで、民主主義の立場に立ちつつポピュリズムを批判することに成功しているように思われる。

ャン・ジャック・ルソーが構想した「一般意志」の成立が現実味を増していると論じる。すなわち、今日において可能となった「一般意志2.0」とは、ウェブ上に蓄積・集計される人々の「無意識」から成る「データベース」のことである（東 2011：83）。「一般意志2.0」は、ルソーの夢見たもの、すなわち「すべての市民が一堂に会し、全員がただ自分の意志を表明するだけで、いかなる意見調整もなしにただちに一般意志が立ち上がる」（東 2011：59）ことを実現する。東は、現代社会においてこそ、ある意味で究極的な形で民主主義が実現し得ると説くのである[3]。

ただし、東は、「一般意志2.0」と「民主主義2.0」を区別する。「民主主義2.0」は、「一般意志」が可視化され、政治エリートによる「熟議」の「制約条件」ないし「抑制力」（東 2011：189ff.）として作用する仕組みのことである。政治エリートが行う熟議はしばしば「内向き」になり、「既得権益」も発生する。「大局的な判断がないまま非現実的な議論ばかりが行われる」ことにもなる（東 2011：157）。そこで、そのような熟議の負の傾向を大衆の（ウェブ上での）呟きによって抑制することが必要となる。具体的には、国会議事堂に巨大なスクリーンを用意し、議事の中継映像に対して視聴者（国民）の反応が「直感的な把握が可能なグラフィック」に変換されて表示される、とのイメージが提示される。政治家は視聴者の反応に直接答える必要はないが、「スクリーンを無視して議論を進めることはできない」。政治家は、「熟議とデータベースのあいだを綱渡りして結論を導かなければならない」（東 2011：182）。こうして「熟議とデータベース、小さな公共と一般意志が補いあう社会」（東 2011：177）が、「民主主義2.0」である。

以上のような「民主主義2.0」の議論は、東なりの現代社会の「個人化」という認識に基づいている。東によれば、現代社会は、「あらゆる人が「議論の落としどころを探れない他者」につねに悩まされるようになった」社会である。情報技術の発展によって、社会の複雑さが「あまりにもそのまま可視化

---

[3] 政治学における東の議論への言及として、空井（2012）、宇野（2012）、吉田（2013）がある。より最近でも、待鳥（2015）、山田（2016）においても取り上げられており、政治学界に及ぼしたインパクトが窺われる。

　　　　　　　　　　　　　　　　　　　　　　　　第 2 章　個人化社会

され」るようになったため、「人々のコミュニケーションは日常的に麻痺」してしまうのである（東 2011：95-97）。このような意味での「個人化」という状況を踏まえた上で、東は、公共圏における熟議よりも、「一般意志 2.0」の思想の方に期待をかけるのである。

　さらに東は、自由民主主義の諸制度によって媒介されるのではない形で、「私たち」の意見が表出されることが必要であると述べる。その理由の一つは、政治エリートたちによる「熟議」には問題が多いと考えられることである。もう一つは、次のような事情による。東によれば、現代社会における「私」は、自分が何を望んでいるのか、何を必要としているのかさえも、自分自身ではわからなくなっている（東 2011：118）。だからこそ、ウェブ上に蓄積される人々の「無意識」を、既存の自由民主主義の諸制度を媒介とすることなく、「直接に可視化する装置」が必要なのである（東 2011：118-119）。

（3）どのように評価するのか──反省性と包括性の観点から

　以上の二つの民主主義論について、ここでは、「反省性」と「包括性」という二つの基準を提示し、これらに照らして二つの民主主義論を評価する[4]。

---

[4]　個人化社会における民主主義を評価する基準はこの二つだけなのか、という疑問はあり得る。個人化が「集合的な意味供給源」（ベック）に頼らず自分自身で決定を試みなければならない状況のことだとすると、決定を行う「責任」という観点からの評価も考えられる（なお、この点については、本章のもとになった田村（2013c）への齋藤純一氏からのコメントに示唆を受けている）。しかし、残念ながら本書においても、責任を組み込んだ議論を行うことはできていない。ここで端緒的に述べるならば、たとえば、ポピュリズムに関しては、それが誰のどのような「責任」を重視しているのか、それを代表の責任を重視する民主主義と見なしてよいのか、あるいは、そこで代表されるとされる「サイレント・マジョリティ」の責任こそが問われていることになるのか、といった問題が考えられる。また、「民主主義 2.0」については、一般市民の責任を限りなく問わない民主主義論だと言うことができるだろう（そのことをどう評価するかは、また別の問題である）。少なくとも「民主主義 2.0」との関係では、熟議民主主義論は、一般市民のある種の責任を手放さない民主主義論と言えそうである（ただし、熟議民主主義を個人の主体性を基礎とした民主主義論と考えてよいかどうかは、実は大きな論点である。なぜなら、第 7 章（ミニ・パブリックス）で述べるように、それは、「主体」ではなく「コミュニケーション」を基礎とした民主主義だからである）。

①理由

　まず、評価基準として反省性と包括性を挙げる理由について述べておきたい。第一に、反省性についてである。個人化社会では、従来人々の行動を規制していた様々な枠組みを当てにすることができなくなる。そこで、人々は自分たちの行動を自分たちで決めなければならない。しかし、その際の問題は、その決定の妥当性を担保する外部的なものが存在しないことである。そこで、人々は自分たちの決定を自ら振り返る（反省する）ことによって、その妥当性を確認するほかはない。個人化社会における民主主義は、「自らの外部に存在する絶対的な根拠を失った人間社会が、いかにして自らを批判的に振り返る仕組みをもち、自らの内部に他者性を回復することができるか」という課題を担っている（宇野 2011：216）。したがって、ここでは、反省性を評価基準の一つとする。

　ただし、第二に、個人化社会における民主主義を考える場合には、もう一つの基準、すなわち包括性についても考慮に入れることが重要である。包括性は、民主主義の条件の一つである（Dahl 2000：37-38, 76-80＝2001：50-52, 104-110）。民主主義が「私たちによる私たちの統治」だとすれば、その際の「私たち」はできるだけ多くの人を含むことが望ましいからである。個人化社会では、誰がどのような意味で「私たちの代表」なのかが、また、そもそも代表されるべき「私たち」とは誰なのかが不明確になる。そこで、現在の民主主義論が「私たち」をどのような形で民主主義に包括しようとしているのかを確認することが重要となるのである。

　以下では、反省性と包括性のそれぞれの観点から、二つの民主主義論についての評価を述べたい。

②反省性について

　まず、反省性の観点からポピュリズムと「民主主義2.0」を評価する。第一に、ポピュリズムについて、それがある種の反省性を伴うものと考えることは可能である。ポピュリズムは、既存の民主主義の回路においては表出・媒介されないような人々の不満や要求の表現という側面を持つ。その意味で

ポピュリズムは、吉田徹が言うように、「民主主義の不均衡を是正するいわば自己回復運動」のようなものでもある（吉田 2011：209）。すなわち、ポピュリズムによって、既存の民主主義は、そのあり方を問い直されているのである。そうだとすれば、確かにポピュリズムには、社会のマクロなレベルである種の反省性をもたらすという効果がある。

　しかしながら他方で、ポピュリズムによる「私たち」の構成には、反省性の契機は希薄である場合が多いように思われる。ポピュリズムは、確かに個人化の中から「私たち」を作り上げる。しかし、その際の「私たち」の構成に見られるのは、「私たち」の感覚的／感情的側面に訴えかけるような政治的アピールである。たとえば、しばしばポピュリズムにおいては、特定の集団・組織に対する「既得権益」保持者としての批判や、移民などの社会的マイノリティに対する攻撃が見られる。これらは、「敵」を名指しすることで「私たち」を構成しようとする試みと把握できるが、そこでは、反省性というよりも、私たちの感覚的／感情的な側面に訴えかける政治戦略が見られる。

　ポピュリズムは、確かに既存の民主主義のあり方を見直す機会を提供するという意味でマクロな社会システムに反省性を呼び込むと言える。しかし、その政治戦略は、むしろ非反省的／非再帰的な形で「私たち」に訴えかけるものである。その結果、しばしばポピュリズムにおいては、「敵」としての「他者」に対する排他的な傾向がもたらされる。この意味で、ポピュリズムにおける反省性の契機が十分であるとは言い難い。

　第二に、「民主主義2.0」についてである。まず指摘しておくべきことは、「民主主義2.0」もやはり、一定の反省性の契機を有しているということである。「民主主義2.0」では、政治エリートたちによる「熟議」を、視聴者によるコメント書き込み可能なインターネットの動画サイト等で中継し、それを政治エリートたち本人が見ながら熟議することが考えられている。この仕組みが政治エリートたちに反省性を引き起こすことになると期待されるのである。政治エリートたちの熟議は、その中継画面に書き込まれる視聴者としての「私たち」によるコメントを通じてモニタリングされている。政治エリートたちには、熟議の中継画面上のコメントを見て、自らの発言や見解を再

考・修正していくことが期待されている。これは、政治エリートたちによる熟議に、「一般意志2.0」を踏まえるという大胆な形で反省性の契機を持ち込もうとする試みにほかならない。

　しかしながら、この構想は、次の二つの問題を有している。第一に、「一般意志2.0」にさらされ、熟議する政治エリートの反省の質的問題は十分に考慮されていない。熟議を広く公開し、多くの人々の視線にさらすことが、より適切な反省性確保に貢献するとは限らない。むしろそこでは、多くの人々の支持獲得を期待して、熟議において「浅薄な理由づけ」（Chambers 2004）が横行する可能性もある。熟議と公開性／非公開性との関係は、熟議の質との関係で、なおも真剣に検討されるべき問題なのである。

　第二に、「民主主義2.0」においては、「無意識」の側が反省的になる契機は十分に考慮されていない。「大衆の無意識」（東 2011：157）の強調からも窺われるように、「一般意志2.0」の次元では、「私たち」の反省性の契機は極小化されている[5]。

　このことの効果は二つある。第一に、「私たち」の反省性の契機を極小するからこそ、「民主主義2.0」は、現代社会における民主主義として考え得る最も高い包括性を獲得することができる。しかし第二に、そのために、そこにおける政治エリートと「私たち」との関係は、実は、既存の民主主義におけるそれと、それほど異なったものではない可能性も生じる。その根拠は次の二点である。一つは、「民主主義2.0」でも、政治は「生の世論」（Fishkin 2009＝2011）に基づいて行われ続ける可能性があるのではないかという点であ

5）　この評価には留保が必要である。なぜなら、東は、「ひとりひとりの選好を変容させる可能性」についても言及しているからである。そのために、ウェブ上のコミュニケーションに「ネットの彼方から到来する「事故」」のような形で「他者性」を導入することで「心の動揺」（齋藤純一）をもたらすような環境設計が重要とされる。例として、ツイッターのリツイート機能が挙げられている（東 2011：97、108-115、222、224-226）。この議論は、確かにネット上で「私」が思いがけず意見の変化を経験する可能性を示唆している。その意味では、東の議論は、無意識の「可視化」だけではなく、その「変容」までも視野に収めている。ただし、この変容の側面は、政治エリートの熟議と一般市民の「一般意志2.0」との相互作用としての「民主主義2.0」の議論においては、あまり重視されていないように思われる。「民主主義2.0」では、一般市民の「無意識」はもっぱら政治エリートに対して「可視化」されるだけのものとして描かれているからである。

る。現在の民主主義の問題点の一つは、政治エリートが「生の世論」に直面しているところにある。組織された社会的支持基盤と政党との関係が流動化しつつあるなかでは、この傾向はより強まる。しかし、「生の世論」は、きわめて不確実かつ流動的である。そのため、このような「世論」に基づく政治もまた、不確実で流動的なものとなる。「民主主義2.0」は、ある意味で、最も究極的な形で「生の世論」を政治エリートに届けようとするものである。そうだとすれば、それは、一見大胆で斬新な構想に見えるが、「生の世論」の量的拡大にとどまるかもしれない。そこに「練られた世論」への転換可能性をどの程度見出すことができるかは不確実である。もう一つの根拠は、「民主主義2.0」においても、「意思決定」は政治エリートによってのみなされると考えられている点である[6]。「民主主義2.0」において、意思決定を行う政治エリートと、それに影響を及ぼす「私たち」との役割分担は明確である。しかし、この役割分担は、既存の自由民主主義においても想定されている。その意味で、実は「民主主義2.0」は、自由民主主義を踏襲している。この点もまた、東の議論が、実は既存の民主主義における政治エリートと「私たち」との関係と、それほど変わらないものである可能性を示唆するのである。

　以上のように、「民主主義2.0」における反省性への注目は、政治エリートとそうではない「私たち」との自由民主主義的な分業を前提としたものである。

③包括性について

　次に、包括性の観点から二つの民主主義論を評価する。第一に、ポピュリズムについてである。ポピュリズムは、次のような点で、民主主義におけるある種の包括性を達成しようとするものと言える。第一に、ポピュリズムは、「個人」ではなく「人々」に、あるいは、「私」ではなく「私たち」にアピールする。ある共同体が「人々」から成っているし、またそうであるべきだということは、ポピュリズムの核心的特徴の一つである（吉田 2011：72-73、190）。

---

6) この点について、杉田敦氏との会話から示唆を得ている。

ここから、しばしばポピュリズムにおいて、民主的正統性の源泉が主として多数者という観点から捉えられることになる（Akkermann 2003：151）。第二に、その場合の「私たち」は、しばしば従来あまり顧みられてこなかった「私たち」であり、ポピュリズムは、そのような「サイレント・マジョリティ」の「声なき声」を吸い上げテーマ化する。そのことは、硬直化・閉塞化した政治を変化させるきっかけを提供し得る（Canovan 1999：5；Mudde 2004：557；野田 2013：13-14；吉田 2011：148）。この意味で、ポピュリズムは、確かに一定の包括性を達成するという側面を持つ。

　他方で、その「包括性」は常に排他性を伴っている。確かに、あらゆる民主主義はどこかに境界線を引き、その外部の「他者」に対する排他性を伴わざるを得ないものかもしれない。しかし、たとえそうだとしても、ポピュリズムにおいては、とりわけこの傾向が顕著である。ポピュリズムは、常にその「敵」を設定する。誰が／何が「敵」であるかは、あらかじめ決まっているわけではない。「敵」は、ある場合には「特権階層」「既得権益」であり、別の場合には「社会の同質性」を脅かす移民やエスニック・マイノリティである。これらに対する攻撃は、従来の政治における「タブー破り」として評価される（野田 2013：12-14；Mudde 2004：554-555）。確かにポピュリズムは、個人化社会において「私たち」を構成する。しかし、その「私たち」は「普通の」私たちであり、「普通ではない」人々を敵視し排除することで構成されるものである。「ポピュリストが人々に言及しても、それは決して人々全体の統合を目指すものではない」（Abts and Rummens 2007：418）。その意味でポピュリズムは、包括性を標榜しつつ、常に強力な排他性を内包しているのである。

　第二に、「民主主義2.0」についてである。この民主主義論は、ある意味で、民主主義において現時点で考えられる最大の包括性を実現しようとするものと言うことができる。「一般意志2.0」とは、インターネットの発展によって、人々の意志はその「データベース」として、かつてないほどに包括的に表現可能となっているということである。これを言い換えれば、現代社会において、「私たち」は、民主主義に参加しているつもりがあろうとなかろうと、

「一般意志」という形でそこに関与している、ということである。この「一般意志」から排除される人々が存在するとすれば、それは、インターネットに全く接する機会を持たない人々である。しかし、たとえそうであっても、「一般意志」という形で民主主義に関与する人々の数は、「現実」の民主主義に参加する人々の数よりは圧倒的に多いであろう。以上のように、「民主主義2.0」は、その包括性において最も優れていると考えられる。

④ **小括**

ポピュリズムと「民主主義2.0」に対する反省性と包括性の観点からの評価をまとめると、以下のようになる。第一に、反省性については、ポピュリズムも「民主主義2.0」も十分ではない。第二に、包括性については、ポピュリズムのそれが排他性を強く帯びているのに対して、「民主主義2.0」は非常に高い包括性の程度を示している。このように、ポピュリズムよりも「民主主義2.0」の方が、個人化の時代における民主主義に求められる基準に合致していると言える。ただし、その「民主主義2.0」についても、反省性が政治エリートのみに求められるものである点が問題であった。

次節では、熟議民主主義が個人化にどのように対応し得るのかについて検討する。もしも熟議民主主義が反省性と包括性の両基準において優れた評価を得ることができるのであれば、個人化の時代にふさわしい民主主義であると言うことができるだろう。しかし、単純にそのように言うことはできない。

第3節　個人化と熟議民主主義

（1）個人化と自由民主主義の動揺とに対する熟議民主主義の対応

まず、熟議民主主義が、個人化および自由民主主義の動揺とどのような関係にあるのかという問題について確認しておきたい。この論点については、次の二点を指摘することができる。第一に、熟議民主主義は、個人化の進展の中で異なる人々の間に発生しやすくなる紛争に対して、「熟議」によって

対応しようとする（田村 2008）。第二に、熟議民主主義は、既存の自由民主主義の社会と国家との媒介経路を批判的に捉える。選挙であれ、利益団体を通じた圧力政治であれ、熟議民主主義の観点からは、個別の私的利益の単純な総和をもって決定する「集計民主主義」（Young 2000）にほかならない。その結果として、政治は私的利益の実現のプロセスとなってしまう。これに対して、熟議民主主義は、熟議を通じて人々が自らの私的利益を問い直すことで、政治が「公共的な事柄」についての議論の場となるとする。このようにして、熟議民主主義を通じて、自由民主主義の動揺が乗り越えられると期待されるのである。

（2）反省性と包括性の観点からの評価

このような熟議民主主義は、本章前節で導入した「反省性」と「包括性」という二つの基準に照らして、どのように評価されるだろうか。まず、反省性についてである。この民主主義論の主たる特徴の一つは、まさに反省性にある。熟議民主主義は、対話の中で「私たち」が強制的ではない形でそれぞれの意見を問い直し、変化させていく可能性に注目する。また、第 8 章で扱う「熟議システム」論においては、それ自体は必ずしも反省的ではなくとも、マクロな社会システムを反省的にする効果を持つようなコミュニケーションをも熟議民主主義の観点から論じることが可能であるとされている（Mansbridge *et al.* 2012；Tamura 2014）。このように、熟議民主主義は、個人レベルのミクロな反省性と、社会レベルのマクロな反省性との両方において、これを促進することができると考えられる。

したがって、反省性の基準に照らした場合、熟議民主主義が最もこの基準を満たしていると言うことができる。ポピュリズムと「民主主義 2.0」も、部分的には反省性を考慮に入れている。しかし、ポピュリズムにおいては、マクロな社会システムの反省的効果は期待できても、「私たち」自身の反省性を期待することは難しい。また、「民主主義 2.0」においては、政治エリートにおける反省性は考慮されているが、やはり「私たち」におけるそれは想定されていない。これに対して、熟議民主主義は、「私たち」における反省性

を求めるとともに、マクロな社会システムの次元における反省性の実現も考慮に入れている。

　次に、包括性についてである。とりわけ「民主主義2.0」と比較した場合に、熟議民主主義の包括性は低いと言わざるを得ない。その理由は二つある。第一に、熟議民主主義において人々は熟議に参加する必要があるが、その範囲は常に限定的である。つまり、熟議は常に「私たちの一部」のものなのである。最も典型的には、第7章で検討する「ミニ・パブリックス」における熟議を想起すればよい。ミニ・パブリックスとは、比較的少数の市民によって構成される熟議のための様々なフォーラムの総称である。それが、これまで政治参加してこなかった人々を包摂する新たな回路となっているとの実証研究に基づいた指摘もある（井手 2010）。しかし、そこに集まるのが「私たちの一部」であることに変わりはない。第二に、理性的／合理的な論証を中心とする「熟議」というコミュニケーション様式そのものが排除的な性質を持ち得る（cf. 田村 2008）。ただし、二点目については、熟議民主主義を狭義の論証的なコミュニケーション様式に拠るもののみと見るべきではないとする見解が、今日では通説的な地位を占めていると思われる（齋藤 2012；田村 2008；Bächtiger *et al.* 2010）。したがって、主たる問題は一点目の方である。

　もっとも、ポピュリズムとの比較においても熟議民主主義の方が包括性の程度が低い、と断言することはできない。なぜなら、すでに述べたように、ポピュリズムには、「敵」を設定し激しく攻撃することで「私たち」を構成するという特徴があるからである。その攻撃の程度が高くなればなるほど、排他性が強まることになる。もちろん、熟議民主主義においても、熟議の結果として排他的な結論が導かれる可能性を完全に否定することはできない。しかし、第1章でも述べたように、民族的／文化的に異質な集団間で深刻な対立・紛争が存在する「分断社会」をめぐる議論では、熟議民主主義を通じて「分断」がどのように調停され得るのかについての理論的・経験的研究も行われている。これらを踏まえるならば、熟議民主主義がポピュリズムよりも排他的とは言い難い。

第 4 節　反省的かつ包括的に

　前節で見たように、反省性という基準から見た場合には、熟議民主主義は優れた構想である。しかしながら、熟議民主主義は、包括性という基準から見るならば不十分であった。そこで、本章の最後に、どのようにして熟議民主主義の包括性を高めることができるかという問題について考えることにしたい。

　人々が集まって熟議するということを考えると、熟議民主主義が、直接に集まることを求めない「民主主義 2.0」といった構想と比較した場合に、包括性の程度において劣ることは不可避であるようにも思える。それでも、包括性の程度を上げていくための方向性を考えることは可能である。少なくとも次の二つの方向性が考えられる。第一は、熟議民主主義の場を多層化することである。第二は、より多くの「私たち」による熟議民主主義への参加を促すような仕掛けを考えることである。以下で順に述べよう。

　まず、熟議民主主義の多層化についてである。詳しくは第 7 章で論じるが、特定のミニ・パブリックスだけを熟議の場と見なす必然性はない。確かに、熟議の実現を目指して設計されるミニ・パブリックスが、熟議民主主義の重要な場の一つであることに疑いはない。しかし、それだけが熟議の場というわけではない。熟議民主主義は、より多様な場で、多様なやり方で行われるものとして考えられるべきである（田村 2008）。たとえば、ジョン・S・ドライゼクは、ミニ・パブリックスではなく、広く公共圏に存在する非公式のネットワークの中で展開する熟議民主主義に注目してきた。社会に変化をもたらすためには、社会に存在する諸「言説」の配置状況を変化させることが必要である。しかし、ミニ・パブリックスにおける熟議だけでそのような変化をもたらすことは難しい。なぜなら、ミニ・パブリックスの実施時期は短期間であり、そのなかで、とりわけ「私たち」の立場がそのアイデンティティに結びついているような問題の場合、「私たち」の立場に持続的な変化が生じると期待することは難しいからである[7]（Dryzek 2006a : 57-58）。また、多層

第 2 章　個人化社会

化という観点からは、第 6 章でも述べるように、公共圏にとどまらず、親密圏もまた熟議の場として考えることも必要である（田村 2010c；2011a）。

このようにして熟議の場をより多層的なものとして把握することは、熟議民主主義の包括性を高める。これは、特定の熟議の場の包括性を高めるということではない。そうではなく、人々が異なる熟議の場に異なる「私たち」として参加することで、全体として熟議民主主義に関わる可能性が高まると期待できるであろう、ということである。

しかしながら、このように熟議民主主義を多層化したとしても、その包括性にはなおも限界が存在するであろう。物理的に全ての人々が熟議に関わることの限界性は、もちろん存在する。しかし、もう一つの限界を構成する要素として、民主主義への参加の心理的負担感を挙げておきたい。多くの論者が民主主義あるいは政治の「面倒くささ」や「魅力のなさ」について指摘している（Stoker 2006＝2013；田村 2014a；Warren 1996a；湯浅 2012）。民主主義に関わるということは、自分とは異なる意見を持った人々との間で、問題解決を行おうとすることである。そこでは、自分にとっては到底受け容れられないと思われるような意見にも耳を傾けなければならないし、最終的な決定が自分の意見を十分に反映されたものであるとも限らない。そのため、多くの人々にとって、民主主義への参加は、心理的負担感の高いものと感じられる可能性がある。その結果、仮に参加する場が存在していたとしても、人々はそれを忌避するかもしれない。したがって、熟議民主主義をより包括的にするためには、民主主義の「面倒くささ」を踏まえつつ、どのようにして「私たち」に熟議への参加を促すことができるかを考える必要がある。

そこで考えられる一つの方向性は、「ナッジ（nudge）」の概念を熟議民主主義に応用することである（田村 2011b）。ナッジとは、人々の「選択の自由」を確保しつつ、特定の選択肢を選択されやすくするような仕組みのことである。ナッジは、人々の費用便益計算に作用する誘因（インセンティヴ）ではなく、「自動メカニズム」と呼ばれる人間の情念的なメカニズムに作用する。本書

7）　ただし、ミニ・パブリックスにおいて意見の変容が全く起こらないということではない。差し当たり、フィシュキンの著作（Fishkin 2009：Chap. 5＝2011：第 5 章）を参照。

が提案するのは、ナッジを熟議民主主義と組み合わせ、熟議への参加を促すようなナッジを考えてみることである。こうした「熟議のためのナッジ」の例としては、「公共フォーラム」、くじ引き、レトリック、そしてベーシック・インカムなどを挙げることができるであろう。熟議民主主義とナッジとの関係については、第 4 章第 2 節およびとりわけ第 5 章において、さらに詳しく論じることにしたい。

第 5 節　自由民主主義を超えて？

　本章では、現在の個人化社会における民主主義をどのようなものとして考えるべきかという問題を検討した。その際、そのような民主主義の構想として、ポピュリズム、「民主主義 2.0」、熟議民主主義を取り上げ、それらが自由民主主義の動揺にどのように対応しているのかを概観したのちに、反省性と包括性という二つの規範的基準に照らして評価した。熟議民主主義は反省性において優れており、「民主主義 2.0」は包括性において優れている。最後に、熟議民主主義をより包括的にするための方向性について検討した。そこでは、多層化とナッジ概念の援用とによって、熟議民主主義をより包括的なものとする可能性が論じられた。かくして、個人化社会において、熟議民主主義が反省性と（一定程度の）包括性とを満たす民主主義の構想となり得ることが示された。

　もっとも、以上の考察のみで、本章前半で論じた「自由民主主義の動揺」への十分な応答となっているかどうかは疑問である。なぜなら、こうして提示された熟議民主主義がなお自由民主主義の枠内にとどまるものであるかどうかについては、ここでは論じられていないからである。確かに、「自由民主主義の動揺」が直ちに現実の代表制や政党の解体・消滅を意味するというわけではない。様々な問題を抱えていようとも、また、そのあり方がある程度変化したとしても、代表制や政党が近い将来になくなってしまうということは考えにくい。それにもかかわらず、理論的・思想的には、「ポスト・ポスト冷戦」の時代において、自由民主主義という民主主義の類型は根本的

に再考されてもよいように思われる。

　実際、「民主主義2.0」は、部分的に自由民主主義の枠組を超える要素を有していた。確かにそれは、政治エリートとそれ以外の「私たち」という区別の維持という点では依然として自由民主主義的である。しかし、その「私たち」について、選挙と異なり、かつ、それ以上に包括的であり得るような民主主義への参加の仕組みを提案する点では、自由民主主義の枠組を乗り越えている。熟議民主主義についても、それを自由民主主義の枠内でのみ考える必然性はない。第8章で述べるように、「熟議システム」を上位概念とすれば、熟議的ではあるが自由民主主義的ではないような熟議システムの類型も析出可能なのである。

　個人化社会とは、長らく自由民主主義を支えてきた社会的基盤が大きく変容しつつある社会のことである。そうだとすれば、第1章の分断社会の場合と同様に、個人化社会における民主主義を考えるとは、最終的には、自由民主主義をもう一度相対化して考え直すことを含むべきである。そこで問われているのは、民主主義を考える際の私たちの思考枠組そのものでもある。そして、この問題はやはり、最終章の自由民主主義と熟議民主主義の関係の再考へとつながっていくのである。

第3章
労働中心社会

　古代アテネの「市民」による民主主義がそうであったように、人々が民主主義に関わっていくためには、そのための時間が必要である。ベンジャミン・バーバーが指摘するように、「民主主義は余暇を要求してきた」のである（Barber 1998：144＝2007：206）。民主主義のための時間を私たちが十分に持っていると認識できないとすれば、その理由として考えられることは、他の活動のために私たちの時間の多くが費やされている／費やされざるを得ないから、ということであろう。

　民主主義の中でも「熟議」民主主義は、とりわけ時間を必要とする。もしも民主主義が投票だけで済むのであれば、それに費やす時間はさほど多くはない（だからといって、誰もが投票所に足を運ぶとも限らないのであるが）。しかし、熟議には時間がかかる。さらに、熟議を通じて反省を経たあとの結論がどのようなものになるかはわからない。多くの時間を費やすことの「費用対効果」を考えるならば、熟議を行うことはあまり「合理的な」選択ではないだろう。

　もっとも、熟議への参加がこのような意味で「非合理的」と見なされるのは、私たちが自分の自由になる時間を十分に有していないからかもしれない。逆に言えば、もしも時間に余裕があれば、私たちが——たとえ古代アテネの「市民」ではなくとも——熟議民主主義を行う可能性も高まるのではないだろうか。

　本章で熟議民主主義の「阻害要因」として取り上げるのは、「労働」である。すなわち、本章では、労働中心的な社会のあり方——労働が客観的に人間の活動の多くの部分を占めるとともに、人々の間でそれが最も重要な活動であるとの認識が一定程度共有されており、かつ、人々が労働を中心に自らのア

イデンティティを形成しているような社会[1]——が、熟議民主主義を行うことを妨げる理由の一つとなっていると推定し、どのようにすれば、この阻害要因を緩和できるかを検討する。

その際に本章で注目するのは、ベーシック・インカム（basic income。以下では BI と略記する）である。BI は、個人単位の無条件の所得保障制度ないし原理である[2]。本章では、この BI を熟議民主主義の条件として理解することを主張する[3]。すなわち、本章では、BI の保障によって、物理的に労働以外の活動に用いることができる時間が増大する可能性、あるいは、社会的に共有された意味の次元で労働に付与される意味が低減する可能性が高まり、その結果として、人々が熟議を行う可能性も高まるであろうということを論じる。BI を、このような意味で熟議民主主義の条件として理解することができるのである[4]。

ある規範的構想とそのための条件との関係については、井上達夫の指摘が参考になる。井上は、アイザイア・バーリンが「自由」と「自由の行使の条件」とを区別し、後者を（バーリンが支持する）消極的自由に含めることを否定していることを問題にして、「行使可能性がまったくなくとも消極的自由は存在するというのはやはり無理がある」と述べている（井上 2008：33-34；大屋 2007）。同じことは、熟議民主主義にも当てはまる。つまり、熟議民主主義そのものの構想とともに、熟議関与の条件についての考察も必要なのである。

1）　このような「労働中心社会」の理解の仕方は、クラウス・オッフェに倣ったものである。田村（2002）を参照。
2）　本書は、ベーシック・インカムそのものを包括的に検討することは行わない。現在では BI についての日本語文献も多く刊行されているが、ここでは、武川編（2008）、立岩・齊藤（2010）、ヴェルナー（2009）、山森（2009）を挙げておく。特に政治理論における BI 論については、差し当たり、Fitzpatrick（1999＝2005）、Van Parijis（1995＝2009）を参照のこと。
3）　BI を（熟議）民主主義と関連づける研究はあまり多くないが、キャロル・ペイトマンの論文（Pateman 2005；2006）はその例外である。ペイトマンの「BI と民主主義」論を取り上げた拙稿（田村 2011a）も参照。また、ジョン・S・ドライゼクとパトリック・ダンリヴィーの本にも、BIと民主主義についての叙述がある（Dryzek and Dunleavy 2009：210-211）。
4）　ただし、本章での「条件」という理解が妥当かという疑問は存在し得る。この疑問については、第 5 章で取り上げることにする。あらかじめ結論だけを述べておくと、最終的には本書は、BI を熟議民主主義のための「ナッジ」の一つとして理解することになる。

もちろん、熟議がより民主的であるための条件についての考察は、すでに存在する。そもそも、熟議民主主義そのものが、民主主義に熟議という規範的条件を付与したものと言える。加えて、その熟議にさらに条件を付与しようとする試みも存在する。たとえば、アイリス・M・ヤングは、民主主義の場に本来包摂されるべき人々が排除されている状態を「外在的排除」、形式的に民主主義の場に包摂されていても自分たちの主張が真剣に取り上げられていないと認識される状態を「内在的排除」と呼び、これらの排除を乗り越える民主主義が必要であると論じている[5]（Young 2000：53-55）。ヤングは、前者の克服策として少数派集団の発言権を確保する「集団代表制」を、後者の克服策として理性的な論証以外の多様なコミュニケーション様式をも認める「コミュニケーション的民主主義」を、それぞれ提案している（田村 2009a：138-144）。

　これらの提案はいずれも、熟議民主主義そのもののあり方に直接関わっており、その意味で直接的条件と言うことができる。これに対して、より間接的な次元で熟議民主主義の条件となりうる諸要素も存在する。そのような条件としてしばしば挙げられるのは、立憲主義である。これに対して本書では、BIを含む社会保障もまた、熟議民主主義のための間接的条件となり得ると考える。以前に私は、別の論文（田村 2004）でも、熟議民主主義とBIについて論じている。しかし、そこでは、熟議民主主義とBIとを個別に論じるにとどまり、両者の関係性ないし相互作用については、十分に検討することができなかった。そこで本章では、この関係性ないし相互作用について、熟議民主主義の条件としてのBIの可能性という観点から考察する。

5）　齋藤純一（齋藤 2008：57-58）も、民主主義の条件として、「非排除性」と「特権化の禁止」を挙げている。

第3章　労働中心社会

第1節　条件としての社会保障

（1）福祉国家と生産主義

　今日では、人が人として生きていくために社会保障がなされるべきであることは、ある意味で当然と見なされている。実際、人権のリストの中に「社会権」が存在することに異議を唱える人は少ないであろう。
　それにもかかわらず、社会保障を享受する権利をそのものとして唱えることには、多くの批判が投げかけられるようになっている。典型的な批判は、次のようなものである。すなわち、権利と義務は不可分であり、したがって、義務を果たさない者に権利を認めるべきではない、と。1980年代以降の先進諸国の福祉国家改革において「ワークフェア」と呼ばれるこの考え方では、権利の無条件性が問題視されている。ここでは、社会保障は、何らかの——典型的には有償労働による——社会的貢献の見返りとして享受できるものとされる。
　このように社会保障の無条件性を批判する主張は、一般に保守的な立場からのものと見なされがちである。しかし、必然的にそうだというわけではない。たとえば、もっとも普遍主義的で平等主義的な福祉国家と見なされている北欧諸国でさえ、無条件の社会保障であったわけではない。ロバート・E・グッディンは、北欧福祉国家について次のように述べる。

> 福祉受給は、市民の権利と見なされている。しかし、市民は同時に、彼女たちがきちんと生産的な貢献を行える時にはそれを行う責任を有している。そして、社会民主主義政権は、市民がそうするのを助けるために「積極的労働市場政策」を採用するのである。（Goodin 2001：14）

　確かに、社会保障を受ける権利と有償労働を通じた「生産的な貢献」とは、一応は独立した要素である。グッディンが、北欧福祉国家をワークフェアに

おける「労働のための福祉（welfare to work）」ではなく、「労働と福祉（welfare and work）」と表現する所以である。それにもかかわらず、グッディンは、北欧福祉国家もまた「生産主義的（productivist）」であると言う。ここで「生産主義的」とは、「経済の生産的な部門への労働力の円滑な供給を確保することにもっとも関心を持っており、その際に福祉国家が失敗しないように気にしている」ことを指している（Goodin 2001：14）。もちろん、「失敗しないように」と言っても、北欧の場合は、福祉国家が市場の阻害要因にならないようにという消極的な意味ではない。そうではなくて、まさに「積極的労働市場政策」を通じて、世界経済で勝負できる生産的な産業部門の形成に寄与するという積極的な意味である。つまり、明らかに福祉国家は、生産主義の実現のための条件という側面を有していたのである[6]。

そうだとすれば、福祉国家批判の中に、「条件としての福祉国家」の側面を維持ないしは強化しつつ、条件の内実、すなわち生産主義を見直すことで社会保障の刷新を図ろうとする議論が存在することは、それほど不思議なことではない。そのような議論の典型として、アンソニー・ギデンズの積極的福祉論を挙げることができる。

（2）ギデンズの積極的福祉論

ギデンズは、積極的福祉を福祉国家への代替案として提案している。ギデンズによれば、福祉国家は、次の三つの要素によって特徴づけられる（Giddens 1994a：17-18, 136-137＝2002：31-32, 174-175）。第一に、有償労働と階級が重要な役割を占める社会の形成である。その社会は、生産主義のエートスによって支えられる。ただし、ここで有償労働に従事するのはあくまでも男性であり、生産主義は、厳然たる性別分業を伴っていた。第二に、国民国家の発展と国民の連帯である。第三に、偶然に降りかかる外在的なリスクへの事後的対応である。しかし、グローバル化、再帰化、脱伝統化の進展により、これらの三つの要素はいずれも維持できなくなっている（Giddens 1994a：4-7

---

6) クラウス・オッフェも、福祉国家における五つの生産主義的想定を指摘している（Offe 1992：67-68）。

=2002：15-19）。したがって、これらと結びついていた福祉国家を擁護することもできないのである。

　それにもかかわらず、社会保障は必要である。再帰化と脱伝統化が進むなかで、人々は、自分自身の生活をどのように組み立てていくかを常に考え、自分の生活スタイルを自分で決定しなければならなくなる。ギデンズは、このことを「解放政治」から「生活政治」への変化とも呼んでいる。解放政治は、「過去の束縛」と「不当な支配」とからの解放に関わり、生活政治は、生活スタイルの選択に関わる。積極的福祉とは、この生活政治に関わらざるを得ない諸個人を支援・エンパワーメントするための手段である。それは、「諸個人や諸集団によってなされる生活政治の意思決定のための、物質的条件と組織化の枠組みを提供する」ことによって、人々が自律的に何かを引き起こすことを可能にする[7]（Giddens 1991：Chap. 7＝2005：第7章；Giddens 1994a：15, 18＝2002：28, 32）。つまり、積極的福祉とは、再帰化と脱伝統化の中で、生活政治に関わらざるを得ない人々に対して、それを支える条件を提供するものである。

　このようなギデンズの議論は、社会保障を生産主義や有償労働の条件と見なす発想と、ひとまず異なっていると言える。ギデンズにおいても、社会保障は、ある目的のための条件である。しかし、その目的は、生活政治に文字通り関わらざるを得ない諸個人の支援である。ギデンズは、「再帰性の度合いが高い世界では、一人ひとりは、生き抜き、みずからの生活を築き上げる条件として、ある程度の行為の自律性を獲得しなければならない」と述べている（Giddens 1994a：13＝2002：26）。このような記述から、ギデンズの議論は、人々がすでに自律性を獲得していることを（誤って）前提としていると見られがちである。しかし、積極的福祉の提案は、生活政治に関わるために必要

---

[7] ギデンズに対しては、貧困に苦しむ人々は生活スタイルの選択どころではなく、したがって、解放政治から生活政治への変化という議論はよく言って早急である、といった批判がなされることがある。しかし、ギデンズは貧困への対応も、単なる経済的な問題ではなく、貧困者がどのように生きていくのかという問題として考えられるべきであると述べている（Giddens 1994a：160＝2002：203）。つまり、一見、解放政治の問題のようであっても、実際には「生活政治の発する問い」がその核心にあると考えるべきなのである。

な自律性獲得の条件について、彼が考慮に入れていることを意味している。

しかしながら、1990年代後半のギデンズの議論では、積極的福祉を、諸個人の自律性の条件としてというよりも、社会への貢献と結びつける傾向が強くなる。『第三の道』において、彼は、「第三の道の政治は、個人とコミュニティとの間の新しい関係を、すなわち権利と義務との再定義を探究する」と述べる（Giddens 1998：65＝1999：116）。ここでは、諸個人は単に自律的であるだけではなく、所属するコミュニティに対して責任を果たすことが求められている。加えて、その貢献として特に強調されるのは、有償労働である。同書においてギデンズは、積極的福祉が「リスクを引き受ける者への報奨金」であると述べる。ここで「リスクの引き受け」として彼が挙げるのは、「失業保険の受給を中断して仕事に就くこと」や「特定の産業に就業すること」である。確かに、1990年代前半の生活政治の議論においても、人々は様々なリスクに直面するとされていた。しかし、「第三の道」論では、そのリスクとして最も重視されるのは、明確に有償労働に就くことである[8]。ここにおいて、ギデンズの積極的福祉論と生産主義的福祉国家との区別は、不明瞭になる。両者は、社会保障を市場や労働との関係で論じる点で、共通しているのである。

しかし、私は、ギデンズの議論に、別の可能性を見出すこともできたはずだと考える。次節では、この点について述べよう。

第2節　熟議民主主義の条件としての社会保障

（1）対話的民主主義のための積極的福祉？

1990年代のギデンズの議論の特徴の一つは、彼が「再帰的近代」あるいは「ポスト伝統社会」と呼ぶ現代社会における、親密圏における民主主義の必

---

[8]　その後の著作でも、「第三の道」論における「受給に対する労働の優位、およびそのような力点の変化を生み出すために必要な福祉改革」という主張は「正しかった」と述べられている（Giddens 2003：6）。

要性という指摘である。再帰的近代化が進展することで、人々は伝統や習慣に頼って行動することが難しくなる。そこで、人々は、日常生活の様々な領域で意思決定を行わざるを得なくなる。それは、恋人、親子、親族、友人などとの関係にまで及ぶ。たとえば、結婚に関して、ギデンズは、次のように述べている。

> 今日、人々は、いつ、誰と結婚するかだけでなく、そもそも結婚するかどうかさえも意思決定しなければならない。「子どもをもうけること」は、ほぼ自然の成り行きと思われていた過去の多くの状況と明らかに異なり、婚姻との結びつきをもはや必要とせず、男女双方にとって重大な、また難しい意思決定となっている。人は、「関係性」とは何か、どのようにすればそれを最もうまく構築できるのかをしっかり把握するだけでなく、自分の「セクシュアリティ」がどのようであるかをさえ決定する必要がる。これらすべて、行為の所与の文脈についてなされる意思決定ではない。これらの意思決定は、何が行為の文脈であり、また文脈になるのかを、流動的な仕方で、定義し再形成するのに役立つ。(Giddens 1994a : 83＝2002：111)

　ギデンズによれば、結婚をめぐるこうした諸問題について、「不公平であったり耐え難いと感ずるような状況が生じた場合には、〔パートナーの〕いずれの側も再協議を求めることができる」。その意味で、結婚とは、「暗黙の更改可能な契約」である。そして、更改可能な契約であるということは、それが、パートナー間の「公開討議」に開かれているということを意味する。その公開討議では、「行動や態度は、もしそうしたいならば、正当化されなければならない。それはつまり、理由が与えられなければならないということを意味する」のである（Giddens 1992：192＝1995：282；Giddens 1994b：106＝1997：198）。
　こうしてギデンズは、民主主義の適用範囲を家族、恋人、友人などの親密圏にまで拡大する。この議論は、もっぱら国家・政府との関係で理解されるのではない民主主義のあり方を提起しているという意味で、大変興味深いも

のである[9]。

　それにもかかわらず、このような民主主義の条件についての彼の考察には、なお不十分な点が残っている。もちろん、ギデンズは、このような民主主義に対して楽観的な展望のみを持っていたわけではない。彼は、パートナー間の公開討議における「ルール」の重要性を指摘し、単なる調和的で円満な関係を期待することに対して警鐘を鳴らしている。というのも、「権力の格差は社会生活のなかに堆積しているため、かりに人びとが、みずからの行いとその行いを潜在的に正当づけるための根拠を再帰的に説明することを拒否するならば、権力の格差は、おそらく変わらないままに存在していく」からである。彼は、とりわけ男女間において権力格差が存在しうることをよく認識している。また、ルールによって規定された公開討議は、それ自体、人々の権力格差を低減させることによって、民主主義の課題でありかつ条件であるところの、「自律」を実現するための条件の一つとなる。それゆえに、ルールの存在は重要なのである（Giddens 1992：193, 186＝1995：284, 274）。

　しかしながら、ルールと公開討議のみで、諸個人が民主主義に自律的に関わるための十分な条件が揃ったと言えるかどうかは疑わしい。実際には、親密圏において、熟議ではなく、「強制と暴力」による問題解決が図られる可能性も存在しているからである。ギデンズは、「対話的民主主義（dialogic democracy）」が「暴力への唯一のオルタナティヴ」であると述べている（Giddens 1994b：106＝1997：199）。しかし、これはかなりの程度、規範的期待と言うべきであり、必然ではない。

　とはいえ、私は、ギデンズの議論そのものに手がかりは存在していると考える。それは、積極的福祉の提案を、対話的ないし熟議民主主義への関与のための資源提供として捉えることである。実際、すでに見たように、積極的福祉はもともと、「生活政治の意思決定に、物質的条件や、組織化の枠組みを提供する」ことによって、人々が自律的に何かを引き起こすことを可能にするための提案であった。そうだとすれば、積極的福祉の提案は、親密圏を

---

[9]　私は、これを「非制度的次元」における民主主義と呼んでいる（田村 2008：第5章）。また、この点に関する私自身の最近の議論として、田村（2015c）をも参照。

含む熟議関与のための条件としても議論されるべきだったのである。しかし、これもすでに見たように、ギデンズ自身は、積極的福祉を労働との関係に絞り込む方向で議論を展開した。もちろん、『第三の道』においても、「民主主義の民主化」や「民主的家族」などの議論が展開され、そのための政策も論じられている。しかし、これらの民主主義についての議論が積極的福祉論と結びつけられることはないのである。

（2）労働市場パラダイムからの転換

そこで問題は、なぜそうなのか、ということである。ここで、ケヴィン・オルソンによる福祉国家論批判が参考になる（Olson 2006：3, 28, 47-48）。オルソンによれば、これまでの主な福祉国家論は、「労働市場パラダイム」に依拠している点で共通している。ここで労働市場パラダイムとは、福祉国家を再配分と規制のメカニズムと捉え、その正当化根拠を、労働市場における不平等、貧困、雇用者・経営者に対する労働者の脆弱性の防止・改善、もっと言えば、労働市場における搾取から労働者を守ること、に求める考え方である。たとえば、福祉レジーム論で有名なイェスタ・エスピン-アンデルセンが各国の社会保障の比較のために導入した「脱商品化」概念は、基本的に、「労働市場の要請からの自立」の程度を測定する概念である。つまり、焦点はあくまで、人々が労働者であることを前提として、その労働者の雇用者・経営者に対する立場の強化がどの程度見られるか（その程度が高いほど、高レベルの社会保障が実現されていることになる）、ということなのである。これに対して、オルソンは、社会保障を正当化するために「政治的」根拠を用いるべきことを主張する。すなわち、彼は、「政治的」平等の促進のための条件として社会保障を捉え直すことを提案するのである。

以上の議論から、ギデンズもまた、社会保障を依然として労働市場パラダイムの枠内で考えている、と言うことができる。確かに、ギデンズは、新しい社会保障と民主主義のあり方を提起した。しかし、社会保障について労働市場パラダイムに囚われているために、結局、両者を結びつける方向での議論を展開することができていないのである。

これに対して、ユルゲン・ハーバーマスの議論は、労働市場パラダイムの内にある福祉国家を批判し、福祉国家を民主主義との相互作用の中に位置づけようとする試みとして捉えることができる。ハーバーマスによれば、福祉国家とは、（男性の）労働能力ある人々について、市場経済における有償労働に伴う諸リスクの補償と完全雇用を実現するものであった。つまり、ハーバーマスは、福祉国家が労働市場パラダイムに則っていると認識している。しかし、そのような福祉国家には、次の二つの問題があった。第一に、国家による市場経済への介入の限界である。福祉国家は、結局のところ市場経済のメカニズムを制御することができなかった。とりわけ、その再配分メカニズムは、財産所有構造を根本的に変化させるものではない。第二に、官僚制による福祉給付が、人々の規制・監視・従属をもたらすことである（Habermas 1985：148-152＝1995：204-208）。

このような問題点克服のためのハーバーマスの回答は、労働市場パラダイムからの脱却である。彼は、次のように述べている。

　　反省的になり、単に資本主義的経済の抑制だけではなく国家そのものの馴致をめざす社会国家のプロジェクトは、当然ながら労働というその中心的準拠点を失う。つまり規範にまで高められたフルタイム雇用の実現は、もはや問題ではなくなるのだ。（Habermas 1985：157＝1995：216）

ここで述べられているのは、要するに、「自律的で自己組織的な公共圏」における理性的コミュニケーションを通じた「連帯」によって、「システム」領域における市場および国家を制御するという展望である。ハーバーマスは、これを、福祉国家の否定ではなくて、その反省化と呼んでいる[10]。しかし、「社会国家のプロジェクトは、当然ながら労働というその中心的準拠点を失う」という記述からは、ハーバーマスが労働市場パラダイムに則った福祉国家擁護から袂を分かっていることを明確に示している。実際、1990年代以降

10）福祉国家の反省的継続について、水上（2003）をも参照。

のハーバーマスは、公共圏が国家（と市場）を制御するために必要な法と民主主義のあり方について、集中的に考察するようになるのである。

しかし、このような展望に対しては「自律的で自己組織的な公共圏」が自生的に成り立ち得るのかという疑問も生じる。この点については、ハーバーマス自身も自覚している。彼は、福祉国家を通じた「社会的基本権」の保障によって、「抽象的な法的関係によってだけでなく、連帯によっても直接に保たれている共同体に所属しているのだという意識は途中からなくなってしまった。福祉国家の官僚制に対して受給資格認定を要求する個別化した申請者たちは、崩壊した連帯関係を再建できなかった」と述べている（Habermas 1996：382＝2004：376）。これは、つまり、「自律的で自己組織的な公共圏」の存在を前提とすることはできないということである。そこで、ハーバーマスは、次のように主張する。

> ……社会的基本権は、――「絶対的に」基礎づけられる――私的自由権と政治的市民権とを行使する機会の均等にとって（他にもあるが）不可欠な生活条件を保障するべきものなのである。私的自律と公的自律との保障を優先するこの基礎づけ戦略は、福祉国家のパターナリズムという結果に対して向けられている。市民は自律的な生活形成のための自分の権利を実際にも行使することができなければならない。したがって、市民は、形式上保障されている自分の権限を行使できるような生活状態に、必要ならば国家の力によって、置かれるべきなのである。（Habermas 1996：382-383＝2004：376-377．傍点による強調は引用者）

ポイントは、社会的基本権を、それ自体として固有の権利として位置づけることは問題だ、ということである。つまり、社会的基本権は、私的自律と公的自律との同時的な保障のための条件としてのみ正当化され得るのである。ここで、「公的自律」が含まれている点に注意しておきたい。古典的な自由主義（法パラダイム）も、福祉国家（の法パラダイム）も、社会的公正の達成を、「善き生活についての各人固有の構想を追及する私的自律の保障」で

あると見なしていた。ハーバーマスは、いずれも、「私的自律と公的自律との内的つながりが視野から抜け落ちている」ことが問題だとする。たとえば、福祉国家の場合は、まさに国家を通じた私的自律の保障の試みが、「意図せざる副産物」として、「受益者の自律的生活形態の余地を再び制限してしまう」パターナリズムをもたらした[11]。そこで、ハーバーマスは、私的自律と公的自律との同時的重要性を主張する。一方で、「国家市民による公共的自律の適切な使用は、平等に保障された私的自律によって市民が十分に自立している場合にのみ可能」であるが、他方で、「市民が私的自律についての合意可能な規制に到達しうるのは、国家市民として政治的自律の適切な使用によってのみ」である。そして、社会保障は、そのための条件という観点から正当化されるのである（Habermas 1996：301-303＝2004：294-296）。

　このようなハーバーマスの議論は、労働市場パラダイムから脱却した社会保障の正当化を目指すものであると言える。その契機はギデンズにおいても見出された。しかし、ギデンズの場合は、結局有償労働のための人的資源の開発という点に議論が収斂していく。ハーバーマスも、ギデンズと同様に、社会保障を労働市場におけるリスクの単なる事後的救済として捉える発想は採らない。齋藤純一が指摘するように、ハーバーマスにとっても、社会保障は「生涯にわたる生の展望の改善をはかるもの」である（齋藤 2007：114）。しかし、ハーバーマスは、福祉国家への反省から、そのためには私的自律のみならず公的自律——すなわち相互に理由を提示し検討しあう熟議のプロセスへの参加——が不可欠であると考え、そのための条件としての社会保障という観点を打ち出したのである。

11）　福祉国家のパターナリズムに対するハーバーマスの批判は、1980年代から90年代にかけて一貫しており、変化していない。同時に、「福祉国家の反省的な継続」という表現も一貫しているのであるが、その力点は、「反省的」の方にあると理解するべきであろう。

第3章　労働中心社会

第3節　熟議民主主義の条件としてのベーシック・インカム

(1) 財産の平等と民主主義

　それでは、熟議民主主義のための社会保障としてどのようなものが考えられるのか。本節では、そのような社会保障の原理としてBIが持つ理論的射程を測定してみたい。BIは、個人単位で、原則として無条件で給付される現金給付の制度・原理である。無条件ということは、原則として、年齢、社会的属性、就労の有無等に関わりなく一律の金額を給付するということであり、それゆえ多くの賛否両論を巻き起こしている。BIを熟議民主主義との関係で考察した研究は、あまり存在しない。しかしながら、ジグムント・バウマンのように、BIの意義を、「ハンディキャップを負った人や貧しい人々に対する社会的義務」でも、「公正や正義の哲学的表現」や「共通に生活の質にとって利益になること」でもなく、「政治的な」意義、「すなわち、失われた私的／公的領域を回復するという決定的な役割」に求める論者も存在する（Bauman 1999：182＝2002：265-266）。以下では、これらをも参照しながら、BIの可能性を最大限引き伸ばす形で考察を行う。

　熟議民主主義の条件としてのBIの意義として、まず挙げられるのは、財産の一定の平等化が持つ効果である。富の分配の著しい偏りが政治的影響力の偏りとなって、民主主義に歪みをもたらしうることについては、これまでに多くの指摘がある[12]。ここでは、ジョン・ロールズの議論を見てみよう。ロールズは、福祉国家とは異なる「財産所有民主主義」を支持する[13]。それは、「富と資本の所有を分散させ、そうすることで、社会の小さな部分が経済を支配したり、また間接的に政治生活までも支配してしまうのを防ぐように働く」ものである。財産所有を分散することは、「熟議民主主義の諸条件

---

12) たとえば、ロバート・A・ダールは、1970年代以降、大企業の突出した政治的影響力を彼の提唱する多元的民主主義への障害と見なし、多元性を確保するための「経済的民主主義」を主張するようになった（Dahl 1985＝1988）。
13) 福祉国家と財産所有民主主義との区別の包括的な検討として、渡辺（2004）を参照。

を促進し、公共的理性の行使のための舞台を設定する」という意味を持つ (Rawls 2001：139, 150＝2004：247-248, 265)。

　ロールズ自身は、BIが財産所有民主主義の構成要素となると考えているわけではない。むしろ、彼は、無条件の所得保障は既に「余暇」という基本財を十分に有している者を優遇してしまう不公正な制度であるとして、これに批判的である[14]。しかし、BIによる所得保障が、政治的発言の機会を拡大する可能性はあるだろう。確かに、政治的影響力行使のための資源となり得るものは、財産だけではない。人数（集団形成）、専門知識、人格なども、政治的影響力行使のための有力な資源となり得る。しかしながら、今日では、多くの場合、財産の少ない者は、集団形成も困難であり、専門的知識を獲得する機会にも恵まれず、それゆえに人格によって人々にアピールする機会を得ることも難しい状況にある。つまり、政治的資源の累積的不平等が見られるのである。そうだとすれば、その累積性を修正する一つの契機として、一定の所得保障を位置づけることもできるであろう。

（２）労働の相対化・時間・熟議民主主義

　次に、BIによる労働の相対化が熟議民主主義にとって有する意味を検討したい。BIは、所得と労働との関係を、部分的に切り離す。従来、所得とは、（有償）労働することによって賃金として得るか、あるいは労働していないことを理由として社会保障の各種現金給付（年金、失業手当、各種扶養手当等）を得るか、どちらかであった。BIの無条件性は、いずれの意味においても所得と有償労働との関係を部分的に切り離す。そのことによって、BIは、有償労働が持つ社会的価値の低減をもたらし得る[15]。

　このことは、どのような意味で熟議民主主義の条件となり得るだろうか。ここでは、それがもたらす「時間」の保障の持つ意義について論じたい。ポスト生産主義的な社会保障において時間が重要な要素となることについては、

---

14)　なお、ロールズに反して、ロールズの「自尊」の概念からBIを熟議民主主義の条件として正当化可能と主張するものとして、福間（2007）がある。

15)　しばしば誤解されがちであるが、BIは、市場経済を否定するものではない以上、有償労働の存在ないし意義を否定するわけではない。

多くの指摘がある。たとえば、グッディンは、ポスト生産主義的な社会保障の核心をなす価値的コミットメントとして自律を挙げるが、それは、適切な所得、適切な時間、そして最小限の条件性によって保障されると述べている (Goodin 2001：18)。

ただし、グッディンの場合には、自由な時間の保障は、主に「雇用からの自由」という消極的な構想にとどまっている (cf. Fitzpatrick 2003：90)。これに対して、トニー・フィッツパトリックは、時間の保障を民主主義の活性化の条件として、より積極的に位置づける。「時間の平等化」は、彼の提案する「福祉民主主義」ないし「熟議福祉」——それはどのような社会保障が望ましいか、あるいは具体的な社会保障の実戦で生じる問題をどのように解決していくのかについて、熟議を通じて明らかにしていくべきという提案である——を実現する条件の一つとされる (Fitzpatrick 2003：184-186)。福祉民主主義の実現には、そのための「豊かな時間」を持つアクターが必要なのである。

有償労働への従事以外の時間を持つことと民主主義との関係について、バーバーの議論を参照して、そのイメージをさらに具体化してみよう (Barber 1998：Chap.5＝2007：第5章)。バーバーによれば、「民主主義は余暇、市民社会への教育のための時間、熟議に参加するための時間、陪審制に奉仕する時間、自治都市の治安官への就任、市民的活動への参加に依拠している」。しかしながら、「労働することと民主主義に参加することとの両方は不可能なので、私たちは他の人々が私たちのために統治する代議制に頼ることになった」。それに伴い、労働が市民的な価値体系の中に統合され、徳性や市民的資格の源になった。しかし、今や生産性の向上によって、かつてほどの労働力は必要ではなくなった。そこで、労働以外のことに充てることのできる時間が増大する。それは、民主主義のための機会が増大したことを意味する。「民主主義は余暇を要求してきた」からである。すなわち、

> ポストモダンの超効率経済における労働の衰弱と結びつく人員削減と失業は、市民社会が約束したものへ、すなわち市民文化が最終的に商業と関係を断ち、労働から解放された市民たちの関心の中心となる余暇の社

会へと、転換される。(Barber 1998：144＝2007：206)

　この「市民たち」とは誰か。それは、「時間が自分たちの手中にある者」である。そこには、「解雇されていること、主婦であること、生活保護を受けている母親であること、家の仕事をする者であること、失業中であること、支払いを受けない市民的なボランティアであること」、これらが含まれる(Barber 1998：146＝2007：209)。

　このようにして、バーバーは、有償労働以外の時間が民主主義にとって有する意義を強調する。そして、今こそ民主主義のための時間——すなわち余暇——が多くの人に獲得される時期であると言う。しかしながら、同時に彼は、「拡大しつつある失業がもたらす幻滅と意気消沈は、市民的な参加や啓発的な余暇のチャンスとしてではなくて、絶望への拍車として強く感じられてきている」とも述べている。だからこそ、経済的・技術的な戦略だけではなくて、政治的・文化的な戦略が重要となる。彼にとっては、所得保障の構想は経済的・技術的なものであり、その前にまずは、「政治的な意思によってきちんと労働と報酬を切り離す」ことを通じた、「深い文化的な視座における変化」が必要である (Barber 1998：143, 145＝2007：205, 207-208)。しかし、そのような変化をもたらすためにこそ制度的な条件が必要だ、と言うこともできる。バーバー自身が述べるように、多くの人々が幻滅と意気消沈そして絶望の状態にある時には、「政治的な意思による制度的な構想」が必要なのではないだろうか。

(3) なぜ無条件性か——民主主義の「魅力のなさ」と負担軽減

　最後に、次のような疑問に応えておきたい。それは、熟議民主主義の条件としての所得保障として、なぜ無条件性が重要なのか、という疑問である。すなわち、バーバーが描くような市民社会における民主主義への関与を促進するためには、文字通りの意味でそれを条件とする所得保障のほうが望ましいのではないだろうか。そのような所得保障の構想として、バーバーも挙げている「参加所得」がある。これは、有償労働よりも広い範囲の「社会的貢

献」への従事を条件として現金給付を行うものである。この構想は、有償労働に傾斜した社会的貢献観を相対化し、それを多様化することに寄与するかもしれない。

　この問題については、アーキテクチャとナッジを論じる第5章において、BIと「熟議所得」との比較という形で詳しく論じることにする。本章では、現代社会における民主主義の二面性との関係で、BIの無条件性に意義を見出し得ることのみを指摘しておきたい。ここで「二面性」とは、現代社会においては、一方で民主主義が不可避であるとともに、他方で人々は民主主義にあまり積極的に関わりたくはないだろう、ということである。マーク・E・ウォーレン（Warren 1996a）が主張するように、民主主義に関わることが「魅力的な活動」という「ドグマ」を維持することは難しい。政治や民主主義に関わることは、ただでさえ「責任とリスク」を負うことである。その上、自明性が解体しつつある現代社会では、他者との間に共通性を想定することは難しく、その結果、民主主義への関わりは、「理解できない他者」との出会いと観念されやすい。「理解できない他者」は、遠い世界ではなく、職場、学校、近所、家庭といった日常生活のあらゆる局面に存在しているのである。「理解できない他者」との熟議は、困難を極めるだろう。ある時には、「どうして人を殺してはいけないのか？」と問う「他者」と、またある時には、「学校で怪我をしたのだから治療費を払え」と主張する「他者」と、私たちは出会い、対応策を検討しなければならない。このような局面で、人々が「理解できない他者」との民主主義に積極的に関わりたくないと考えることは、ある意味で道理にかなっている。しかし、それにもかかわらず、私たちは、他者と出会わざるを得ず、したがって、民主主義に関わらざるを得ない。このような民主主義の二面性を想起した場合、バーバーの民主主義と市民社会への期待は、やや規範的含意が強すぎるように思われる。社会保障は、民主主義の「魅力のなさ」を考慮に入れたものでなければ、ますますその魅力を低減させることになるだろう。

　バウマンの議論からは、こうした民主主義の魅力のなさへの考慮を読み取ることができるように思われる。現代の人々は、「不安」に取りつかれている。

問題は、「不安定だと思っている人々や、将来的に何を蓄えておけばよいのかを心配している人々、そして、自らの安全性について不安を抱いている人々は、実際には、集団的行為の要求するリスクを進んで受け入れようとしない」ということである。

> こうした人々には、共生するための別の方法を思い切って創造する勇気と時間が欠如している。したがって、彼らは、共有することのできない仕事に没頭しすぎて、共同してしか行えないような仕事について考えることもできないし、ましてや、そうした仕事に彼らのエネルギーを捧げることもできない。(Bauman 1999 : 5 = 2002 : 7-8)

BI は、こうした人々の「実存的不安性」の主要な原因を取り除くための「もっともラディカルな手段」である。というのも、実存的不安定性は、「あらゆる合理的な計画や大胆な行為にとって不可欠」な「跳躍するための頼れる硬い岩」の不在によってもたらされているからである。BI は、その「頼れる硬い岩」となる[16]。すなわち、BI は、「実存的恐怖から自由な人々」を生み出し、「集団的行為の要求するリスク」を引き受け、「失われた私的／公的領域を回復する」ことに貢献する。その意味で、それは、「共和主義的生活や市民権」の魅力を回復するための基礎的条件となる (Bauman 1999 : 186, 172-173, 182-183 = 2002 : 271, 251-252, 265-266)。少々長いが引用しよう。

> 共和制の目的……は、一方的な「善き生活」モデルの押しつけにあるのではなく、市民に、彼らの好む生活モデルについて自由に議論させ、そうしたモデルを実践させることができることにある。すなわち、共和制は、選択を切り取るのではなく、拡大しようとするのであり、個人的自由を制限するのではなく、増大しようとする。所得受給資格を有償労働と労働市場から分離することは、たった一つの点で、しかし、決定的な

---

[16] BI が有し得るこのような特徴を手がかりとして、田村 (2009c) では、BI を「希望の条件」として捉えることを提案した。

第3章　労働中心社会

点で、すなわち、不安定性といううるさいハエを自由という甘い軟膏から取り除くことによって、共和制に奉仕するかもしれない。何かが制限されるとすれば、それは、自由を行使することに含まれているリスクである。しかし、リスクと損害のこの制限こそ、まさしく、ベーシック・インカムの最も重要な目的である。（もしも）この目的が達成された時には、もはや自由を用いることを恐れない人々が、自分たちの人間性のより人間らしい意味を構築し、また、満足のゆく、しかも、合理的な生活形式を考え選択するための時間と意思と勇気を見つけるであろう。
（Bauman 1999：188-189＝2002：274-275. 傍点は原文イタリック）

　バウマンの理想も、バーバーの理想とそれほど異なるわけではない。しかし、バウマンの場合は、BIが民主主義に関わることのリスクを取り除く可能性に、より力点が置かれている。各人の私的生活に優先性を付与しがちな現代社会において、「社会・政治生活への参加が市民の側での英雄的な努力を必要としない」(Pateman 2006：109) ために、バウマンの指摘は重要である。BIの無条件性は、人々に安心をもたらし、結果的に「英雄的な努力」や高い道徳意識がなくとも熟議民主主義に関与する可能性を増加させると思われるのである。
　さらに言えば、以上の議論は、バウマン自身の意図とは恐らく異なり、利己的な自己の意義をそれなりに認めることの必要性をも示唆しているように思われる。伝統、慣習、あるいは既存の社会関係から解放され、「個人化」した私たちは、利己的な特徴を強く帯びる。それは、近代の特徴であるが、再帰的近代の下では、その傾向はなお強まる。このような利己的な側面をも含めた個人化の趨勢を逆転させるような民主主義論は、リアリティを持たないだろう[17]。そうだとすれば、熟議民主主義の条件としての社会保障であっても、その条件の内実は間接的であることが望ましい。つまり、条件といっても、あくまでも熟議への関わりを選択肢の一つとして可視化するような「文脈」の形成という意味で捉えることが望ましい。BIの無条件性は、利己的な個人を否定しないで文脈としての条件を創出する点にその意義を見出すこと

65

ができる、とひとまずは言うことができる。それを「条件」と呼ぶことが本当に妥当なのかという問題については、第5章でアーキテクチャとナッジを論じるなかで、あらためて検討することにしたい。

　本章では、BIを熟議民主主義の条件として捉えることで、「労働中心社会」が熟議民主主義を阻む可能性が低減するであろうことを論じた。確かに、労働が客観的にも主観的にも大きな存在であるような社会において、人々が熟議などという、時間がかかり「面倒な」活動に関わることを期待することは難しい。しかし、もしも私たちが労働の中心性を相対化する手がかりを見出すことができれば、熟議の可能性も高まるのである。

---

17)　このように述べるからといって、利己性を基礎とした民主主義への関与を積極的に評価するということではない。あくまで、民主主義を忌避する態度の動機としての利己的な心性を、それはそれとして認めるべきだということである。以上の記述の基礎には、公／私二元論的な人間像がある。それは、私的な自己利益を追求するとともに、(時と場合によって)公的な観点からも行動するような個人である。田村(2008：第5章)、田村(2009a：第2章、第3章)などを参照。

第Ⅱ部 代替案の存在

第Ⅱ部　代替案の存在

　第Ⅰ部では、現代社会のいくつかの状況に、熟議民主主義がどのように対応できるのかを検討した。あらためて確認しておけば、それらは、分断（第1章）、個人化（第2章）、労働中心性（第3章）であった。

　これで熟議の阻害要因をクリアできたかといえば、そうではない。なぜなら、そのような状況に対応する、機能的に等価な他の方策があるのではないか、という疑問が生じるからである。たとえば、第2章で熟議と比較検討したポピュリズムと「民主主義2.0」も、機能的に等価な対応策である。第2章では、この両者に対して、熟議は反省性において優れており、また、包括性についても多層化によって対応可能であると論じた。あるいは、第3章で検討した労働中心社会への対応についても、次のような疑問が生じ得る。すなわち、第一に、熟議民主主義のための条件が必要だとしても、それは必然的にベーシック・インカムでなければならないのか、それ以外の選択肢はないのだろうか。第二に、そもそも、労働への従事によって人々に時間がないのであれば、熟議ではなく、人々にとって「面倒」ではない他のやり方で問題解決を図ればよいのではないだろうか。

　このように考えると、ある社会状況に熟議によって対応できるということを示すだけでは不十分であることがわかる。それに加えて、他の方策との比較を通じて熟議の意義を示すことも重要な作業となるはずである。

　しかしながら、このような比較の作業は、熟議民主主義を擁護しようとする者にとって、ある種のリスクを伴うものとなる。なぜなら、もし比較の結果、熟議「以外」の方策の方が何らかの意味で——たとえば、現代の社会状況への対応において——より優れているということが判明した場合、熟議の意義を否定することにもつながりかねないからである。この意味で、熟議の代替案／機能的等価物（の可能性を考えること）は、常に熟議の「阻害要因」でもある。

　第Ⅱ部では、この意味での阻害要因となり得る二つのものを検討する。一方は、ミクロな次元で見た場合の代替案であり、他方は、よりマクロないし制度的な次元で考える場合の代替案である。すなわち、第4章では、コミュニケーション様式としての熟議を特徴づけるとされる「理性」の代替案とし

ての「情念」ないし「感情」を検討する。第5章では、人々の行動の制御方策としての熟議の代替案となり得る「アーキテクチャ」について検討する。あらかじめ述べておくと、本書の主張は、情念とアーキテクチャを熟議の代替案と見なす発想自体を見直すべき、というものである。すなわち、熟議においては「理性か情念か」ではなく、反省性の確保が重要であり（第4章）、「熟議かアーキテクチャか」ではなく、「熟議のためのアーキテクチャ」を考えるべきである（第5章）。このようにして、第Ⅱ部では、阻害要因と思われたものは、実はそうではなく、場合によっては熟議民主主義の促進要因にもなり得る、ということを論じることになる。

第Ⅱ部　代替案の存在

第4章
情念
「理性か情念か」から反省性へ

　熟議民主主義は標準的には、「合理的（rational）」あるいは「理性的（reasonable）」な論証（argument）に基づく民主主義とされている。しかし、熟議民主主義のこのような「理性中心性」に対しては、多くの批判が寄せられてきた。すなわち、政治とは理性の世界ではなく、むしろ情念の世界であり、したがって、熟議民主主義の理想は実現しない、というわけである。たとえば、シャンタル・ムフは、熟議民主主義論は、政治を理性とそれに基づく合意形成と捉えるあまり、政治と民主主義における情念に基づく対立の不可避性を見失ってしまっていると主張する。民主主義論は、対立の契機を除外するのではなく、むしろ、適切に組み込むものでなければならない。対立の契機を正当に考慮しないことが、過度に排他的・排除的な「アイデンティティ・ポリティクス」のような政治形態をもたらすのである（Mouffe 2000：104）。

　ムフの熟議民主主義批判が妥当であるかどうかは、ここでの問題ではない[1]。ここで確認しておきたいのは、熟議民主主義における理性の重視が、情念を基礎としたそれとは異なる民主主義の構想の対置をもたらしている、ということである。すなわち、ムフの場合には、理性に情念を対置することが、熟議民主主義の代替的な民主主義の構想（としての闘技民主主義）を提案することにつながっている。

1）　田村（2008）では、ムフの提起する闘技民主主義と熟議民主主義とが必ずしも相反するものではないことを論じた。その他の熟議民主主義論者からのムフへの反応としては、「分断社会」への対応において闘技よりも熟議の方が適切であることを論じたジョン・S・ドライゼクの研究（Dryzek 2006a：Chap.3）や、私同様に、ムフの闘技概念は熟議的な合意概念を前提にせざるを得ないと主張するアンドリュー・ノップスの論文（Knops 2007）などがある。なお、ノップスへの闘技民主主義的な立場からの批判であるフアト・ギュルゾツルの論文（Gülsözlü 2009）およびノップスのより近年の議論であるKnops（2012）も参照のこと。

第4章 情念

　しかしながら、情念を重視することが、必然的に「理性か情念か」の二項対立に、ひいては熟議的ではない民主主義の構想に結びつくとは限らない。たとえば、マイケル・ウォルツァーは、やはり熟議民主主義の理性重視を批判するのではあるが、「政治は、たいてい、確信（conviction）と情念の双方、理性と熱狂の双方をつねに不安定な仕方で結びつけながら併せもつ人々に関わっている」と述べて（Walzer 2004：120＝2006：200）、理性と情念の二項対立的な把握を批判している。「理性か情念か」ではなく、実際には、理性と情念の「善き」組み合わせと「悪しき」組み合わせが存在するというのである（Walzer 2004：127＝2006：210）。そこで彼は、「情念（の幾分か）を合理化し、理性に情念の息吹を与えるために、理性と情念を区別する線を曖昧なものにする」ことを提案している（Walzer 2004：126＝2006：208）。

　私も、理性と情念を二項対立的に捉えるべきではないというウォルツァーの主張を共有する。しかし、ウォルツァーも、熟議民主主義については、ムフと同じくそれを「理性中心的」として一面的に捉える傾向がある。また、彼は、理性と情念を区別する線の「曖昧化」とはどのようなものかについて、十分に検討していない。これに対して本章では、情念を熟議民主主義の代替構想の基礎として見るのではなく、熟議における理性と情念の肯定的な結びつきがどのようにして可能であるのかを検討する。私は、『熟議の理由』（田村 2008）においても、理性と情念との――あるいは、それを民主主義論として表現した場合には、熟議民主主義と闘技民主主義との――二者択一的な把握は必ずしも妥当ではないとして、情念を考慮に入れた熟議民主主義を構想しようとした。それにもかかわらず、同書において理性と情念との関係について十分に論じることができたわけではない。熟議民主主義が情念を考慮に入れることができるとして、具体的にはどのようにしてそれは可能なのだろうか。これが本章で検討する問題である。

　ただし、実は本章の最終的な目標は、熟議民主主義論におけるより適切な情念の位置づけ方ないし理論化の方法を提示することではない。そうではなく、本章の結論は、「理性か情念か」という問題は熟議民主主義にとって二義的な問題である、というものである。熟議民主主義の核心を「選好の変

容」と見る立場からすれば、重要なことは、熟議／対話の中で「反省性（reflexivity/reflection）」が確保されることである。もしも、情念が熟議参加者に何らかの形で反省性を促すのであれば、情念の考慮は、熟議民主主義の構想と相反することはない。そうだとすれば、問題は、理性、情念あるいはそれらの連関が、どのようにして反省性を担保することができるのかということのはずである。すなわち、理性的であれ、情念的であれ、あるいは両者の組み合わせであれ、あるコミュニケーションの様式が、強制的ではない形で人々に反省をもたらすのであれば、それは熟議民主主義的であると言えるのである。このように考えるならば、情念を熟議の阻害要因と見なす必然性は存在しない。この点を主張することが、本章の第二の、そして最終的な課題である。

　なお、本章では、「情念（emotion）」「感情（affect）」「情熱（passion）」「感覚（feeling）」などを厳密に区別せず、すべて「情念」または「感情」として表記する。また、「関心（concern）」「共感（sympathy）」「ケア／気を遣うこと（caring）」などは、情念／感情に基づく作用として理解されている。

　以下では、まず民主主義論が情念を考慮に入れるべき理由を確認する（第1節）。次に、熟議民主主義論において情念を考慮に入れる三つのアプローチを整理する（第2節）、続いてこれらの比較検討を行ったのち（第3節）、「反省性」が鍵であることを指摘したい（第4節）。

第1節　民主主義論が情念を考慮すべき理由

　民主主義論は、なぜ情念を考慮に入れるべきなのか。それには、少なくとも三つの理由がある。以下で、順に述べよう。

（1）理性と情念の不可避的結合

　理性と情念が不可避的に結合しているとすれば、民主主義論においても、理性だけをその構成とすることはできない。近年の政治学においては、自然科学的知見に基づき、人間の認知能力の次元において、理性と情念との結び

つきを示し、それを出発点として民主主義を再検討しようとする研究が存在する。

　その一つが、ジョージ・G・マーカスの研究である。彼によれば、「情念が合理性を可能にする」。「合理性は、情念から独立した精神の自律的な能力」ではなく、「脳の情念システムによって調達される特殊な能力」である（Marcus 2002：7）。このような主張を行うにあたって、彼が依拠するのは、近年の脳科学の知見である。脳の作用において重要なのは、「手続的記憶（procedural memory）」と、「情念システム（emotion system）」ないし「情念的評価（emotional evaluation）」である。手続的記憶は、「意識的気づき（conscious awareness）」によってはアクセスできない、「正確に実行される一連の運動の反復」である。それは、「正しく理解すること」ではない。たとえば、コーヒーを飲むことや、自分の名前を書くことは、手続的記憶によってなされる。「情念システム」ないし「情念的な評価」も、意識的気づきよりも速く作動し、手続的記憶によりよくアクセスすることを可能にする（Marcus 2002：52-59）。このような「手続的記憶」と「情念的な評価」が、どのように私たちが意識を使用するかに、すなわち、理性や行動の能力や性質に影響を与えるのである（Marcus 2002：59）。

　したがって、マーカスによれば、理性と情念は、次のような形で不可避的に結合している（Marcus 2002：76）。第一に、理性は、それが十分に記憶にかかわる場合には、情念に依拠しなければならない。第二に、理性は、私たちにとって何が中心的で重要かを定義するために、情念に依拠する。そして第三に、理性は、理性それ自体では遂行できないような行為を開始し管理するために、情念システムに依拠する。このように、理性と情念の「ラディカルな再結合」（Marcus 2002：77）が提起されるのである。

（２）情念の独自の機能

　理性と情念の不可避的結合を認めることから、民主主義における情念の重要な機能を指摘することができる。たとえば、先のマーカスの議論において、情念は、何が重要かを定義する機能を果たし、理性がそれ自体では遂行でき

ない行為を開始することを可能にするとされていた。これらは、民主主義において情念が果たす独自の機能と言うことができる。

この点に関して、ライア・プロコフニクは、情念の独自の機能を次の三点に整理している（Prokhovnik 2007：17-21）。第一に、「目立たせること（salience）」である。情念は、どのような観察・知覚・省察が重要で適切なものであるかを確定するとともに、特定の認知を規範的に価値あるものとして識別する。第二に、知的な関心を喚起することである。情念が、「理論化・論証・知識の説得力」を提供する。また、情念は、論証の断片の包括的な含意や帰結の発展を維持するために必要である。第三に、言語の媒体としての機能である。情念は、言語における「思考の流れ」の表現に関わっている。言語表現は不可避的に、価値、レトリック、比喩、メタファーなどを含むが、そこには情念が関わっている。

（3）情念と包摂

最後に、情念の役割を認めることは、民主主義から排除される人々を減らし、可能な限り包摂を達成するために必要である。このような議論は、フェミニストの民主主義論に多く見られるが（Hall 2007；Mansbridge 1996a）、ここでは、最も包括的なものとして、アイリス・M・ヤングの議論を取り上げよう。彼女は、民主主義からの排除には、外在的なものと内在的なものがあると言う。前者は、特定の人々が民主主義の場そのものから排除されることである。これに対して後者は、形式的には民主主義に包摂されているが、そのプロセスにおいて主張が真剣に取り上げられないために、自分たちが敬意をもって処遇されていないと認識することである（Young 2000：chap. 2；田村 2009a：22-23）。

理性的な論証を中心とする熟議民主主義は、このような内在的排除をもたらす。というのは、論証は、「普遍性」を標榜しつつ、実際には特定の人々――白人の中間階級の男性――に最もなじみのあるコミュニケーション様式であるため、「感情的で身体的」なコミュニケーションを特徴とする女性や人種的マイノリティを排除することになってしまうからである（Young

1996：124)。そこで彼女は、論証以外に「挨拶」「レトリック」「物語」といったコミュニケーション様式を導入したコミュニケーション的民主主義を主張する。これらのコミュニケーション様式の承認は、情念に基づく主張を民主主義の中で正当なものとして扱うことを可能にする。したがって、情念に基づく多様なコミュニケーション様式の承認は、内在的排除の克服、すなわち、より包摂的な民主主義の実現に寄与するのである。

第2節　熟議民主主義における理性と情念——三つのアプローチ

　前節で確認したように、熟議民主主義が情念を考慮に入れるべき理由として、(A) 理性と情念の不可避的結合、(B) 情念の持つ独自の機能、(C) より包摂的な民主主義、という三つの理由がある。ここでは、これらの理由が、熟議民主主義に情念を組み込もうとする三つのアプローチにおいて、どのように反映されているかを確認する。

(1) レトリックを通じた差異の横断——ドライゼク

　ジョン・S・ドライゼクは、リベラルで制度中心的な熟議民主主義論を批判し、非制度的な公共圏における、差異を横断する諸言説の対抗的熟議 (discursive engagement) の意義を主張している。この熟議において、彼が重視するのが、改革的なリーダーによる「レトリック」の行使である。一方でドライゼクは、レトリックが「集団の核心的なアイデンティティへの脅威」を争点化することで情念的な操作や強制をもたらす危険性を認識している (Dryzek 2000：52, 69-70)。しかし、他方で彼は、レトリックが「異なる参照フレームを横断するアピールを行う際に効果的」であることを重視する。それは、特定の聞き手の心を動かすように主張のポイントをフレーミングすることによって、その聞き手に言説を効果的に伝える。たとえば、社会的弱者がその要求を社会的強者に伝える場合や、公共圏で活動する様々な社会的アクターが、その要求を参照フレームが全く異なる国家内で活動する政治的アクターに伝える場合などに、レトリックは効果を発揮する。すなわち、レトリ

ックは、「伝導メカニズム」である（Dryzek 2000：52-54）。

　ドライゼクは、レトリックによる伝導メカニズムを、社会関係資本についてのロバート・パットナムの用語を援用して、「結束（bonding）」と「架橋（bridging）」の二つに区別している（Dryzek 2010b：328-330）。「結束」が社会的背景の類似した人々を結びつけるのに対して、「架橋」は異なる人々を結びつける。公民権運動におけるマーティン・ルーサー・キング牧師の行動は、「架橋」である。彼は、黒人サイドの「公民権」言説と白人サイドの「リベラルな普遍主義」とを「架橋」し、黒人サイドの「黒人の解放」と白人サイドの「白人レイシズム」を周辺化することで、公民権運動を成功に導いた（Dryzek 2010b：328-329）。これに対して、「結束」は、過度に情念を動員し、集団を極論へと向かわせ、集団間の分断を深める恐れがあるとして、しばしば、民主主義論者に危険視される。しかし、「結束」のレトリックが抑圧された集団のエンパワーメントをもたらすこともある。また、「架橋」のレトリックも、それが支配的なアクターによって用いられる場合には、望ましくない結果をもたらし得る（Dryzek 2010b：331；see also Dryzek 2010a：79-80）。

　このようにレトリックには一定の危険性もあるものの、ドライゼクは、それが差異を横断する熟議を可能にする点に注目している。このような彼の議論は、情念の持つ独自の機能に注目しつつ（B）、より包摂的な民主主義を目指す（C）、ものであると言えよう。

（2）情念を考慮した制度設計――サンスティーン

　キャス・R・サンスティーンは、熟議民主主義が陥る可能性のある危険を指摘するとともに、それを回避するための制度設計について考察している。彼の議論の特徴は、情念の作用を考慮に入れた制度設計という点に求められる。以下で詳しく述べよう。

　サンスティーンによれば、異なる多様な情報が参加者の間で十分に共有されていない時、熟議民主主義は失敗する。そのような失敗には、個人的な失敗を拡大してしまうこと、少数者の見解を犠牲にして多数者の見解を強調すること、多数者に同調するバンドワゴン現象、不確実あるいは偏向した意見

が流布するカスケード効果、集団が当初の意見をより極端化してしまう「集団分極化」、などがある（Sunstein 2008：14；cf. Sunstein 2001；2007；2009）。

　「失敗」が起こる理由は、熟議民主主義の参加者たちが同じような考えの人たちばかりという点に求められる。なぜ、同じ考えの人たちばかりだと、問題が生じるのだろうか。それは、「情報的影響力」と「社会的圧力」という二つのメカニズムのためである[2]（Sunstein 2008：13-14）。「情報的影響力」とは、ある意見が多くの他者に支持されていることが、たとえそれを信じていなくてもそうするべきだと思わせることである。「社会的圧力」とは、自分が逸脱者であることへの制裁や不評を気にして、他者と同じ言動をとることである。これらのメカニズムゆえに、人々は、仮に自分が異なる意見を持っていたとしても、それを積極的に開示することを控えてしまう。その結果、熟議は「失敗」する。

　そこでサンスティーンは、こうした危険性を回避するための制度・メカニズムを探究する。その際の問題は、どのようにすれば、「強制」ではない形で人々ができるだけ異なる意見に接することができるか、ということである。しかし、「強制ではないが方向づける」ことは容易ではない。サンスティーン自身も、様々なアイデア・構想に言及する。そのなかには、次のものが含まれる。すなわち、チェック・アンド・バランスや三権分立といった立憲主義的制度（Sunstein 2001：8）、「公共的なフォーラム」としての公園やストリート（Sunstein 2007：22-29）、そして発言（自分の持っている情報の開示）を促す「（物質的）インセンティヴ」または「社会規範」の組み込み（Sunstein 2008：206）などである。しかしながら、これらは依然として例示にとどまっており、「強制ではないが方向づける」メカニズムの理論化に成功しているとは言い難い。

　ここで、「リバタリアン・パターナリズム」と「ナッジ」の概念が重要となる。「リバタリアン・パターナリズム」とは、「選択の自由」を擁護しつつ（リバタリアン）、よりよい選択を可能にするための選択アーキテクトによる自

2）　他の著作では、別の呼称が用いられたり（Sunstein 2001）、別の要素が付け加えられること（Sunstein 2007；2009）もあるが、基本的な趣旨は同じである。

覚的な影響力行使を肯定する（パターナリズム）ということである。「ナッジ」とは、「選択を禁じることも、経済的なインセンティヴを大きく変えることもなく、人々の行動を予測可能な形で変えるような選択アーキテクチャのあらゆる要素」である（Thaler and Sunstein 2009：6＝2009：16-17）。すなわち、それは、複数の選択肢を保障するにもかかわらず、特定の（望ましい）選択肢を最も選択されやすくするための制度設計である。したがって、ナッジは、命令、要求、禁止ではなく、強制を伴うこともない（Thaler and Sunstein 2009：10-11＝2009：25-26；See also Sunstein and Thaler 2003：1165-1166）。

　なぜナッジによって、人々は、強制ではないにもかかわらず特定の選択を行うのだろうか。サンスティーンとリチャード・セイラーは、人間の思考様式を二つに分ける。一つは、「自動システム（Automatic System）」であり、直感的で自動的、そして本能的なものである。もう一つは、「反省システム（Reflective System）」であり、反省的で合理的なものである（Thaler and Sunstein 2009：19＝2009：38）。たとえば、不意にボールを投げつけられた時によけたり、飛行機が乱気流に巻き込まれると不安になったり、愛くるしい子犬を見ると笑顔になったりするのは、「反省システム」による熟慮の結果ではなく、「自動システム」使用の結果である（Thaler and Sunstein 2009：19-20＝2009：38）。ナッジは、自動システムに由来する様々な人間行動の特性を踏まえた制度設計（選択アーキテクチャ）を通じて、人々の選択を改善しようとするのである。

　重要なのは、先に取り上げた「情報的影響力」と「社会的圧力[3]」から成る「社会的影響力」がナッジとの関係で論じられることである。第一に、ほとんどの人が他者から学習するが、社会的影響力が人々に「間違った考えやバイアスがかかった考え」をもたらす時には、ナッジが役に立つ。第二に、社会的影響力そのものを、ナッジと捉えることができる。「〔合理的な「エコノ」ではない〕ヒューマンは他のヒューマンに容易にナッジされる」（Thaler and Sunstein 2009：54-55＝2009：91-93）。

3）　なお、『ナッジ』（Thaler and Sunstein 2009＝2009）では、「仲間からの圧力（peer pressure）」の用語が使用されている。

第 4 章　情念

　このようなリバタリアン・パターナリズムとナッジの概念によって、先に述べた熟議民主主義の失敗とそれに対応する制度設計というサンスティーンの議論を、一貫した視座で理解することが可能になる。「失敗」は、「情報的影響力」と「社会的圧力」というナッジによってもたらされるが、その克服策としてのチェック・アンド・バランス、公共フォーラム、社会規範の組み込みなどもまた、ナッジとしての制度設計なのである。ナッジを適切に設定できなければ失敗するし、その逆であれば成功する。たとえば、公共フォーラムについて、サンスティーンは、それを「思いがけない発見のためのアーキテクチャ（the architecture of serendipity）」と呼んでいる（Sunstein 2009：154-157）。それは、「コントロール」ではなく、「思いがけない発見」を促進するための仕組みである。公園や道路でのスピーチは、語る側にその権利を保障するだけでなく、聴く側に多様な意見に触れる「機会」を与える。だからといって、決して聴く側の人々がそれを強制されるわけではない。したがって、この「思いがけぬ発見のためのアーキテクチャ」は、熟議の失敗を回避するためのナッジであると言えるだろう。

　以上のサンスティーンの議論は、情念の作動の特徴を踏まえた制度設計を通じて、熟議民主主義の欠点を克服しようとするものである。それは、ナッジとしての社会的影響力の効果の説明において、熟議民主主義における情念の作用の正負の両側面を明らかにする。この意味で、彼は、情念と理性の不可避的結合（A）を、ナッジとしての制度設計論を媒介として指摘していると言える。また、多様な意見に触れることができる熟議民主主義がナッジの結果として実現することから、より包摂的な民主主義のための情念の役割（C）を解明していると言うこともできる。

（3）情念に基礎づけられた熟議――クラウス

　しかし、理性と情念の不可避的結合（A）という観点から見ると、ドライゼクとサンスティーンの議論は、依然として不十分と言える。ドライゼクは、情念によるレトリックの意義を強調するものの、理性的な論証と情念的なレトリックの不可避的な結びつきを述べているわけではない。実際、彼は、レ

トリック（による説得）と合理的論証とを、異なるコミュニケーション様式として区別しているように思われる[4]。サンスティーンは、情念の作用を制度設計に反映させることで、理性的な熟議を「ナッジ」しようとする[5]。しかし、そこでの「情念」とは、人間のいわば生理的メカニズムとしての「自動システム」のことであって、道具的に熟議の改善に利用されるものである。つまり、情念そのものに何か規範的な意味[6]が付与されているわけではない。

　これらに対して、シャロン・R・クラウスの議論の特徴は、理性が一貫して情念に関連づけられていると主張する点にある。理性は、「感情的関心（affective concern）にビルトインされている」のである（Krause 2008：11）。彼女からすれば、第2節で取り上げたマーカスの議論でさえ、情念はあくまで熟議にきっかけを与えるものに過ぎず、「どのようにして情念が熟議そのものに貢献するのか」は明らかではない（Krause 2008：56）。また、多くの熟議民主主義論者も、感情の表現を「熟議の単なる補助」または「熟議への導入」と見なしているに過ぎない（Krause 2008：118）。

　「熟議への情念の貢献」としてクラウスが考えていることは、熟議のメカニズムに関わるものと熟議の正当性に関わるものとに区別することができる。第一に、メカニズムについて、彼女は、脳科学の知見も参照しながら、熟議の際に諸個人は、純粋に合理的ないし理性的にのみ思考しているわけではないと主張する。単に合理的なだけでは、諸個人は、最終的に「何をなすべきか」について判断を下すことはできない。合理的な比較考量ののちに、最終的に判断を行う際には、諸個人の感情・情念が影響を及ぼすからである。熟議民主主義者が重視する「理由づけ（reasoning）」の際の「諸理由（reasons）」も、私たちが「気にかけている（care）」ことによって構成されている（Krause

---

4) 確かにドライゼクは、レトリックは熟議と対立するわけではないと主張している（Dryzek 2010b：323）。ただし、のちに詳述するように、それは「熟議」の定義の問題であり、情念と理性との区別を放棄するということではない。
5) この点に関して、「ナッジ」と「熟議（思考）」を市民の行動を変化させるための二つの戦略として捉え、両者の差異だけでなく共通性も指摘する John, Smith and Stoker（2009）をも参照。民主主義とナッジの関係については、第5章で論じる。
6) ここで「規範的意味」とは、齋藤純一が情念に「規範的期待」を読み取ろうとする場合のように（齋藤 2009）、情念そのものが何らかの正当な価値を表現することを指す。

2008：151)。

　第二に、熟議の正当性についてである。熟議に不可避的に情念が組み込まれていることを示すだけでは、熟議を情念の観点から正当化したことにはならない。そのためには、「善い熟議」と「悪い熟議」を区別することのできる基準の設定が必要である。すなわち、熟議への情念の「正統な組み込み」のための「基準」が必要なのである（Krause 2008：153)。そこでクラウスがまず提示する基準は、「不偏性（impartiality)」と「相互性（reciprocity)」である。彼女は、この二つの概念を、理性ではなく情念の観点から再解釈する。

　まず、「不偏性」について、クラウスはデヴィッド・ヒュームの哲学に依拠して、それを、（1）道徳感情の社会的ファブリック[7]、（2）道徳感情の一般化された視座、（3）道徳感情の根底にある人間本性、によって成り立つものとして捉え直す（Krause 2008：79-95)。しかし、ヒュームの哲学には「対話と論議」の次元が欠けている（Krause：2008：110)。そこにあるのは、人々の間での「熟議」ではなく、個人レベルの「思慮」という意味での deliberation だけである。これに対してクラウスは、熟議民主主義を通じた不偏性の不偏化の必要性を唱える。熟議民主主義のプロセスを通じて、異なる感情の間でコミュニケーションがなされることで、諸個人の道徳感情の射程と共感的な想像力とを拡大することができる（Krause 2008：113, 122)。判断の不偏性は、こうして共感的な想像力と「関心の地平」を拡大することによって達成されるのであって、決して、諸個人が「合理的」になることによってではない（cf. Krause 2008：125)。

　次に、拘束的な集合的意思決定に関わる熟議民主主義においては、「相互性」の基準も必要となる（Krause 2008：142)。クラウスは、この相互性も、情念の観点から再解釈する。その際、彼女は、「公共理性」と「視点取得」という二つの概念に注目する。どちらも、しばしば熟議民主主義論において重視される規範的概念であるが、クラウスは、この二つを情念の観点から捉え直

---

[7] ここで道徳感情の社会的ファブリックとは、道徳感情は間主体的な基盤を持っており、私たちの判断は世界に対する単なる私的な応答以上のものを反映しているのだということを意味している（Krause 2008：79)。

す。第一に、「公共理性」は、「共有された関心の地平（the shared horizons of concern）」を「反省する（reflect）」こととして理解される。この反省のプロセスは、情念的な能力である「他者を気にかける（caring）」能力を伴う。公共的な理由づけの実践とは、このような反省と他者への配慮との結びつきを含むものである（Krause 2008：156-162）。第二の「視点取得」とは、熟議参加者は他のすべての関係者の観点から当該の問題について検討する準備がなくてはならないという基準である。視点取得によって、「既存の関心を批判的に反省する」ことができる。この基準をクラウスは、「道徳感情の行使」として理解する。道徳感情は、私的利益や個人的偏見からの抽象化という点で不偏的であるとともに、感情と欲求に依拠する点で情念と関わっている。ここから言えることは、次の二つである。一つは、道徳感情は、正統に考慮されるべき情念とそうでないものとを区別するための基準を提供するということである（cf. Krause 2008：20, 144）。もう一つは、視点取得を道徳感情の観点から捉えることは、単に他者が何者であるかを知識として詳しく知るだけではなく、他者を自分の「関心」の対象とするべきことを意味するということである。

　以上のクラウスの議論は、次のようにまとめられる。第一に、理性と情念は、熟議のプロセス全体にわたって深く絡み合っている。その意味で、純粋に「理性的な論証」であるとか「合理的な討論」といったものは、あり得ない。第二に、ただし、このことは、単純に理性に対する情念の優位を意味するのではない。情念は不可避のものであるが、だからこそ、それを「市民化（civilize）」することが必要である（cf. Krause 2008：25）。第三に、したがって、規範的問題について、一方で、情念を基礎として規範的基準を再解釈するとともに、他方で、その規範的基準に従って情念そのものの正統性を吟味しなければならない。

第3節　どのように考えるべきなのか？

　以上で概観したドライゼク、サンスティーン、クラウスの議論は、熟議民

第 4 章　情念

主主義において、「理性と情念」を考えるための複数の異なるアプローチがあることを教えてくれる。それでは、この三者の議論を、どのように評価すればよいだろうか。

　本章第 1 節で整理した情念を考慮すべき三つの理由に照らすならば、クラウスの議論が、これらをもっとも包括的に満たしていると言える。なぜなら、彼女は、理性と情念の不可避的結合をもっとも一貫した形で論じ（A）、熟議民主主義に関わる規範的基準を情念の特徴を踏まえて再解釈することで（B）、熟議民主主義がより包括的なものとなるための視点を提供している（C）、からである。とりわけ、論理の一貫性という点において、クラウスの議論は優れている。なぜなら、ドライゼクとサンスティーンが、何らかの方法で「理性と情念」をその特性に従って組み合わせる、あるいは、併用するという論法を取っているのに対して、クラウスは、「理性的」と見えるようなコミュニケーション様式そのものにおいても、その基礎には情念の作用が存在するとの哲学的立場をとったうえで、そこから一貫して、熟議民主主義を再構想しているからである。

　しかしながら、クラウスの議論に問題がないわけではない。シモーヌ・チェンバースは、クラウスは「藁人形」を作って既存の熟議民主主義を批判している、と指摘している（Chambers 2009a）。チェンバースも、多くの熟議民主主義論において「理性」が何を意味するのかは必ずしも明確ではないことは認める。しかし、彼女は、理性と情念の問題に対する熟議民主主義論者の「共通の応答」は、「理性と情念の正しい結合は存在しない」（傍点は原文イタリック）のであり、「よき熟議を達成する唯一の方法は熟議のプロセスから情念を完全に除去すること」だ、というクラウスの把握（Krause 2008 : 1）には同意できないとする。その理由は、クラウスの「理性」定義の問題にある。彼女は理性を、「2 + 2 = 4」と計算するような作用あるいは「論理的一貫性」と結びつけている。しかし、このような（ヒュームが考えたような）「薄く過度に道具的な見解」（Chambers 2009a : 574）を、今日の理性を重視する合理主義者に関連づけることは間違いである。多くの熟議民主主義の理論家は、健全な熟議から情念を排除するなどということは行っていないからである。彼

第Ⅱ部　代替案の存在

女たちがヒューム主義の立場に立っていないからといって、情熱や情念を追放しようとしているとは言えない。「クラウスはメタ倫理学と政治との間をあまりに拙速に移動している」（Chambers 2009a：575）。

　もっとも、このようなチェンバースの評価も、クラウスの議論をやや単純化して理解するものである。クラウスは、熟議民主主義者のすべてが「情念を追放しようとしている」と言っているわけではない。だからこそ、彼女は、ヤングやドライゼクの議論を、熟議に情念を組み込む試みとして評価するのである。また、クラウスは、ジョン・ロールズやユルゲン・ハーバーマスについても、彼らが情念を全く考慮していないとは言っていない。彼らは、批判者たちが主張するよりは、「よりニュアンスに富んだ言い方」をしている。たとえば、ハーバーマスは、道徳的な理由づけを「行為に駆り立てる感情的なコミットメントや欲求」から抽象化しようとしているにもかかわらず、「感情は不可避的に道徳的観点の中に入り込んでいる」のである（Krause 2008：40）。

　それでも、確かにチェンバースの指摘する通り、クラウスの「理性」理解は狭すぎるように思われる。クラウスは、「理性」の役割を、「レリヴァントな事実」の認定と「因果的結びつき」の指摘に求める。彼女は、ヒュームを参照しながら、理性は「私たちの関心が事実の事柄についての誤った信念または因果関係の間違った認識に基づいていることを指摘することができる」（Krause 2008：104）ものだと述べている。「理性」は「事実」や「因果関係」の正確さ、すなわち「認知的な」ものと同一視されている。しかし、熟議民主主義論者の誰もが、理性あるいは合理性を、このような意味でのみ捉えているかどうかは疑問である。

　ここで参照したいのが、ハーバーマスの議論である。1980年代前半までの彼は、「コミュニケーション的合理性」と「認知的・道具的合理性」を厳格に区別していた（Habermas 1981＝1985-1987）。しかし、その後、彼は、「プラグマティックな問題・熟議」「倫理的な問題・熟議」「道徳的な問題・熟議」を区別するようになる[8]（日暮 2008：第3章）。そして、これらの問題に応じて熟議のあり方も異なる（Habermas 1992：197＝2002-2003［上］：192）とともに、「実践

理性」の目指すものも変化する（Habermas 1991：109-110＝2005：127-128）、とされるのである。第一の「プラグマティックな問題・熟議」は、「与えられた目的実現のための手段の合理的選択、あるいは既存の選好を実現するための手段の合理的な考慮」に関わっている。この問題に関する熟議では、あらかじめ決まっている目的あるいは価値の下で、何を行うべきかが議論される（Habermas 1991：102-103＝2005：118）。つまり、「自分たちが何を欲しているかを知っているという前提の下での行為戦略の合目的性」が熟議される（Habermas 1992：199＝2002-2003［上］：195）。ここでの実践理性は、「技術的・戦略的な行為指示」を命じる能力である（Habermas 1991：109＝2005：127）。第二の「倫理的な問題・熟議」は、「重大な価値の決定」に関わっており、「どのような生活を送りたいか」「どのような人物であり、どのような人物になりたいか」という問題が熟議される（Habermas 1991：103＝2005：119）。つまり、この熟議では、「自分たちが本当は何を欲しているのかをいまだに知らないという前提の下での様々な価値の配置状況の確認」が行われる（Habermas 1992：199＝2002-2003［上］：195．傍点は原文イタリック）。ここでの「実践理性」は、自己の既存の生活を問い直し、「正しい方向に向ける」ための「臨床的勧告」の能力である（Habermas 1991：109＝2005：126-127）。第三の「道徳的な問題・熟議」においては、「ある格率が普遍的法則として各人によって遵守されることを、私が望みうるかどうか」という問題が熟議される。ここでは、「ある格率が万人にとって妥当する普遍的な法則になりうるかどうか」が問われる（日暮 2008：58）。実践理性は、この「道徳的判断」のために用いられる（Habermas 1991：107, 109＝2005：124, 127）。

　以上のハーバーマスによる熟議の区別を踏まえ、クラウスの議論との関係で指摘しておくべきことは、次の二点である。第一に、ハーバーマスにとっては、「理性」は、クラウスの言う「事実」や「因果関係」の正確さとしての「理性」に限られない、ということである。確かにそれは、とりわけ「プラグマティックな問題」における「技術的・戦略的な行為指示」において重要な

8）『事実性と妥当性』では、この三つに「交渉」と「法的討議（熟議）」が加わっている（Habermas 1992：chap. 4＝2002-2003：第4章；日暮 2008：第4章）。

役割を果たす。しかし、ハーバーマスが「実践理性」として考えているのは、この能力だけではないのである。第二に、熟議の三つの類型は、ハーバーマスが感情・情念を熟議から排除していないことを意味している。なぜなら、「道徳的な問題・熟議」がコンテクストからの超越と普遍化を強く求めるのに対して、「プラグマティックな問題・熟議」と「倫理的な問題・熟議」は、コンテクストを踏まえたものだからである。とくに「倫理的な問題・熟議」においては、各人あるいは当該の政治共同体にとっての「善き生」が、各人の「生活史」「利害関心状況」「間主観的に共有された生活様式」の地平上で熟議される（Habermas 1991：105＝2005：122；Habermas 1996：314＝2004：305）。

それにもかかわらず、ハーバーマスが「道徳的な問題・熟議」については、「慣れ親しんできた具体的人倫のあらゆる自明性と決別すること」や「自分のアイデンティティがもつれて絡みあっているあの生活のコンテクストから距離をとること」が求められると述べていることは事実である（Habermas 1991：131＝2005：131）。ここでは確かに、クラウスが指摘するように、ハーバーマスの議論は感情・情念と切り離されている。この点をどのように考えるべきであろうか。

ここで私は、熟議民主主義にとっての問題は、情念／理性の二分法をどのように乗り越えるかではなく、いかにして民主主義の中に「反省性」の契機を組み込むことができるかであると主張したい。言い換えれば、「反省性」が確保されるのであれば、その際に、情念／理性の組み合わせをどのように考えるかは、二義的な問題なのである。以下、この点について論じよう。

第4節　「理性と情念」から「反省性」へ

ハーバーマスによれば、「道徳的な問題・熟議」は、各自の「生活のコンテクストから距離をとり」、「各人のパースペクティヴとあらゆる人のパースペクティヴ」を交差させることで、「さらに高度な間主観性」を構成する（Habermas 1991：113＝2005：131-132）。ここでは、道徳的命令は、「〔プラグマティックな問題・熟議のように〕主観的目的と選好にも、あるいは〔倫理的問題・熟議

のように〕善き生活様式や誤りなき生活様式という私たちにとっての絶対的目標にも依存しない当為」である（Habermas 1992：200＝2002-2003［上］：195）。なぜ、ハーバーマスは、ここまで具体的なコンテクストや感情・情念を超越した形での普遍化を目指すのだろうか。それは、「地理的・歴史的・文化的・社会的に大きく異なる他者同士」の問題があるからである[9]（Habermas 1996：315＝2004：306. 傍点は原文イタリック）。彼は、次のような問いを立てる。

> 私たちは、自分たちの倫理的に表出された、その限りで個別的な世界理解・自己理解の地平の内部でしか、道徳的問いを立てられず、その問いに答えられないのか、それとも、道徳的観点からものごとを考えることによって、この解釈地平の拡大をラディカルに推し進め、ガダマーの言い方にならえば、自分の解釈地平を他のすべての人々の地平と「融合させる」ことを目指すのか。（Habermas 1996：314＝2004：306. 傍点は原文イタリック）

ハーバーマス自身は、「解釈地平」のラディカルな拡大を支持する。なぜなら、

> 私がユダヤ教徒あるいはプロテスタント、アメリカ人あるいはドイツ人としての自分のアイデンティティをはっきりと確認しようとする限りでは、この個別的な地平を超越することは必要ないし、可能でもない。しかし、ボスニア難民や自国のホームレスに対する私たちの道徳的義務に関する問いや、新たなタイプの脅威（例えば「配偶者による暴力」）の規制はいかにあるべきかという法的問いにおいて重要なのは、われわれが

9） 『事実性と妥当性』では、「入国政策」「文化的・民族的少数者の保護」などの問題は、「倫理的」な問題とされている（Habermas 1992：204＝2002-2003［上］：199）。ただし、日暮雅夫が指摘するように（日暮 2008：104, 註117）、同書の「増補版への後記」では、どの問題が「プラグマティック」「倫理的」「道徳的」な問題・熟議に当てはまるかは、「分析的」にのみ区別されるのであって、問題ごとに特定の種類の熟議を例示したのは、「誤解を招きやすい」ものだったと述べられている（Habermas 1992：667, n. 3＝2002-2003［下］：343, 註3）。

互いにある集団のメンバーとしてだけではなく、地理的・歴史的・文化的・社会的に大きく異なる他者同士としても抱えることになる期待と要求の正当性なのである。(Habermas 1996：315＝2004：306. 傍点は原文イタリック)

　特定のメンバーの間で、自分（たち）が何者であるか、あるいは、自分（たち）の生活様式はどのようなものであるべきかを熟議するのであれば、それは、「倫理的な問題」である。したがって、そこでは、各人のパースペクティヴやアイデンティティを超越することは求められない。しかし、（典型的には）「他者」の問題のような「道徳的な問題」の場合には、事情が異なる。様々なメンバーは、「個別の地平」を超越しなければならない。なぜならば、もしそうでなければ、「合理的解決が不可能な価値対立に貫かれ、敵対するアイデンティティに支配された政治的対決が、無理強い以外の方法で、すなわち、せいぜい無理強いされた（そして、時間の経過の中で慣習となってきた）妥協手続による以外の方法で、どのようにして調停され得るのか、見当もつかないままだから」である（Habermas 1996：325＝2004：317）。すなわち、ハーバーマスは、慣れ親しみのある者の間にではなく、異質な他者との間に、熟議を通じて合意を形成しようとするならば、その当事者たちは、「自分たちのその時々の自己解釈・世界解釈という地平から抜け出」し、「各人の異なるパースペクティヴ」を「脱中心化」することが必要であると考えるのである（Habermas 1996：316＝2004：307-308）。

　これに対して、クラウスの感情・情念を基礎とした議論で、「他者」と向き合うべく、このように「各人のパースペクティヴ」を「脱中心化」することは可能であろうか。前節で述べた通り、クラウスは、情念に基づいた判断が恣意的なものとならず、「不偏性」を獲得するための要素として、（１）道徳感情の社会的ファブリック、（２）道徳感情の一般化された視座、（３）道徳感情の根底にある人間本性を挙げていた（Krause 2008：79）。「社会的ファブリック」の鍵は、「共感の能力」である。「人間は他者の応答に継続的に応答」するが、「共感の能力」がこの応答へのアクセスを与える（Krause 2008：80）。

第4章 情念

　しかし、社会的ファブリックだけでは、「社会生活の圧力や集合的偏見の効果」から各自の判断を隔離できず、したがって不偏性を確保できない。そこで、第二の「一般化された視座」が必要となる。これは、人間の自然の本性である「共感」の上に打ち立てられる。ただし、その視座の拡張は、自然には生じず、「学習され涵養されなければならない」。「他者とともに暮らすことに伴うプレッシャー」も、正しい判断の発展を促進する（Krause 2008：84）。最後に、第三の人間本性について、クラウスは、ヒュームにおいては「人類に共通のいくつかのニーズと目的」が存在していると述べる。それが、道徳感情の「共通の基礎」を提供し、特定の（問題のある）事柄への賛成を私たちに思いとどませるのである（Krause 2008：89ff.）。

　以上のクラウスの議論からわかることは、彼女の「不偏性」の構想には、「超越」の契機が存在しないということである。「道徳的ファブリック」も「一般化されたパースペクティヴ」も、基本的には「人間の共通の本性」である「共感」から導出される。しかしながら、ここには、「自己のパースペクティヴの脱中心化」を求めるハーバーマスほどの、「他者」に対する緊張感は感じられないように思われる。なぜなら、クラウスにおいては、自己の存在論的基礎としての「本性」の延長線上に「不偏性」が位置づけられているからである。ここに、自己を見直すための契機を少なくとも内在的に（というのは、クラウスは「学習」による「涵養」の必要性を指摘しているので）見出すことは難しい。ここで問われているのは、感情・情念を基礎として、自己のパースペクティヴやアイデンティティから十分に距離をとることができるのかどうか、という点である。「理性」にこだわる熟議民主主義論者は、まさにハーバーマスがそうであるように、「理性」によって距離をとり、そのことによって「他者」同士の合意も可能となると考える。ハーバーマスであれば、「超越」を視野に入れないクラウスの議論で、果たして異質な他者との熟議において、どこまで不偏性に達することができるのかと、疑義を呈することだろう。

　それでは、感情・情念を基礎としつつ、自己から十分に距離をとることはできないのだろうか。ここで注目したいのが、レトリックと「自己の分断的

性質」の関係についての、ドライゼクの議論である（Dryzek 2010b：323-324）。彼は自己を、様々な選好やコミットメントに引き裂かれた存在として捉える。それは、自己を「多くの言語ゲームの交差点」として見ることである。「自律」も、「競合するコミットメントが、〔諸個人を〕異なる方向に引き裂き、それゆえに反省のための空間を提供する程度に応じてのみ可能」なものである（Dryzek 2010b：324）。そこで、レトリックの役割は、自己内に存在する複数の言説のうちのどれか一つに焦点を当てて、当該言説へのコミットメントを呼び起こすことである。

たとえば、マーティン・ルーサー・キング牧師の場合は、独立宣言に依拠することによって、ほとんどの白人がどちらにも部分的に同意するであろう「人種主義的」と「リベラル・普遍主義的」という二つの言説のうちの後者、すなわち「リベラル・普遍主義的」な言説を引き出し、「人種主義的」な言説を抑えることに成功した。また、ネルソン・マンデラの場合は、アフリカ民族会議の指導者クリス・ハニが暗殺されたのちに、ハニを「平和の戦士」として称えることで、支持者たちに存在する「闘争」の言説を（対抗のための）「暴力」の言説から切り離し、前者を承認しつつ、後者を周辺化しようとした（Dryzek 2010b：324-325）。

以上のドライゼクの議論が重要であるのは、次の理由からである。すなわち、彼は、「分断された自己」の概念を導入することによって、感情・情念を基礎としつつも単純な自己の拡張ではない方向で、個別的なものから普遍的なものへの接続を試みているのである。もちろん、これを「超越」と言えるかどうかは疑問である。諸個人は、「分断された自己」であっても、様々な言説にあらかじめ関わっていると見なされるからである。レトリックの役割は、自己の「超越」ではなく、自己に内在する特定の言説へのコミットメントを「引き出す」ことなのである。しかし、注目すべきことは、その際には他の言説が「周辺化」されているということである。つまり、レトリックは、諸個人の複数の言説あるいはパースペクティヴのうち、特定のものを「脱中心化」し、特定のものを「引き出す」ように作用する。したがって、諸個人のパースペクティヴは、その生活様式のコンテクストの中で線形的に拡張され

第 4 章　情念

るのではなく、複数のパースペクティヴの中での「反省」（Dryzek 2010b：324）を経て、拡張される。このような「脱中心化」と「反省」の契機を織り込んでいるという点で、ドライゼクの議論は、感情・情念が普遍化につながりうることを示しているのである。

翻ってみれば、クラウスが再解釈する公共理性と視点取得においても、「反省性」が重視されていた。すなわち、前者は「共有された関心の地平」を「反省する」ものであり、後者は「既存の関心を批判的に反省する」ことであった。確かに「超越」の可能性については疑問の余地があるとしても、彼女は、決して情念を無条件に擁護するのではない。それが「市民的情念（civil passion）」であるためには、反省性を欠くことはできないのである。

以上の考察が示しているのは、熟議民主主義における「反省性[10]」の重要性である。論証が感情・情念に基礎を持つのかどうかは、哲学的には重要な問題であったとしても、政治理論としての熟議民主主義論にとっても同じような意味で重要な問題というわけではない。すでに見たように、コンテクストを踏まえた熟議や、感情・情念に基づくコミュニケーション様式を含めた熟議も、当然、熟議民主主義論として肯定される。重要な問題は、コミュニケーションが「理性的」か「情念的」かではなく、当該のコミュニケーションが関与者たちに「反省」をもたらすかどうか、なのである。そもそも、熟議民主主義は、選好を所与のものとする「集計民主主義」へのオルタナティヴとして提起された。したがって、そこでは、「選好の変容」が重視されてい

10）「反省性（reflexivity/reflection）」は、多義的な概念である。本章では、これを、次の二つの意味を含むものとして理解している。すなわち、第一は、諸個人が自らの選好や見解についてよく考え問い直すという意味での「反省性」であり、第二は、諸個人の言動がその言動を生み出す環境・文脈を変化させるという意味での「反省性」である。しばしば、前者には reflection（cf. Goodin 2003：1）、後者には reflexivity（cf. Dryzek 2006a：85）の用語が用いられるように思われる。しかしながら、確かにこのように区別は可能であるものの、私自身は、両者を含むものとして「反省性」の概念を用いたいと考えている。なぜなら、民主主義の意義の一つは、それが reflexivity を確保するという点、すなわち民主主義に関わる諸個人が自分たちの関わっている民主主義のあり方そのものを見直すことを可能にする点に求めることができ（cf. Knight and Johnson 2007：56）、かつ、熟議民主主義とは、このような reflexivity をもたらすメカニズムとして諸個人の reflection を重視する民主主義論と言うことができるからである。ただし、本文での「パースペクティヴの脱中心化」や「選好の変容」の強調から推測される通り、本章の考察は、reflection としての「反省性」に重点を置いたものとなっている。

た（Dryzek 2000；田村 2008）。自己の見解を他者の見解に照らして見直していくこと、そしてその結果として、異なる他者の間に共通理解を形成したり、集合的な問題解決を行うことこそ、熟議民主主義の核心である。理性を感情・情念に基礎づける論理の方が、より反省性を高めることに寄与するのであれば、そのような論理を採用すればよい。感情・情念に基づくコミュニケーション様式が、より反省性を高めるのであれば、それも熟議的であると言える。熟議民主主義における感情・情念と理性との関係は、このように反省性の観点からアプローチされるべきなのである。

第5節　反省性と熟議システム

　「理性」を基礎とする熟議民主主義に対しては、しばしば「情念」を基礎とした民主主義が代替案として対置される。本章では、熟議民主主義を考える際に、このような「理性か情念か」という問題設定は必ずしも適切ではないことを論じた。すなわち、熟議民主主義にとって重要な問題は、「理性か情念か」ではなく、「反省性」なのである。もしも「理性と情念」について論じるとすれば、その際の問題設定は、どのような理性と情念の結びつき（の構想）が反省性を確保し得るのかでなければならないだろう。逆に言えば、反省性をより確保し得るかどうかという観点から、様々な熟議民主主義論における「理性」や「情念」の組み込み方をテストすることが重要なのである。

　たとえば、サンスティーンが問題にする「集団分極化」は、情念の「悪い」動員によって進むことがあり得る。この場合、確かに、アクターのレベルでは、非反省的なコミュニケーションが行われていると言えるだろう。しかし、このことから直ちに、「悪い」動員を批判できるわけではない。サンスティーン自身が述べるように、文化的・社会的マイノリティにとって、自分たちだけの「閉鎖的な熟議（enclave deliberation）」は重要である。なぜなら、閉鎖的な熟議は、「もしそうでなければ、一般的な議論の場では、不可視で、沈黙させられ、鎮圧されていたかもしれないような立場」を促進するからである（Sunstein 2009：152）。ドライゼクもまた、「結束」を単に批判するのではない。

第4章　情念

ナンシー・フレイザーの提起する「サバルタン対抗公共圏」のように、抑圧された集団にとっては、「一体化」を通じて連帯意識を高めることが、自信を持って広範な公衆の中に入るために必要だからである[11]（Dryzek 2010a：79-80；2010b：331）。

　以上の事例は、ミクロレベルにおける「結束」を促すような「悪い」情念の動員による非反省的な形でのコミュニケーションも、マクロレベルで見れば、既存の民主主義のあり方の見直しにつながる可能性がある、ということを示している。すなわち、ミクロレベルの（特定の）情念に基づく「非反省性」が、結果的に、マクロレベルの「反省性」（既存の制度・原理・決定の改良・見直し）をもたらすというわけである。これは、第8章で論じる熟議システム論につながる考え方である。熟議システム論のポイントの一つも、ミクロレベルで個別に見れば非熟議的な実践が、マクロなレベルで熟議的な効果を持ち得る点に注目するという意味で「システム的な（systemic）」形で熟議民主主義を理解しようとするところにあるからである。したがって、「理性か情念か」ではなく反省性に注目することは、熟議民主主義をシステム的な視座で理解することにもつながる。

　熟議民主主義論において理性は重要な地位を占めており、そうであるがゆえに、熟議民主主義の代替的な構想は「非理性的な」要素としての情念に注目することが多かった。しかし、本章の検討は、このような構図で熟議民主主義を理解する必然性は存在しないことを示している。重要なことは、理性であれ、情念であれ、それが熟議民主主義の全体的な反省性をどれだけ高めることができるかを考えていくことなのである。

---

11)　ドライゼクはこのことから、レトリックの望ましい使用／望ましくない使用の区別を判断するためには、「概念的テスト」だけでは不十分であり、「システム的テスト」の観点から見ることが必要とする。ここで「システム的テスト」とは、第8章で述べる熟議システム論的な観点からの評価、ということである。ただし、「システム的テスト」においても、ある「熟議システム」においてレトリックが「熟議的」な効果を有しているかどうかは、結局のところ、「熟議」についての概念的な定義と評価に基づいている。したがって、システム的な観点からレトリックの意義を評価する場合でも、概念的な問題を全く考慮しなくてよいということにはならない。

第Ⅱ部　代替案の存在

第 5 章
アーキテクチャ
「熟議民主主義のためのナッジ」へ

　第4章では、情念／感情が熟議と必然的に対立し、その代替となる別のコミュニケーション様式を導くというわけではないことを論じた。本章では、よりマクロないし制度的な次元で熟議の機能的代替策となり得るものについて、すなわち「アーキテクチャ」について検討する。

　アーキテクチャを取り上げる最も大きな理由は、本書のこれまでの議論を経てもなお、「そもそも、そこまでして人々は熟議民主主義を行わなければならないのか」という疑問が残り得るからである。一般に民主主義論者は、熟議的なものであれそうでないものであれ、「民主主義に関わることは望ましい」と主張しがちである。しかし、もしかしたら、民主主義を行わなくても済むのであれば、問題はないのではなかろうか。

　このような疑問は、私自身のこれまでの議論のスタイルを想起する時に、より重要なものとなる。私のこれまでの熟議民主主義論のスタイルは、主に、その「望ましさ」とは別の観点から「熟議の理由」を弁証することであった。まさしくそのタイトルを持つ『熟議の理由』（田村 2008）において私は、再帰的近代化の状況にある現代社会において、熟議民主主義は様々なレベルにおいて不可避的に必要となる、と論じた。同書では、マーク・ウォーレンらの議論を参照しつつ、再帰的近代化の進展に伴う「社会的基盤の喪失」の中で、熟議民主主義による集合的な問題解決が必要となると論じた。また、共著『デモクラシーの擁護』の第一章「共同綱領――デモクラシーの擁護に向けて」においても、再帰的近代化によってもたらされ得る困難として、「個人の負担増大」「私的問題と公的問題の媒介の消失」「異なる価値観の衝突」を挙げ、これらへの対応として民主主義が優れていると論じた（宇野・田村・山

崎 2011：第一章）。さらに、同書所収の拙稿（田村 2011b）では、「市場」と「司法」に対する「民主主義の優位」を論じるジャック・ナイトとジェームス・ジョンソンの論文（Knight and Johnson 2007）を肯定的に参照した。ナイト／ジョンソンは、人々の社会的相互作用のあり得る制度的アレンジメントとして「市場」と「司法」を挙げ、「民主主義」は、どのような制度的アレンジメントによって当該社会的相互作用を調整するかを選択するための制度的アレンジメント、いわば「二階の課題」に対応する制度的アレンジメントとして、市場や司法よりも優れていると論じている[1]。このように、（熟議）民主主義論においても、単に「民主主義は望ましい」という規範的な正当化のみが図られているわけではない。民主主義の不可避性やその機能的意義といった観点からの議論も存在するのである。

　しかしながら、このような議論の「スタイル」は、ある疑問を呼び起こす。すなわち、もしも熟議民主主義以外に同じような機能を果たし得る仕組み・メカニズムを見出すことができれば、私たちは熟議を行う必要はないのではないか、という疑問である。実際、現代社会の状況下において、熟議民主主義と機能的に等価な、集合的な問題解決のための有力な制度的アレンジメントが残されている。それが、本章で扱うアーキテクチャである。もしもアーキテクチャによって集合的な問題解決が可能であるならば、それでもなお熟議民主主義に依拠すべき理由は存在するであろうか。このように考えるならば、よく機能するアーキテクチャが熟議民主主義の「阻害要因」となり得る、ということがわかる。

　したがって、本章ではアーキテクチャという代替案を熟議民主主義の阻害要因と見なし、両者の関係について考察する。あらかじめ結論を述べるならば、本章では、両者を二者択一的に考える発想自体を見直し、両者を結びつけて理解することができると主張する。すなわち、本章は、ある種のアーキテクチャ——リチャード・セイラーとキャス・サンスティーンによって提案された「ナッジ」——を、熟議民主主義への関与に応用できることを論じる。

---

[1]　彼らの議論は、その後、Knight and Johnson（2011）としても刊行されている。

いわば、「熟議民主主義のためのナッジ」を提案するのである。

なお、「熟議民主主義のためのナッジ」によって、熟議民主主義の「条件」としてのベーシック・インカム（BI）、という第3章の議論に対する疑問に答えることもできるようになる。第3章では、熟議民主主義の阻害要因として「労働中心社会」を挙げ、労働を相対化し、熟議のための条件を生み出す原理・制度としてBIに注目した。しかし、そこでは、BIがどのような意味で熟議の「条件」なのかについては、必ずしも明らかではなかった。BIの特徴は、給付におけるその「無条件性」にある。したがって、無条件性を特徴とする給付制度を熟議民主主義の「条件」と見なすことには、そもそも論理的に無理があるのではないか。第3章での議論は、このような疑問を払拭するものではなかった。本章では、BIを「熟議民主主義のためのナッジ」の一つとして位置づけることで、この疑問に答えることを試みる。このような把握によって、無条件性と条件をめぐる困難を解決することができるはずである。

第1節　アーキテクチャ──阻害要因か、補完か

（1）熟議民主主義か、アーキテクチャか

「アーキテクチャ」とは何か。この概念を著名にしたローレンス・レッシグによれば、それは「物理的に作られた環境」のことであり、人々の行動を規制する方法の一つである。人々の行動を規制する方法としては、「法」「規範」「市場」そして「アーキテクチャ」の四つが考えられる（Lessig 2006: 120-125 = 2007: 170-171）。「物理的に作られた環境」によって規制するとはどういうことだろうか。たとえば、喫煙を規制しようとする場合には、法によって禁止することもできるし、（法によって定められているわけではないが）人々が共有している喫煙についての諸規範（たとえば「他者の車に乗っている時は他の乗客の了解がないと喫煙してはならない」と法に定められていなくとも、我々はそのような「ルール」に従う）に拠ることもできるし、市場

第5章　アーキテクチャ

メカニズムを活用して煙草の値段を引き上げることによって喫煙頻度を抑制しようとすることもできる。これらに対して、アーキテクチャで喫煙を規制しようとする場合は、煙草そのもののあり方・設計が重要となる。たとえば、フィルタなしの煙草やニコチンを強化した煙草を作れば、健康を気にする人々はより煙草を控えるようになるだろう、という具合である（Lessig 2006：122-123＝2007：172-173）。

その他のアーキテクチャの例としてしばしば挙げられるものとして、駅のコンコース内の空間に（ホームレスの人々が）寝転がることができないように設置された「オブジェ」、空港の待合カウンターの長いすに、やはり寝転がることができないように設置された肘掛、あるいは、客の回転を速くするために座り心地が固めに設定されたファーストフード店の座席などがある。いずれも、人々が自分の意思では如何ともし難い、というよりは、しばしば規制されていると気づくこともないような形で物理的な環境を設計することにより、特定の行動をとらせる／禁止するように作用する。

アーキテクチャは、しばしば「自由」との関係において論じられてきた。すなわち、それは私たちの「自由」を奪うのかどうか、もし奪うのだとしたらそこで奪われるのはどのような「自由」か、という問題である（東・大澤 2003；稲葉 2008；宮台・北田 2005；大屋 2004；2007；Rostbøll 2008）。しかし、本章の焦点は、アーキテクチャと熟議民主主義との関係にある。そこで以下では、これがどのような問題であるのかについて述べよう。

アーキテクチャは、自明性を失ったルールや社会関係に代わって、私たちの生活を規制する。その結果として現れるのは、再帰的近代化の示唆とは異なる、新たな自明性である。鈴木謙介は、コンピューターが現実の様々の環境の中に埋め込まれ、様々なものの動作を自動的に判断し、決定していく「ユビキタス社会」について、そのような「環境」においては、「人が自分で判断をしなくても、コンピューターの方で勝手に「最適な環境」になるように動作してくれる」ようになると述べる。彼は、これを「自動化された判断」と呼ぶ（鈴木 2007：28-29, 45）。アーキテクチャが作り出す物理的な環境の下では、私たちは、どのような言動を行えばよいのかと考えることもないし、

他者との間で発生する問題に悩まされることもない。いや、そもそも、考えることも悩むこともないと意識することさえもないかもしれない。すべてが「そういうもの」、つまり自明のものなのである。そこに、判断の必要性は存在しない。

　そうだとすれば、熟議民主主義の必要性も擁護できないことになる。なぜなら、熟議民主主義によって対応すべき問題が存在しないからである。私自身も含め、しばしば熟議民主主義を社会における不確実性や複雑性の増大に対応するものと捉える場合がある（Elstub 2008；田村 2008；Warren 1996a）。しかし、アーキテクチャは、社会の不確実性や複雑性への対応という点において、熟議民主主義の機能的等価物となる。さらに言えば、仮にアーキテクチャが整備されるならば、それは不確実性や複雑性の消滅を意味するため、そもそも熟議民主主義の必要性自体が消滅することを意味する。

　このようにアーキテクチャと熟議民主主義は、社会状況との関係では機能的に等価な性質を有しており、かつ、一方が全面化することは他方の不必要性を帰結し得るという関係にある。ここから予想される結論の一つは、私たちは熟議民主主義かアーキテクチャのどちらか一つを選ぶべき、というものである。もちろん、この時にアーキテクチャを選択するならば、アーキテクチャは熟議民主主義にとって阻害要因となる。

　しかし、二者択一が選択肢の全てではない。それ以外の選択肢の一つとして、「使い分け」がある。この議論は、ピーター・ジョン／グラハム・スミス／ジェリー・ストーカーによって行われているので（John, Smith and Stoker 2009）、彼らの議論を見ていこう[2]。彼らが取り上げるのは、アーキテクチャの一種である「ナッジ（nudge）」と、「熟議（think）」である。彼らは両者を、社会問題に関する市民の行動を変化させるための二つの異なるアプローチとして位置づけるのである。

　ここで「ナッジ」とは、第4章ですでに説明したように、セイラーとサンスティーンによって提起された概念であり、人々の選択のための、あるタイ

---

[2] 彼らは 2009 年刊行の論文のあとに、他の共著者とともに本を刊行しているが（John *et al.* 2011）、本書では、基本的に 2009 年論文を参照する。

第5章　アーキテクチャ

プのアーキテクチャのことである[3]。ジョン／スミス／ストーカーは、ナッジを、「市民たちが自他の便益を達成するように行動することを促すような「選択のためのアーキテクチャ」」と定式化する。他方、「熟議」とは、市民たちが短期的な自己利益への狭い関心を回避して、「問題のよりよい理解とより効果的な集合的解決のために集合的に考えることができる」とするアプローチである。つまり、熟議を通じて、人々はよりよい集合的選択を行うことができると考えるのである（John, Smith and Stoker 2009：361）。こうして、ジョン／スミス／ストーカーは、ナッジと熟議を、まずは対照的なアプローチとして位置づけることを試みる。

　両者の違いは、具体的には次の四点にまとめられる（John, Smith and Stoker 2009：366-368）。第一に、基本的な人間行動の理解の相違である。一方のナッジでは、諸個人の選好は固定的であり、従来の思考・行動パターンを踏襲しようとする存在であると想定される傾向がある。いわば、諸個人は、「そのままの市民（citizens as they are）」として受け入れられる。そのような諸個人の性質を踏まえた上で、ナッジを通じて、どのようにしてより望ましい行動へと方向づけるかが焦点となるわけである。他方、熟議では、人々の選好は変容し得るものとして捉えられる。そこでは、人々は、熟議を通じて日常経験から距離をとり、より広範な政策の選択やディレンマについて反省的に考

---

[3]　ナッジはアーキテクチャの一つのタイプと考えられる。本文中で何度か確認するが、あるアーキテクチャがナッジであるためには、①人間の思考様式のうちで情念的な「自動システム」に作用すること、②「選択の自由」を保障すること、が必要である。したがって、そうではないアーキテクチャ、とりわけ、選択の自由を全く保障しないようなタイプのアーキテクチャを、ナッジと呼ぶことはできない。本章で「熟議民主主義のためのアーキテクチャ」として念頭に置いているものも、ナッジとしてのアーキテクチャである。ナッジではない「熟議民主主義のためのアーキテクチャ」を考えることもできるかもしれないが、その点の検討は本章の範囲を超えている。

　なお、『民主主義のアーキテクチャ』というタイトルを持った論文集も存在する（Reynolds ed. 2002）。しかし、この場合の「アーキテクチャ」は、選挙制度を中心とした政治体制のマクロな制度的ルール一般を指している。つまり、同書では、アーキテクチャは「制度」とほぼ同義である。これに対して、本章は、「アーキテクチャ」を、より限定的に理解する。本章におけるアーキテクチャ／ナッジもまた、政治制度の一種であることは確かである。しかし、すべての政治制度が上記のナッジであるための二つの基準を満たすとは限らない。だからこそ、本章は第2節において、いくつかの具体的な「制度」がナッジであるかどうかを慎重に検討するのである。

えるようになると想定されている。第二に、諸個人にとって集合行為に関わる際の「コスト」の相違である。ナッジは、人々に多くを要求しない介入方法であり、したがって低コストと言える。これに対して、熟議は、人々に求めるものが多く、その意味で高コストな方法である。というのも、人々には、情報を獲得したり、他者と議論したり、場合によっては通常の環境とは異なる文脈に置かれたりすることが求められるからである。また、分析の単位の違いも、コストに関わってくる。ナッジは、「個人」の選択に影響を与えるものである。これに対して、熟議は単独で起こるわけではなく、何らかの「集合性/集団」をユニットとして考えなければならない[4]。第三に、「変化」の起こり方の相違である。ナッジにおいても熟議においても、それを通じた変化は、諸個人が現状とは異なるコースや行為の魅力をどのように理解するかを変化させることによって達成される。ただし、その方法は異なる。一方のナッジは、諸個人が受け取るメッセージと彼女たちが関与するべき機会とを改良する。その際、ナッジを通じて諸個人は、それまでコストであった選択や行為を、より「快適な (congenial)」ものと見るようになると想定される[5]。他方の熟議は、「議論と反省を通じて発見され、もたらされる価値」に関わる。いったん当該の価値が最も重要なものとなれば、諸個人にとっての費用‒便益は変化し、その価値を達成するために犠牲を払うことへのモティヴェーションも変化する[6]。最後に第四に、両者は、国家の役割の理解において異なる。ナッジにおいて国家の役割は、それを通じて人々に適切なメッセージを送り、特定の行動に導くためのゆるやかなインセンティヴと少量のコストを

---

[4] なお、様々な見解を思考実験的に突き合わせることは個人でも可能である。よって、ロバート・E・グッディン (Goodin 2003) のように「自己内部の熟議 (deliberation within)」の意義を主張する研究者もいる。ただし、このような「自己内部の熟議」を熟議「民主主義」と呼ぶことができるかどうかは、なお検討が必要であろう。

[5] ジョン/スミス/ストーカーは、これを「選択環境における費用‒便益計算に導かれたシフト」とも述べている (John, Smith and Stoker 2009 : 366)。ただし、セイラー/サンスティーンが、ナッジを諸個人における「自動システム」の使用と関連づけていることを想起すれば、ジョンらの説明は、ナッジを費用‒便益計算という意味での「合理性」に引き付けすぎていると言えるかもしれない。

[6] このような熟議の理解も、熟議民主主義論内部では評価が分かれるであろうが、ここではジョン/スミス/ストーカーが、ナッジと熟議を対照化する方法に注目している。

第 5 章　アーキテクチャ

提供することである。そのために、政策形成者は、「専門家」として、人々の行為の正しい方向性を理解し、そのための介入手段を設計するのに十分なほどには賢明でなければならない。これに対して熟議では、政策形成者は「オープン・マインド」で、「市民によって推進される探究のオルガナイザー」でなければならない。そして、国家は、市民が熟議することを助けるような制度の提供と改善に取り組まなければならない。

こうして、ナッジと熟議の異なる特徴を確認したのちに、ジョン／スミス／ストーカーは、両者の利点と弱点を指摘する（John, Smith and Stoker 2009：368）。ナッジの利点は、標準的な人間行動との一貫性である。ナッジは、諸個人の「快適さ」を犠牲にしないで、彼女たちの行動を変えることができる。その意味で、それは低コストであり、維持することが容易である。ただし、ナッジは、「根本的な問題」に取り組むことができないという点に弱点を持つ。それがもたらすのは、非常に「控えめな結果」に過ぎないだろう。これに対して、熟議の長所は、まさに「問題の根本」に取り組むことができる点にある。小さなナッジを通じて、どれほどエネルギー効率やリサイクル率を改善したとしても、それ自体では環境変化に根本的に立ち向かうには不十分である。そのためには、ライフスタイルのより大規模な変化が必要であることを、多くの市民たちが認識しなければならない。そのためには熟議が必要なのである。しかし、熟議の弱点は、時間がかかることに加え、そのオルガナイザーやファシリテイターの力量によって、意見の操作や熟議の失敗が起こり得ることである[7]。

以上のように、ナッジあるいはアーキテクチャと熟議とは、ひとまず、人々の行動への「根本的に異なる」「構想（conception）」であると言える（John, Smith and Stoker 2009：366）。しかしながら、このような把握がすべてではない。そこで次に、両者の接合可能性について検討してみよう。

7）　この部分ではジョン／スミス／ストーカーは述べていないが、ウォーレンが指摘してきたように（cf. Warren 1996b；2009）、熟議の短所には、市民の精神的・物理的負担が大きいことも含められるだろう。

（2）熟議民主主義のためのアーキテクチャへ

　ジョン／スミス／ストーカーは、ナッジと熟議が「異なる構想」であることだけを主張しているのではない。彼らは、その論文の結論部で、両者が「互いに学習し、互いに何とかやっていく（rub along with）方法を見つける必要がある」と主張している（John, Smith and Stoker 2009：369）。そのためには、何が必要なのだろうか。ジョン／スミス／ストーカーは、ナッジのアイデアが、「行動経済学と心理学の支持者たちに由来する個人化のフォーカス」を脱して、「集合的・制度的状況がナッジの成否を決めるのに役立つ手法」にもっと注目するべきことを提案する。ナッジがどのように作用するかは、それが置かれた制度的状況に依存するからである。他方、熟議の提唱者たちも、それがうまく作動するための条件に注意を払う必要がある。その条件には、認知科学の成果を取り入れ、熟議が短絡的な結論に陥ったり、参加者に過度な不安や抵抗を引き起こしたりすることがないような制度状況を検討することも含まれる（John, Smith and Stoker 2009：369）。

　このように、ジョン／スミス／ストーカーは、ナッジと熟議が必ずしも二者択一ではないことを示唆している。しかし、彼らのこのような方向性は、論文の結論部で示されただけということもあって、十分に展開されたものとは言い難い。とりわけ、彼らがナッジと熟議を別個の仕組みと理解した上で両者の「使い分け」を提起しているのか、それとも、それぞれがそれぞれの特徴を取り入れる形で両者の「組み合わせ」を目指そうとしているのかは、なお曖昧であるように思われる。

　これに対して本書は、ナッジとしてのアーキテクチャと熟議民主主義を組み合わせることができるということを、明示的に提案したい。実は、この熟議とアーキテクチャの組み合わせについては、アーキテクチャ概念の膾炙に寄与したレッシグ自身がすでに述べている。彼は、ジェイムズ・S・フィシュキンの「討論型（熟議）世論調査（deliberative poll）」に言及しつつ、「理性が重視される」プロセスが「政治的な生活の核となる」ことを展望する。そして、そのためのアイデアの一つとして、「サイバー空間のアーキテクチャ」

第5章　アーキテクチャ

を利用した討論型世論調査のためのフォーラムの設計が語られている（Lessig 2006：332-334＝2007：465-468）。ここで彼は、熟議とアーキテクチャの組み合わせの一つのイメージを述べているのである。

ただし、レッシグの著書『コード』の焦点は、基本的には熟議民主主義ではなく、あくまでインターネットにおける規制のあり方をどう考えるかという点にある。そこでは、熟議民主主義の問題は——確かにある意味では最も重要な問題と見なされており、結論部で強調されているとはいえ——議論の直接の主題とは言い難い。熟議民主主義とアーキテクチャあるいはナッジとの組み合わせに関わって、より踏み込んだ議論を展開していると思われるのは、『ナッジ』の著者の一人であるサンスティーンである[8]。そこで、以下では、彼の議論を詳しく見てみることにしよう。

熟議民主主義に関してサンスティーンが注意を促すのは、その「失敗」の可能性である。異なる多様な情報が参加者の間で十分に共有されていない時、熟議民主主義は失敗する。そのような失敗には、個人的な失敗を拡大してしまうこと、少数者の見解を犠牲にして多数者の見解を強調すること、多数者に同調するバンドワゴン現象、不確実あるいは偏向した意見が流布するカスケード効果、集団が当初の意見をより極端化してしまう「集団分極化」などがある。2000年代の彼の諸著作において、こうした議論は繰り返し行われている（Sunstein 2008：14；cf. Sunstein 2001；2007；2009）。

「失敗」が起こる理由は、熟議民主主義の参加者たちが同じような考えの人たちばかりという点に求められる。同じ考えの人たちばかりだと、なぜ問題が生じるのだろうか。それは、第4章でも述べた「情報的影響力」と「社会的圧力」という二つのメカニズムのためである[9]（Sunstein 2008：13-14）。情

---

8) クリスティアン・F・ロストボールは、ナッジの基礎にあるリバタリアン・パターナリズムについてのサンスティーンの議論は、政治過程における選好形成への関心ではなく、単に「福祉（welfare）」への関心のみに拠っていると指摘している（Rostbøll 2008：93）。確かに、2000年代前半までの著作において、サンスティーンは、リバタリアン・パターナリズムとナッジの概念を、民主主義と関連づけて論じていない。しかし、より近年の著作では両者の連関を読み取ることができるというのが、本章の見解である。

9) 他の著作では、別の呼称が用いられることや（Sunstein 2001）、別の要素が付け加えられることもあるが（Sunstein 2007；2009）、基本的な趣旨は同じである。

第Ⅱ部　代替案の存在

報的影響力とは、ある意見が多くの他者に支持されていることが、たとえその意見を信じていなくてもそうするべきだと思わせることである。社会的圧力とは、自分が逸脱者であることへの制裁や不評を気にして、他者と同じ言動をとることである。これらのメカニズムゆえに、人々は、たとえ自分が異なる意見を持っていたとしても、それを積極的に開示することを控えてしまう。その結果、熟議は「失敗」する。

　そこでサンスティーンは、熟議の「失敗」を回避するための制度・メカニズムを探究する。その際の問題は、どのようにすれば、「強制」ではない形で人々ができるだけ異なる意見に接することができるか、ということである。しかし、「強制ではないが方向づける」ことは容易ではない。サンスティーン自身も、著作の中で、様々なアイデア・構想に言及する。たとえば、2001年の著作では、チェック・アンド・バランスや三権分立といった立憲主義的制度が指摘され（Sunstein 2001：8）、有名な『republic.com』では、「公共フォーラム」としての公園やストリート（Sunstein 2007：22-29＝2003：45-54）が注目される。さらに、別の著作では、人々の発言（自分の持っている情報の開示）を促す「（物質的）インセンティヴ」または「社会規範」の組み込みが指摘されることもある（Sunstein 2008：206）。しかしながら、これらは依然として個別的な例示にとどまっており、その都度のテーマに合わせたアド・ホックな言及という印象を免れない。したがって、こうした例示のみでは、「強制ではないが方向づける」メカニズムの理論化に成功したとは言い難い。

　ここで、ナッジの概念を用いることが重要となる。ナッジは、「リバタリアン・パターナリズム」というサンスティーンとセイラーの理念的立場を具体化するものである。リバタリアン・パターナリズムとは、「選択の自由」の機会を維持・増大しつつ（リバタリアン）、その選択をよりよいものにするための、選択アーキテクトによる影響力行使を正統なものと見なす（パターナリズム）ということである（Thaler and Sunstein 2009：5＝2009：16；Sunstein and Thaler 2003：1161-1162）。なぜ、パターナリズムが認められるべきなのかというと、人々の行動・選択は不可避的に外部から何らかの作用を受けており、そのような状況下にある人々が、他者によってなされる選択よりも、常によ

第5章　アーキテクチャ

い選択を行うことができると想定することはできないからである（Thaler and Sunstein 2009：9＝2009：23；Sunstein and Thaler 2003：1163, 1182）。リバタリアン・パターナリズムの理念は、ナッジ——「選択を禁じることも、経済的なインセンティヴを大きく変えることもなく、人々の行動を予測可能な形で変えるような選択アーキテクチャのあらゆる要素」（Thaler and Sunstein 2009：6＝2009：17）——によって具体化される[10]。

　ここで注目したいのは、先の説明では熟議の「失敗」の原因とされていた情報的影響力と社会的圧力から成る社会的影響力が、ナッジと関連づけて論じられることである。第一に、ほとんどの人が他者から学習するが、社会的影響力が人々に「間違った考えやバイアスがかかった考え」をもたらす時には、ナッジが役に立つ。第二に、社会的影響力そのものを、ナッジと捉えることができる。「〔合理的な「エコノ」ではない〕ヒューマンは他のヒューマンに容易にナッジされる」（Thaler and Sunstein 2009：54-55＝2009：91-93）。ここにおいて、熟議民主主義の「失敗」とそれに対応する制度設計というサンスティーンの議論を、アド・ホックな例示ではなく、一貫した視座で理解することが可能になる。「失敗」は、情報的影響力と社会的圧力というナッジによってもたらされるが、同時に、「他の人がどうしているかを人々に伝える」ことを「失敗」克服のためのナッジと捉えることもできる（Thaler and Sunstein 2009：66＝2009：110）。また、チェック・アンド・バランスや公共フォーラムも、ナッジとしての制度設計と解釈することができる[11]。たとえば、「公共フォ

10）　セイラー／サンスティーンがリバタリアニズムとパターナリズムを本当に両立させることに成功しているのかどうかについては、疑問も提起されている（cf. Hausman and Welch 2010）。この点については、パターナリズムをどう見るかという論点との関係で、本節（3）で後述する。
11）　以前に私は、本書第4章の元になった論文（田村 2010a）において、Sunstein（2009）における人々の発言と情報提供を促すための方策としての「（物質的）インセンティヴ」と「社会規範」も、ナッジと解釈することができると述べた（田村 2010a：157）。しかし、セイラー／サンスティーンは、ナッジとインセンティヴを明確に区別している。ナッジを通じた選択行動は、費用―便益計算に基づく選択行動とは異なるのである（Thaler and Sunstein 2009：8＝2009：22）。したがって、インセンティヴをナッジに含める上記の私の記述は誤りであった。なお、「社会規範」についても、それが命じる行動以外の選択肢をとることの認知的負荷が高くなるほど（cf. Thaler and Sunstein 2009：8＝2009：23）、ナッジと見なすことはできなくなると考えられる。

ーラム」は、サンスティーンの 2009 年の著作（Sunstein 2009）では、「思いがけない発見のためのアーキテクチャ（the architecture of serendipity）」と呼ばれている（Sunstein 2009：154-157）。それは、「コントロール」ではなく、「思いがけない発見」を促進するための仕組みである。公園や道路でのスピーチは、語る側にその権利を保障するだけでなく、聴く側に多様な意見に触れる「機会」を与える。だからといって、決して聴く側の人々がそれを強制されるわけではない。したがって、この「思いがけぬ発見のためのアーキテクチャ」は、熟議の「失敗」を回避するためのナッジであると言えるだろう。このように、ナッジの概念を適用することで、「強制ではないが方向づける」ための様々なアイデアや仕組みを統一的に把握できるようになるのである。

　もっとも、ここで次のような疑問が提起されるかもしれない。すなわち、人間の自動システムに作用するナッジ／アーキテクチャが、理性的な討論を基礎とする熟議と両立可能なのか、と。実際、すでに見たように、ジョン／スミス／ストーカーは、ナッジと熟議が想定する人間観の相違を、両者の相違の理由の一つとして挙げていたのであった。ナッジと熟議に関する彼らの示唆が「使い分け」のように見えるのも、熟議とナッジが人々に作用する仕組みの相違のためであろうと推察できる。

　この疑問に対して、本章では、次の二点によって答えたい。第一に、しばしば熟議において重要な役割を果たすとされる「理性（reason）」とサンスティーンが自動システムと呼ぶ「情念（emotion）」の作用とは、必然的に相反するものではないことである。第4章で見たように、近年、脳科学等の知見を踏まえて、情念と理性の不可避的結合を主張する研究が登場している。理性と情念とが不可避的に結びついているのであれば、情念の作用の特性を、理性をベースとしたデモクラシーに組み込もうとする試みが登場しても、不思議ではない。サンスティーンの議論は、このような試みの一つとして理解できるのである[12]。第二に、「熟議民主主義のためのナッジ」が作用するのは、あくまで熟議への参加を促す段階までだということである[13]。いったん参加したのちに、どのような議論がなされ、どのような決定が行われるかは、ナッジによって決まるわけではない。そこではまさに「熟議」が行われること

が期待されるのである。このように、段階を区別することで、ナッジと熟議との両立は可能であると考えられる。

(3) パターナリズムをめぐって

①デモクラシーの押しつけ？

「熟議民主主義のためのアーキテクチャ／ナッジ」に対しては、次のような疑問が提起される可能性がある。すなわち、ナッジの下で行われる熟議民主主義を、本当に「民主主義」と言うことができるのか、と。あるいは、それは、民主主義に関心のない人にそれを押しつける「パターナリズム」ではないのか、と。

この問題について、たとえば鈴木は、インターネット上での熟議を保障するための手段としてサンスティーン（Sunstein 2007）によって提案された、「反対意見に対するリンクの義務化」というアイデアについて、「民主主義を守るために民主主義を強制せよ」という「反民主主義」的な結論に至っていると指摘する。民主的な社会を維持するために民主主義を強制するための制度設計を行うべきだ、という考え方は、究極的には、民主的な意思決定を重視する民主主義観と対立する。それゆえ、「民主的な環境を構築するために、民主主義に先立ってアーキテクチャを設計するべきだ、と考える論者が出てきてもおかしくはない」。こうした民主主義観を、鈴木は「工学的民主主義」と呼んでいる[14]（鈴木 2007：212-215. 傍点は原文）。

「熟議民主主義のためのアーキテクチャ」は、民主主義への関与以外の選択肢を消滅させるものではない。ナッジの議論が示しているように、それは

---

12) ただし、サンスティーンの議論は、情念をデモクラシーのために、言わば道具的に活用しようというものであって、情念が固有に持ち得る規範的意味を解明しようとするものではない。情念の規範的意味については、齋藤（2009）を参照。また、サンスティーンの議論は、自動システムの考慮によって、熟議関与の動機づけの問題を解決しようとする試みと捉えることもできる。情念によって理性における動機づけの欠如を克服しようとする試みは、デヴィッド・ヒュームに端を発し、近年の熟議民主主義論においても見られるものである。その最も一貫した試みとして、第4章で言及したシャロン・R・クラウス（Krause 2008）の議論がある。クラウスの議論への言及として、齋藤（2010a）も参照。
13) この点は、オーストラリア国立大学での、本章の内容をテーマとした私のセミナー報告に対するジョン・S・ドライゼク氏からの質問に示唆を得ている。

特定の選択肢だけを提示するのではなく、人間の情念的な次元のメカニズムを利用して、特定の選択肢——この場合は熟議民主主義への関与——を推奨するのである。とはいえ、そのアイデアがリバタリアン的であるとともにパターナリズム的でもあることは——「弱くて、押しつけがましくないもの」であるとは言うものの (Sunstein and Thaler 2003 : 1162)——セイラー／サンスティーンも認めている。そもそも、歴史的に見ても、民主主義の理念は、しばしば、動員、操作、（物理的なものも含めた）強制・監視と結びついてきた。そうだとすれば、アーキテクチャ／ナッジが民主主義を押しつけてしまう可能性について、より立ち入った考察が求められるように思われる。

そこで、以下ではまず、民主主義とパターナリズムについて考察している論者として、クリスティアン・F・ロストボール (Rostbøll 2008) の見解を検討する。ロストボールは、民主主義の推奨とパターナリズムとを区別する議論を展開している。しかし、彼の議論はパターナリズムの要素を事実上含んでいるように思われる。したがって、その次に、民主主義とパターナリズムとを、対立的に把握するのではなく、民主主義のために「許容される／正当なパターナリズム」とはどのようなものかについて検討したい。

②熟議とパターナリズムの区別——ロストボール

ロストボールは、セイラー／サンスティーンのリバタリアン・パターナリズムは基本的にパターナリズムであって、熟議についての考慮が不十分であると論じている。その際、ロストボールが批判の基準とするのは、彼自身が提起する「熟議的自由 (deliberative freedom)」の概念である。熟議的自由は、民主主義と自由の関連を示す、次の四つの次元から構成される (Rostbøll 2008 : 4-9)。第一は、「人民主権としての民主主義」である。これは、「集合的

---

14) これに対して、匿名の膨大な数のユーザーによるアクセスやリンクを、ページ・ランキングの判断材料にするグーグルのやり方は、「数学的民主主義」と呼ばれる。数学的民主主義においては、「人びとが誰ひとりとして民主的な意志を持たず、自らの関心にしたがって利己的に行動したとしても、結果として他の人々に多くの情報を提供し、制度の維持に貢献する」ことになる（鈴木 2007 : 216）。本書第2章で検討した東浩紀の『一般意志2.0』（東 2011）は、この数学的民主主義の発想をさらに発展させようとするものと言える。

第5章　アーキテクチャ

自己立法としての自由」あるいは「公的自律」とも呼ばれる。それは、私たちが「自由」であるための方法を、自分たちが従うべき法の起草者であることに求める考え方である。第二は、「消極的自由のための道具としての民主主義」である。第三は、「個人的な自律の道具としての民主主義」である。これは、民主主義への参加が私たちを自律的な人間に変容させる、という考え方である。「自律的意見形成」または（第一の「公的自律」との区別で）「内的自律」と言ってもよい。最後に、「地位としての自由」である。これは民主主義の実践の中にこそ「自由」があるとする考え方である。本書では、特に、「公的熟議の中で理由を提起し、それに応答することができる存在として互いを扱うこと」（Rostbøll 2008：81）が含まれる。これらの四つの次元を包括する概念として、「熟議的自由」の概念が提起されるのである[15]。

　ロストボールによれば、セイラー／サンスティーンのリバタリアン・パターナリズムは、上記の自由の複数の次元から構成される熟議的自由を実現することができない。確かにそれは、選択肢を保障している点において、「消極的自由」については、ある程度保障している。また、「内的自律」についても、一定の環境の下で選好が形成されるという観点を採用しているという点において、ある程度保障していると見ることができる[16]。しかしながら、リバタリアン・パターナリズムは、その他の自由の次元、とりわけ「集合的自己立法としての自由」および「地位としての自由」を保障することができない。その理由は二つある（cf. Rostbøll 2008：93-95）。第一に、「集合的自己立法としての自由」について、リバタリアン・パターナリズムは、ナッジを提供する人々（設計者）がその対象者に選択の状況を提供することを不可避と見

---

[15]　自由の四つの次元のそれぞれについてのロストボールの理解、および、これらを包括して「熟議的自由」と呼ぶことの妥当性については異論があるかもしれない。ただし、「自由」の概念的ないし思想史的検討は本章の課題ではないため、彼の枠組みに沿って議論を進める。

[16]　この整理に違和感を持つ読者もいるかもしれない。しかし、ロストボールは、「内的自律」だけでは十全に熟議的自由を保障することができないと考えている。というのも、この「自律」は集合的な状況の下で達成されるものである以上、完全に自律的ということはありえず、ある程度「適応選好」としての性質を持つことが避けられないからである（cf. Rostbøll 2008：92-93）。内的自律と自律的な選好形成は、あくまで、自由の諸次元の中の一つと見なされるべきなのである（Rostbøll 2008：80-81）。

なす。したがって、それは、そのような状況の当否をナッジの対象者たち自身が検討すること、すなわち集合的自己立法の次元を認めることができない。第二に、「地位としての自由」についても、リバタリアン・パターナリズムにおいては、ナッジの対象となる人々は、「理由に応答する存在」としてではなく、「デフォルト・ルール、フレーミング効果、出発点などに、計算可能かつ予測可能な方法で反応する単なる客体」として扱われている。したがって、この場合に、「地位としての自由」の次元が保障されているとは言い難い。このように、リバタリアン・パターナリズムは、ロストボールが構想する熟議的自由を保障するものではない。

　このことは、リバタリアン・パターナリズムが、結局のところパターナリズムでしかないことを意味する。すでに見た通り、その「リバタリアン」と称する部分は、複数の自由の次元の中で「消極的自由」の次元および部分的に「内的自律」の次元を満たし得るのみである。また、熟議的自由のその他の次元（「自己立法」と「地位」）を保障できないことは、リバタリアン・パターナリズムが、十全な民主主義のための規範的基礎を満たしていないということを示唆している。むしろ、それは、まさにパターナリズムなのである。ロストボールはジェラルド・ドウォーキンの見解を引きつつ、いかなる形態のパターナリズムも、「何が他者の最も利益になるかを自分の方がよく知っていると信じる人間もしくは集団」を伴い、「その見解を他者に押しつけようとする」ものであると述べる。つまり、パターナリズムとは、①他者にとって「何がよいことか」（または「何が最善か」）を自分が定めることができ、②その「よいこと」を他者に押しつけることができる、とする考え方である（Rostbøll 2008：95, 96）。ここでは、その人は「自分の判断」ができない人と見なされ、それは他者の判断によって置き換えられる（Rostbøll 2008：96-97）。リバタリアン・パターナリズムでは、「何がよいことか」はナッジの設計者によって決められており（「自己立法」の欠如）、かつ、それは、ナッジの対象者たちに、彼女たちがその理由を十分に吟味する機会を保障しないままに「押しつけ」られる（「地位」の保障の欠如）。ゆえに、それはパターナリズムである[17]。

第 5 章　アーキテクチャ

　以上のように、ロストボールは、一方のリバタリアン・パターナリズムおよびそれに基づくナッジと、他方の民主主義を、基本的に対照的なものとして理解している。そうだとすれば、「熟議のためのナッジ」も、結局のところ熟議民主主義を「よかれ」として「押しつける」パターナリズムに過ぎない、ということになるのだろうか。あるいは、そうでなくとも、それは、原理的に両立し得ない二つのアイデアの不可能な接合に過ぎないものとして批判されるしかないものなのであろうか。

　この問題について、私は必ずしもそうではないと考える。より正確に言えば、私は、「正当なパターナリズム」と熟議民主主義とは両立すると考える。以下で、このことについて論じよう。

　まず、指摘するべきことは、商品選択等の場合のナッジと「熟議のためのナッジ」とを同一視することはできない、という点である[18]。確かに、「熟議民主主義のためのナッジ」は、「熟議民主主義への関与」を「押しつける」。しかし、そのことは、最終的な選択つまり熟議の結論を「押しつける」ことと同じではない。商品選択のためのナッジは、特定の具体的な商品の選択を好ましいものとして推奨する。しかし、「熟議民主主義のためのナッジ」を通じて、熟議への関与を推奨されたとしても、それを通じてどのような結論を下すかは、ナッジによって一義的に決まるのではない。それは、あくまで

---

17)　森達也が「行為の選択肢を事前に制限する」アーキテクチャについて述べた次の叙述も、（パターナリズムという言葉を使用しているわけではないが）ロストボールと同様の観点からのアーキテクチャに対する批判と考えられる。「自己決定を補助するアーキテクチャは、それ自体が「殻」となって、当事者が置かれている状況全体に対する関心を低下させる。その内部においては、設計の意図やその効果を認識することなしに安全な選択が可能であって、したがって無知であることが許されるからである。」（森 2010：10）。

18)　ロストボールは、リバタリアン・パターナリズム論は、サンスティーンの熟議民主主義に関する議論とは異なって、政治過程における選好形成の問題ではなく、福祉厚生（welfare）のみに関心を持っていると述べている（Rostbøll 2008：93）。確かに、彼が参照している、2003 年発表のセイラー／サンスティーンの論文に関しては、リバタリアン・パターナリズムの議論と民主主義論との連関は見られない。しかし、『ナッジ』（Thaler and Sunstein 2009＝2009）の第三章「言動は群れに従う（Following the Herd）」における「社会的影響力」に関する議論は、サンスティーンの、とりわけ 2000 年代後半以降の民主主義に関する他の著作と基本的に同じである。したがって、私は、サンスティーンにおいて、少なくとも 2000 年代後半以降、リバタリアン・パターナリズム論と民主主義論とが重なりつつあると見ている。

熟議を通じて決まるのである。ロストボールは、パターナリズムと熟議民主主義との相違を、「パターナリストが自分は他者にとって何がよいかを知っており、自分の判断を他者に押しつけることを正当化されると感じているのに対して、熟議民主主義者は、何が正しいかは公的熟議において正当化され受け入れられなければならないと信じているという点」に求めている（Rostbøll 2008：102-103）。「熟議民主主義のためのナッジ」も、民主主義の結果は、民主主義内在的に決められるべきであることを否定するものではない。実は、ロストボール自身も、制度（法）による「民主的なエートス」「熟議民主主義に親和的な政治文化」の形成可能性と必要性とを指摘している（Rostbøll 2008：165）。すなわち、彼も、熟議民主主義を促進するような文脈の形成が必要であることは認めているのである。そうだとすれば、そのような文脈の少なくとも一つとしてナッジを想定することも、不当なこととは言えないように思われる。

　ただし、仮にナッジが、熟議における特定の内容の決定を導くものではなく、あくまで、熟議への関与の推奨を目的とするものであったとしても、問題は解消しない。なぜなら、そもそも熟議への関与を推奨すること自体がパターナリズムなのではないか、という疑問を呈することができるからである。ロストボールもまた、この論点に注目している。すなわち、熟議に参加するという選好を持たない人々に対して「参加するべきだ」と主張することは、「他者が選好する〔民主主義ではない〕決定手続を自分の好む〔民主主義という〕それで代替する」という状況ではないだろうか（Rostbøll 2008：100-101）。そうだとすれば、「熟議民主主義のためのナッジ」もまた、パターナリズムだということにならないだろうか。

　この問題に対するロストボールの回答は、二つの議論から成る。一つは正当化理由の区別であり、もう一つは、熟議民主主義への関与を「自由」の充足と見なすような政治文化の形成である。以下で、順に検討する。

　第一に、熟議民主主義推奨のための方策の正当化理由について、ロストボールは、二つの仮想事例を取り上げつつ、次のように論じている。「熟議が人々の意思に反してある手続を押しつけるという意味でパターナリスティッ

クになるリスク」は、それが「補助的なもの（auxiliaries）」、すなわち「報酬」あるいは「罰（punishment）」といった熟議そのものの力を超えるものに依存するようになる時に増大する。だからといって、熟議への関与を促進するための方策が、直ちに否定されるわけではない。ただし、それは、「その人自身にとってよいこと」という理由ではなく、「私たちが政治的に行動する時には、自分たちだけではなく、他の全員にも影響を及ぼすような選択を行うのだという事実」によって正当化されるべきである（Rostbøll 2008：101-102）。

　しかしながら、「あなたにとってよいこと」という観点からの「押しつけ」はパターナリズムで、「全体に関わること」という観点からの「押しつけ」はそうではないという区別は、あまり説得的ではないように思われる。民主主義が「全体」ないしは一定の集合体に関わる選択を行うことであり、市場における商品購入は個人に関わる選択であるという、ロストボール自身も参照するヤン・エルスターの区別（Elster 1997）について、ここで異論を唱えるつもりはない。しかし、「全体」に関わることの「押しつけ」が、「あなたのため」とは異なるものであるがゆえにパターナリズムではないとしても、端的に「全体への動員」に過ぎない可能性は残る。「全体主義だがパターナリズムではない」と論理的には言えたとしても、規範的には、だから問題はないということはできないだろう。したがって、「押しつけ」の対象が「あなた」か「全体」かという区別によって、パターナリズムか否かを区別するという戦略は、実質的には有意味であるようには思われない。

　ただし、ロストボールは、政治・民主主義への関与も「自由」の諸次元を構成する、という立場をとっていた。「集合的自己決定」および「地位」としての自由がそれである。そうだとすれば、「全体」への関与が直ちに「全体主義」を意味するとは限らないことになるのではないだろうか。なぜなら、そのことによって、その人の「自由」のいくつかの次元が実現されると言い得るからである。それを「自由」ではないと見なすのは、自由を「消極的自由」の次元のみで捉える狭い理解に依拠しているからに過ぎない。

　しかしながら、この場合、熟議関与を推奨する方策は、全体的・集合的な自由の諸次元についての「個人的な」選好に働きかけることを意味するだろ

う。私的な関心を重視する選好も、公的な関心を重視する選好も、いずれも「個人」の選好である点には変わりないと考えられるからである。そうだとすれば、広義の「自由」の諸次元を基礎とした熟議民主主義関与の推奨もまた、次のように批判される可能性がある。すなわち、それは、「個人」の特定の選好への働きかけであるという意味で、「あなたのため」「あなたにとってよいこと」を他者が「押しつける」パターナリズムである、と。

　以上のように考えるならば、熟議民主主義推奨の正当化根拠として集合的な次元に言及したとしても、そのことが「全体への動員」と見なされないという保証も、パターナリズムではないという保証も存在しない、ということになる。そうだとすれば、ロストボールとは異なる見解の採用を検討した方がよいかもしれない。すなわち、熟議民主主義とパターナリズムを対置するのではなく、「熟議民主主義において許容されるパターナリズム」を擁護するということである。この見解については、のちに、グッディンの議論を参照して敷衍する。

　とはいえ、熟議民主主義の推奨が「全体への動員」と見なされる危険性については、ロストボール自身も認識している。というよりも、彼は、事態はより深刻であると見なしている。一般市民の中には、そもそも熟議に関与したいとは思わない人々が存在している。そういう人たちにとっては、パターナリスティックかどうかという以前に、熟議は端的に「無力 (impotent)」なのである[19] (Rostbøll 2008：102)。その状態を克服するには、どうすればよいのだろうか。

　そこでパターナリズムを回避する第二の方策として、ロストボールは、自由をもっぱら「消極的自由」として捉える既存の「政治文化」を変革し、「熟議民主主義に適した政治文化を創出すること」の必要性を主張する（Rostbøll 2008：164-165）。「教育」は、そのための、ある程度有効な手段である。しかし、

---

[19]　そのような人々としてロストボールが念頭に置いているのは、パメラ・J・コノーヴァー／ドナルド・D・サーリング／アイヴォ・M・クルーウェが、アメリカとイギリスの一般市民を対象として行った実証研究の知見である（Conover, Searing and Crewe 2002）。コノーヴァーたちの研究は、親密圏における「日常的な政治論議 (everyday political talk)」の持つ意義について実証的に検討したものである。本書第 6 章を参照。

それだけでは十分ではない。今日の政治文化の変革のためには、ある種の「イデオロギー批判」に従事する「社会批判者たち（social critics）」によってそれが挑戦されることも必要なのである（Rostbøll 2008：165）。しかしながら、現在の政治文化の状況では、社会批判それ自体が「消極的自由とプライバシーとの侵害」と見なされてしまう。したがって、社会批判が意義あるものとして見なされるためには、その前提として、そうした「社会批判」が「自由への脅威」ではなくて「より完全な自由のための前提条件」なのだということを示す「理論」がまず必要となる。そのような「理論」は、「社会批判」の規範的基準と異なる自由の次元との解明・正当化を行い、その実現に貢献するものでなければならない。このようにして「正しい政治文化的諸条件」の創出に成功する場合にのみ、熟議への関与をも「自由」と見なすことができるようになるだろう（Rostbøll 2008：165-166）。

このようなロストボールの見解は、複数の次元から成る「熟議的自由」を基礎とする彼の理論的立場からすれば、それなりに一貫したものと言える。しかし、「正しい政治文化的諸条件」の創出という彼の結論がどの程度の実現可能性を持つのかを考える場合には、あまり楽観的な展望を持つことはできそうもないことも確かである。そのために重要な役割を果たすのは「イデオロギー批判」を行う「社会批判者」であり、その意義そのものは十分に認められる。しかし、たとえそうだとしても、「より完全な自由」としての「熟議的自由」の何らかの手がかりを既存の社会の中に見出すことができなければ、「社会批判者」による批判が人々の間で広範に受け容れられるという展望を見出すことは困難であろう。すなわち、既存の政治文化が非熟議的なものであればあるほど、その中で享受されている消極的自由を「間違っている」として否定することなく、熟議を「より完全な自由」として人々に伝えることは、ますます難しくなるように思われる（田村 2014a：88）。

ただし、注目するべきは、ロストボールが「社会批判者」によるイデオロギー批判の役割を、既存の社会の中で生きる人々に「自己反省を引き起こすことによって熟議のプロセスを惹起すること」に求めている点である[20]。それは、何がその人の「真の利益」かを教えるという意味での「イデオロギー

批判」とは異なる（Rostbøll 2008：147；田村 2014a：88）。「イデオロギー批判」をこのように自己反省の喚起として理解することは、次の二つの意義を持つ。第一に、「イデオロギー批判」が熟議と齟齬をきたさないということである。程度の差こそあれ、熟議とは規範の実体・内容ではなくそれを扱う手続に関するものである。しかし、「真の利益」を教えるタイプの批判は、何が望ましいかを先見している。その意味で、それは、熟議のプロセスに先立って何が望ましいかを特定している。自己反省の喚起であれば、このような問題は生じない。むしろ、本書第 2 章第 2 節および第 4 章第 4 節でも述べたように、反省性は、熟議民主主義にとって鍵となる概念である。実際、ロストボール自身も、自己反省への焦点が手続主義的なものであり、彼の言う「熟議的自由」の構想とも合致するものであると述べている（Rostbøll 2008：146-148）。第二に、自己反省の喚起としての「イデオロギー批判」であれば、「正しい政治文化の創出」に向けての変革の展望も高まると推測されることである。注目すべきは、レトリックである。第 4 章第 2 節でジョン・S・ドライゼクのレトリック論を参照したが、熟議民主主義論におけるレトリックへの注目は、それが既存のマクロな社会構造の変化のために果たし得る役割に期待するものである。あらためて確認しておくならば、たとえば、シモーヌ・チェンバースは、その聴き手に「将来の行動についての「よく考えられた」反省を引き起こすという意味での熟慮（deliberation）を引き起こす」レトリックを「熟議的レトリック」と呼び、それが「大衆民主主義」を放棄せず、広範な公共圏における熟議民主主義を構想する際に重要であると主張する（Chambers 2009b）。また、ドライゼクも、マーティン・ルーサー・キングやネルソン・マンデラといったマクロな社会・政治変革を実現した政治リーダーの用いたレトリックが、立場やアイデンティティの異なる人々の間に反省を促し、それらを「架橋」する可能性を開いたことに注目していた（Dryzek 2010a；2010b）。

20）　本章の元となった論文（田村 2011b）で私はロストボールの議論について「いかにもロングショットと言わざるを得ない」と述べ、本書よりも厳しい評価を行っている。しかし、彼が「イデオロギー批判」を「自己反省」と結び付けていることに気づき、その後の別稿（田村 2014a）では、この点に言及した。したがって、本書での叙述は、田村（2014a）と同様の観点からのものになっている。

第5章　アーキテクチャ

このような意味での「イデオロギー批判」や「熟議的レトリック」のアイデアは、熟議民主主義の発想を維持しつつ、公共圏の広範な人々の認識の変化をもたらし得るという点で重要であると考えられる。

　以上のロストボールについての議論をまとめよう。まず、彼の議論の意義は次の通りである。第一に、彼の「イデオロギー批判」論は、それなりに一貫したものである。第二に、熟議民主主義論におけるレトリックへの注目と重ね合わせることで、彼の議論がそれなりに社会変革への展望を担保するものであることも理解できる。次節で述べるように、本章ではレトリックを「熟議民主主義のためのナッジ」の一つとして捉えている。したがって、ロストボールの「イデオロギー批判」も、批判の受け手の側から見れば——彼自身による批判にもかかわらず——ナッジの要素を含んでいると考えることができる。彼の議論は、一見して受ける印象以上に、本章の議論と親和性を有しているのである。

　しかし、そうであるがゆえの問題点も見て取ることができる。熟議民主主義とパターナリズムとを相反するものとして捉え、前者を擁護しようとするロストボールの見解は、パターナリズム的な要素の必要性という主張を事実上含んでいるように思われる。それにもかかわらず、彼は、理論的には、そのことを認めようとしない。そのために、熟議民主主義とパターナリズムとを区別する論拠の説得力も弱められている。これに対して本章は、熟議民主主義とパターナリズムを対立的に捉えるのではなく、熟議民主主義におけるパターナリズムの理論的位置を明らかにするべきであると考える。すなわち、解明されるべき問題は、「熟議民主主義において、いかなるパターナリズムであれば許容されるのか」ということである。次にこの問題を考察しよう。

③「許容されるパターナリズム」へ——ハウスマン／ウェルチとグッディン

　まず、ダニエル・M・ハウスマンとブライン・ウェルチの議論を参照してみたい（Hausman and Welch 2010）。ハウスマン／ウェルチも、一方で、「選択の自由」だけでなく「自律」——「人々が自分自身の評価と熟慮をコントロールできる程度」と定義される——という観点から見るならば、ナッジはパ

117

ターナリズムであるとする。パターナリスティックな政策は、政策の対象となる人々にとって「何がよいことか」の判断を、当該の人々に代わって政策形成者が判断しようとするものである。政策形成者は、諸個人の意思を迂回または意思に反して、政策を形成しようとする。しかし、そのような政策形成は、諸個人が自分自身の選択をコントロールすることを脅かす恐れがある。ゆえに、パターナリズムである（Hausman and Welch 2010：128-130）。

　このようなパターナリズムは問題である。たとえば、サブリミナル効果は狡猾なパターナリズムの例である。それは、自分自身の思考をコントロールすること、つまり「自律」を脅かす。しかし、セイラー／サンスティーンの議論では、サブリミナル効果を十分に批判することはできない（Hausman and Welch 2010：130-131）。よって、とりわけ政府によるナッジの使用に対しては、彼らの議論以上に、慎重に限定が付されなければならない（Hausman and Welch 2010：133-134）。

　以上のように述べる時、ハウスマン／ウェルチは、ロストボールと同様の、より広い「自由」の観点からナッジを批判している。しかし、他方で彼らは、ナッジの使用が許される局面もあるとも述べる。彼らの叙述（Hausman and Welch 2010：132-133）をまとめると、ナッジの使用は、次の場合に許される。第一に、ナッジが存在しない場合に、それ以外の要因によって人々の認知的欠陥が顕在化する可能性がある場合である。この場合、ナッジを通じてその欠陥を矯正することで「行為を確かにその行為者自身のものにする」こと、すなわち「自律」がもたらされる可能性もある。この場合、ナッジは自律をもたらすものとして許容されるだろう。第二に、いくつかのナッジは、人間の意思決定における欠陥を単に緩和するだけであり、それ以上の強い影響は及ぼさない。セイラー／サンスティーンが挙げる例では、「クーリング・オフ期間」の設定や「命令的選択[21]（mandated choice）」などが、これに相当する。この場合、ナッジは明らかに、「合理的に選択する個人の能力を脅かすより

---

21)　「命令的選択」とは、あらかじめ特定の選択肢を「デフォルト」として設定するのではなく、選択者に自分自身の選択を必ず行うことを求めるように設計された、選択アーキテクチャの下での選択のことである（cf. Thaler and Sunstein 2009：88-89＝2009：143-144）。

も増大させる」と言える。第三に、論理的可能性としては、ナッジが「人々の意思決定が熟慮における欠陥によって歪められる程度を増大させる場合」と、「何らかの意図的に設計された選択アーキテクチャがなくても、意思決定がいずれにせよ歪められたものとなるだろう場合」の両方が存在する。後者の場合には、ナッジは、意思決定の歪みを是正するために有効である。

　以上の三点をまとめると、認知的歪曲を緩和ないし是正することで、諸個人の「自律」——ハウスマン／ウェルチにおいて、それは「人々が自分自身の評価と熟慮をコントロールできる程度」のことであった——を高めるためのナッジであれば許容される、ということになる。ただし、この場合にも依然として、そのようなナッジ、すなわち「自律のためのナッジ」でさえもパターナリズムなのではないかという疑問は提起され得る。

　この点に関して、ロバート・E・グッディンの議論が重要である。彼は、「許容できるパターナリズム」の三つの原理を挙げている（Goodin 2003：54-57）。第一に、人々の判断が「無知（uninformed）」の場合である。とりわけ、その「無知」が「矯正できない（irremediably uninformed）」場合である。ここで「無知」とは、事実についての不十分・不完全な認識、論理的・因果的関係の不適切な評価、正しい情報を情念によって不適切に評価することなどを指す。第二に、人々の判断が「不安定（unsettled）」な場合、とりわけ、その「不安定な」判断による決定が「取り返しがつかない（irrevocable）」ものになる場合である。グッディンによれば、「人々があいまいなことを言ったり揺れ動いたりしている時、私たちは、正しく、その人自身の欲求の様々に変化する報告のどれか一つに信頼を置くわけにはいかない」。とりわけ、そのような「不安定な」人の選択が、「その間にその人の選好が大きく変化しそうに思われるほどの長期にわたって、結果を固定する」場合には、その人の判断をそのまま尊重するわけにはいかない[22]。第三に、当該の選好が「〔本来の選好に〕不安定に付着させられた（insecurely attached）」ものである場合である。これ

22）グッディンは、このケースでパターナリズムが認められるのは、あくまで決定が「不安定」かつ「取り返しがつかない」場合に限ることに注意を促している（Goodin 2003：56）。すなわち、たとえ「取り返しがつかない」判断でも、「不安定」でなければ尊重されるべきであるとされる。

は、すなわち、当該の選好がいかなる意味でも本人自身のものではない場合である。具体的には、操作的な吹聴や友人・仲間関係による圧力によって形成された選好が、これに当たる。グッディンによれば、「表面的でミスリーディングな選好」と「その人自身のより深層の選好」とを、「一階の選好」と「二階の選好」として区別することは可能である。たとえば、薬物依存の場合がそうである。また、短期的には合理的に見えるが長期的にはそうではない選択（一階の選好）を防止する（二階の選好）場合もそうである。グッディンは、これらの場合にパターナリズムは許されると言うのである。その要点は、「人びとの選好は、いつでもどこでも完全かつ、そのまま尊重されることを命じるわけではない」ということである[22] (Goodin 2003：62)。

　そうだとすれば、パターナリズムは、次のような形で民主主義と結びつき得る。すなわち、「全くの差別なしに、人々のあらゆる選好を私たちに〔等しく〕尊重させる」ような「非反省的な」民主主義ではなく、許容されるパターナリズムを通じて「選好を反省的に尊重する」民主主義、つまり「ある選好を尊重し別のものは尊重しないという形で選好を区別する」民主主義を構想する、という形においてである[23]。この民主主義は、社会的決定において、人々の選好を選り分け、あるものを他のものよりも重視するためのメカニズム、すなわち「選好の反省的な選り分け」のためのメカニズムを提供するものでなければならない[24] (Goodin 2003：63)。そして、そのようなメカニズムの一つが「公共的熟議」（彼の言葉では「徳性ある討議的なダイナミクス (virtuous discursive dynamics)」）であり、もう一つが大規模な集団における「より高度な動機の徳性ある解放 (virtuous release of higher motives)」である[25]

---

22) 選好についてのこのようなグッディンの見解は、セイラー／サンスティーンのそれと共通している。彼らもまた、多くの場面において「人々は明確で安定的な、あるいはよく順序づけられた選好を欠いている」ことを強調している (Sunstein and Thaler 2006：233；Sunstein and Thaler 2003：1161)。

23) 「最も信頼に足る自由民主主義者であっても、成人で健全な判断をする、それなりに責任能力のある人々 (ordinarily competent people) によって表明されるある種の選好についてさえ、しばしば懐疑的である」(Goodin 2003：62)。

24) ここで「選好の反省的な選り分け」と呼ばれているものは、以前の論文 (Goodin 1986) で「選好の洗い出し (laundering preferences)」と呼ばれていたものと、ほぼ同じであると思われる。

(Goodin 2003：63-64)。

　以上のグッディンの議論は、結論レベルでは、（彼が大規模集団における投票の倫理的効果をも指摘する点を除けば）ロストボールのそれとほぼ同じである。ただし、パターナリズムと熟議民主主義との関係の理解において、両者は決定的に異なっている。すなわち、一方のロストボールが、パターナリズム（による選択の推奨）と熟議民主主義（による選好の変容）とを明確に区別し、後者を支持しようとするのに対して、他方のグッディンは、熟議民主主義における選好の変容を、許されるパターナリズムの要素を含むものと見る。そして、パターナリズムから熟議民主主義を救い出そうとするロストボールの議論は、その論拠において難点を抱えていた。したがって、本章では、「正当なパターナリズム」を見出そうとするグッディンの議論に依拠したいと考える。すなわち、「熟議民主主義のためのアーキテクチャ」はパターナリズムではないのかという疑問に対して、本章は、熟議民主主義を推奨するためのパターナリズムは正当なものとして許容される、と答えるのである。このようなパターナリズムを、本章では「許容されるパターナリズム」と呼ぶ。

第2節　アーキテクチャの具体像

　それでは、「熟議民主主義のためのアーキテクチャ」として、具体的にどのようなものが考えられるのだろうか。ここでは、（1）「公共フォーラム」、（2）くじ引き、（3）レトリック、（4）ベーシック・インカムを取り上げ、それらを「熟議民主主義のためのアーキテクチャ」と捉えることができるかどうかについて検討する。

---

25)　「より高度な動機の徳性ある解放」とは、次のようなことである。大規模集団では、各人の選好は全体の結果にほとんど影響を及ぼさない。このことは、確かに一方で、集団メンバーを無責任にする。しかし、他方でそれは、個々の意向が結果とはほとんど関係がないからこそ、各人を自己利益よりも倫理的な立場に基づいて行動するように促す（Goodin 2003：64）。結果に影響を及ぼさないほどの諸個人の匿名性が、倫理的にふるまう基礎となり得るというグッディンの議論は、本書第2章で取り上げた、東浩紀の「一般意志2.0」に基づく民主主義の構想（東 2011）とも共通するところがあるように思われる。

第Ⅱ部　代替案の存在

（１）「公共フォーラム」

　前節（２）および第４章第２節（２）で紹介したように、サンスティーンは、ストリートや公園を「公共フォーラム」として捉え、民主主義にとってのその意義を論じている。ストリートや公園は、通常の意味での「政治制度」ではない。それは、様々な人々が特に資格制限もなく自由に通行し出入りすることができるという意味で「公的な」場である。しかし、同時に、それは、「思いがけない発見のためのアーキテクチャ」となり得る。「公共フォーラム」においてスピーチやデモを行うことは、何かの都合で――たとえば、会社への通勤や昼食を取るために――その場を利用する「一般の人々」に、それに接する「思いがけない機会」を提供する。「一般の人々」は、スピーチやパフォーマンスを見聞きすることを「強制」されない。聴きたくなければ、見たくなければ、端的にその場を利用しなければよいのである。しかし、それらに「思いがけず」接することで、自らの意見や選好についての反省が促されるかもしれない。このような意味で、「公共フォーラム」は熟議民主主義のためのナッジの一つと言い得るのである。

　もっとも、そのようなスピーチやデモそのものは熟議的とは言えないのではないか、という疑問が呈されるかもしれない。確かに、それらにおいて掲げられる主張や要求は、しばしば立場が明確で確固たるものであり、それ自体を熟議の実践と呼ぶことは難しいかもしれない。しかし、スピーチやデモを、熟議的レトリックの試みとして位置付けることは可能である。また、第８章で論じる熟議システムの概念に依拠するならば、このような個別に見れば熟議的ではないかもしれない言動も、その結果として、多くの人々に当該の問題についての反省を引き起こすのであれば、熟議民主主義の実現に貢献していると考えることができる。これを、「ミクロな非熟議的実践のマクロな熟議的効果」と呼ぶことができる（Tamura 2014）。このように考えるならば、スピーチやデモも熟議民主主義の一環であると理解することができるのである。

　他方で、公共フォーラムが常に「公共フォーラム」であるとは限らない点

にも注意が必要である。アーキテクチャの設計のあり方によって、「公共フォーラム」のポテンシャル、すなわち「思いがけない発見」のための機会の提供が大幅に損なわれることもある。たとえば、アメリカのミネアポリスでは、中心部のビル同士を空中でつなぐ通路（スカイウェイ（skyways））が作られたことにより、地上の道路で行われるデモが、頭上でスカイウェイを歩く人々の注目を集めることが難しくなった。他方、タイのバンコクでは、デモの参加者たちは高架式の道路を通らなければならなくなったために、地上の道路を通る一般市民の頭上を「見事なまでに無害に通り過ぎる」こととなった[26]。いずれも、アーキテクチャが「公共フォーラム」とはならない形で設計されたことの帰結と言えよう。

（2）くじ引き

　熟議民主主義の一つの場としての「ミニ・パブリックス[27]」においては、しばしば無作為抽出によって選ばれた人々が参加する。このことがミニ・パブリックスの正統性に疑問をもたらす可能性が指摘されることがある。なぜなら、そこに参加している人たちが無作為抽出で選ばれている以上、その参加資格が他の人々からの信任を得たものと言えるかどうかは疑わしいからである（cf. Parkinson 2006）。

　しかし、無作為抽出の積極的意義を評価することも可能である。そして、本章にとって重要なことに、無作為抽出（くじ引き）を、「熟議民主主義のためのアーキテクチャ」の一つとして位置づけることができるように思われる。近年の民主主義論者の中で、くじ引きの持つ積極的意義を再評価しようとしている論者の一人として、フーベルトゥス・ブッフシュタインがいる。以下では、くじ引きを擁護する彼の議論を紹介したのちに、それをナッジと見な

---

26) いずれも、ジョン・パーキンソン（Parkinson 2012：43）が他の著作を参照しながら取り上げている事例である。

27) ミニ・パブリックスそのものについては、第7章で検討する。本章では、その参加者の選出方法としてのくじ引きに焦点を当てる。なお、第7章では、ミニ・パブリックスに排他的に焦点を当てることは熟議民主主義の可能性を狭めてしまうことを、つまり、ミニ・パブリックスへの排他的焦点が熟議の「阻害要因」になり得ることを論じる。念のために付言すると、このことは、ミニ・パブリックスを多様な熟議の場の一つとして位置づけることと相反するわけではない。

第Ⅱ部　代替案の存在

し得るための条件について考察する。

　かつて古代ギリシャの都市国家アテナイでは、くじ引きによって選ばれた（女性、奴隷ではない）市民が政治の要職を担当した。しかし、その後の歴史においては、くじ引きによる選出は選挙による選出に取って代わられることになった。政治理論家たちは、「偶然の要素をコントロールしようとする衝動を持っていた」。これに対して、ブッフシュタインは、今日の民主主義にとってくじ引きと「偶然性（Zufall）」が持つ積極的意義を再評価し、民主主義に偶然性の要素を取り入れることを提唱する（Buchstein 2009：253-255）。

　ブッフシュタインは、政治一般にとってくじ引きが持つ機能・特徴についても述べているが[28]（Buchstein 2009：256-257）、ここでは、民主主義、とりわけ熟議民主主義との関係でくじ引きが持つ意義についての彼の議論を確認しておきたい。ブッフシュタインによれば、熟議民主主義論は、「民主主義」と「熟議」のそれぞれの側面において問題を抱えている。第一に、民主主義の側面についての問題とは、熟議民主主義が「アウトプット」志向であるという点である（Buchstein 2009：260）。熟議民主主義においては、民主主義概念における参加の要素は、政治過程の望ましい合理性の「従属変数」となる。その論理的帰結は、「現代政治における合理性の過大要求（die Rationalitätszumutungen）の下への民主的参加の従属」である。このような熟議民主主義論は、民主主義のインプット次元において問題を持つ。つまり、結果の合理

---

[28] ブッフシュタインが挙げる、政治一般におけるくじ引きの機能・特徴は、次の五つである（Buchstein 2009：256-257）。第一に、中立的で的確かつ手続的に自律的な（verfahrensautonom）偶然のメカニズムであることである。この特徴ゆえに、くじ引きは、「タイブレイク（Tie-Break）」の状況、二者の間での「手詰まり（Patt）」の際の決定に適合的である。第二に、「成功チャンス（Erfolgschancen）」においてきわめて平等的ということである。民主主義において、この特徴は、財への接近機会の平等だけでなく、市民間の役職の平等配分にも役に立つ。第三に、決定を行う者と決定に従う者との負担軽減に役立つことである。たとえば、くじ引きは、希少な財、あるいは、保育園入園や学校入学、社会（公営）住宅などへのアクセスの配分をコントロールするために用いられ得る。ブッフシュタインは明確に述べていないが、これらの場合には、くじ引きで決めることそのものが納得できる決定「理由」となるのである。第四に、くじ引きは、「不確実性」を生み出す。このような不確実性の創出は、たとえば国家行政内部での役職配分において「汚職防止」効果をもたらし得る。最後に、くじ引きは、政治的安定化効果を持つ。なぜなら、役職を順番で交替するものとするもので、役職に就けないという不満をかわすことができるからである。

性を重視することは、民主主義におけるアウトプットの重視とインプットの軽視とを意味する。

　第二に、熟議の側面に関する問題としては、これまでの研究から、次の三つを指摘することができる（Buchstein 2009：260-261）。第一に、熟議の「戦略的搾取（strategische Ausbeutungs）」の問題である。これは、レトリックを行使して自己利益を最大化しようとするアクターが、熟議の場を戦略的に利用してしまうという問題である。第二に、「動機づけ」の問題である。あらゆる熟議の文脈が、その参加者を等しく合理的な討論に努めるよう動機づけるというわけではない。第三に、サンスティーンが指摘する意見の「分極化」という問題である。

　このように、熟議民主主義は、民主主義と熟議の両側面において問題を抱えている。しかし、だからといってブッフシュタインは、単純に熟議に対して民主主義の「インプット」の側面を強調するタイプの民主主義論を擁護しようとするのではない。そうではなく、彼は、くじ引きの導入によって、熟議民主主義がこれらの欠点を克服し強化され得ることを示そうとする（Buchstein 2009：262）。すなわち、「くじ引きで決められた政治的フォーラム」（ミニ・パブリックス）によって、熟議民主主義におけるインプット側面における欠点、および、熟議側面における欠点が克服され得るというのである。

　第一に、民主主義のインプット側面については、ミニ・パブリックスを通じた、「参加」と「代表制」の両方の契機の強化可能性が論じられる（Buchstein 2009：271-273）。まず、「参加」のモメントについては、くじ引きの手続が政治的論議と才能に関する一種の「探索マシン」として機能することが指摘される。次に「代表」のモメントについては、くじ引きは「公平な代表」をもたらすとされる[29]。第二に、熟議の側面については、くじ引きがミニ・パブリックスの「熟議の質」の改良をもたらすことが指摘される。ミ

---

29)　参加と代表は、しばしば対立的な概念と捉えられがちである。しかし、近年の民主主義論では、両者を統合しようとする試みも見られる。マーク・E・ウォーレンやナディア・ウルビナティが提唱する「市民代表（civic representative）」概念は、そのような試みの一つである（Urbinati and Warren 2008；Warren 2008；cf. 田村　2011d）。

ニ・パブリックスにおける熟議の質を高めるためには、それが「正確な統計的な社会の代表」であるかどうかよりも、「全体的に社会的に混合されているかどうか」、つまり、「多様性（ダイバーシティ）」が確保されることが重要である。キャロリン・M・ヘンドリクスが述べるように、多様性が確保された場での熟議は、「相対的に不偏的」で「〔論証ではない〕交渉（バーゲニング）の場となりにくい[30]」。

　こうしてブッフシュタインは、くじ引きによる「偶然性のモメントの適切な組み込み」が、熟議民主主義における熟議と民主主義の両側面の長所をより適切に結びつけることを可能にする、と主張する。民主主義、とりわけ参加的な民主主義（「ボランタリスティックな民主主義」と呼ばれる）の長所は、「実際に存在する市民の意思表現への志向性」にある。そこから、参加の衝動・刺激が供給されるのである。しかし、その短所は、民主的平等の名の下に、表出された意志の様々な「反省の程度（Reflexiongrade）」を無視してしまうことである。これに対して、熟議民主主義（「エピステミックな民主主義」と呼ばれる）の長所は、「啓蒙された政治的意思の、要求の多い認知的内容」にある。しかし、その短所は、「政治的合理性の名の下に、正当化された熟議を通じた専門家支配（deliberative Expertokratie）へと〔民主主義から〕進路をそれてしまうこと」にある。これに対して、偶然性を生み出す様々な形態のミニ・パブリックスは、両者の民主主義の長所を活かし短所を縮減することで、「参加」と「合理性」とを架橋することができるというのが、ブッフシュタインの認識である（Buchstein 2009：273）。

　第7章で述べるように、ミニ・パブリックスを熟議民主主義の主たる場と見なすことに対しては、熟議民主主義論者の中でも批判がある。ただし、ここでは、くじ引きが「熟議民主主義のためのアーキテクチャ」として機能する可能性に焦点を絞って検討したい。ある仕組みがナッジであるためには、①情念的な「自動システム」に作用すること、②特定の選択肢について、あくまで「推奨」にとどまることで、「選択の自由」＝「消極的自由」を保障する

---

[30] 引用は、Buchstein（2009：272-273）にある。ここで引用されているヘンドリクスの研究は、彼女の博士論文である。

こと、が必要である。この条件に照らした場合、くじ引きをナッジとして位置づけることは可能であろうか。

第一に、くじ引きは、情念的な「自動システム」に作用する側面を持つと言える。くじ引きに「当選」するかどうかは、本人の合理的選択能力とは無関係である。かつ、それに「当選」することは、自動システムの次元で、一種の興奮や喜び、あるいは、少なくとも驚きや戸惑いといった感情を引き起こすように思われる。というのも、くじ引きに当選するかどうかはまさに「偶然性」の問題だからである。こうした感情の作用が、熟議関与へと人々を「ナッジ」する可能性はあるだろう。

しかし、第二に、くじ引きが「選択の自由」を保障するものであるかどうかについては、慎重な吟味が必要である。確かに、くじ引きというメカニズムは、熟議関与を、もっぱら市民の道徳的資質ないし市民的徳性の問題に還元するのではなく、制度を媒介として考えることで、民主主義への「過大要求」(Buchstein 2009：73-105) を緩和する効果を持ち得る[31]。ただし、それを「制度の効果」と言うことができたとしても、ナッジであるとまで言えるかどうかは自明ではない。まず、選ばれた時に「拒否」の選択肢がないくじ引きの場合、それが「選択の自由」を保障するメカニズムとは言えないことは明らかである。次に、「拒否」の選択肢があるとしても、その選択のハードルが高い場合は、少なくともナッジとは言えないだろう。その理由の一つは、この場合に、「参加」が選択肢というよりは、基本的には義務として位置づけられていると考えられるからである。もう一つの理由は、この場合に、選択が自動システムの作用ではなく、合理的ないし理性的な判断の結果である可能性が高くなるからである。例外的に「拒否」という選択肢が認められるようなくじ引きの場合、「拒否」を選択しようとすれば、その選択は、（費用・便益計算という意味での）合理的選択あるいは理性的熟慮に基づいたものとならざるを得ないだろう。

以上の諸点を踏まえるならば、くじ引きは、「拒否」という選択肢が、そ

---

[31] クラウス・オッフェとウルリヒ・プロイスも同様の問題関心から、適切な制度による諸個人の「道徳的資源」の開発・発展を主張している（Offe and Preuss 2003）。

を選択するハードルが高くない形で保障されている場合に、「熟議民主主義のためのアーキテクチャ」として位置づけることができる、と言えよう。

（3）レトリック

　サンスティーンは、他者からの働きかけ、すなわち「社会的影響」もナッジとなると述べていた。「ヒューマンは他のヒューマンに容易にナッジされる」（Thaler and Sunstein 2009：54-55＝2009：91-93）。この議論に対しては、概念的な疑問も存在する（Hausman and Welch 2010）。とはいえ、本章では、コミュニケーション様式そのもの、とりわけその一つとしての「レトリック」もまた、「熟議民主主義のためのナッジ」の一つとなり得ると考える。その理由の一つは、現段階においてはナッジの可能性をできるだけ広く捉えておきたい、ということである。もう一つの理由は、「熟議民主主義のためのアーキテクチャ」を、工学的な意味での制度設計論とは異なる形で論じる可能性を担保しておきたいからである。すなわち、コミュニケーション様式をナッジとして捉えることで、「「熟議民主主義のためのナッジ」のための熟議民主主義」を論じるための理論的基礎を得ることができるのではないかと、私が考えているからである。ただし、この点については、次の第3節でより詳しく述べることにする。ここでは、どのような意味でレトリックをナッジとして位置づけることができるのかについて考察する。くじ引きについての考察で述べたように、「熟議民主主義のためのナッジ」であるためには、①情念的な「自動システム」に作用すること、②特定の選択肢について、あくまで「推奨」にとどまることで、「選択の自由」＝「消極的自由」を保障すること、が必要である。以下では、この二つの観点から、レトリックを検討する。

　第一に、レトリックは、理性や利益ではなく、情念に作用するコミュニケーション様式である。しばしば、レトリックが理性的／合理的な論証（argument）と異なるコミュニケーション様式とされることや（Dryzek 2000；田村 2008；Young 2000）、「対話的」ではなく「独白的」であるとされることは（Chambers 2009b：324）、このことをよく示している。

　それでは第二に、レトリックは「選択の自由」を保障すると言えるだろう

か。ここで、「選択の自由」とは、レトリックの受け手が、当該レトリックが提示する見解と異なる見解に依拠する可能性を担保されているかどうかを意味する。たとえば、民主主義への関与を推奨するためのレトリックは、その受け手が「関与しない」という見解に依拠する可能性をも残すものであろうか。

　一見したところ、レトリックが「選択の自由」を保障することは自明であるように見える。なぜなら、それはあくまでコミュニケーション様式であり、それが明示的に「〇〇しなければ、××というペナルティ／処罰を課せられる」という文言を含まない限り、当該レトリックに従う／従わないという判断は、受け手の側に委ねられていると解することができそうだからである。

　しかし、レトリックは「選択の自由」を確保しているとの見解には、疑問も生じ得る。第一に、コミュニケーション様式であるとはいえ、「社会的影響力」（サンスティーン）は、しばしば実質的には「強制」を伴うのではないだろうか。たとえば、戦争中の日本において、「ぜいたくは敵だ」というレトリックに抗して「ぜいたく（に見えるふるまい）」を行うことは、「非国民」のレッテルを貼られることを意味しただろう。この場合、直接に政府批判の言動ではない限り、国家による処罰の対象とはならなかったかもしれない。しかし、だからといって、「非国民」のレッテルが「過度に倹約しているようなふるまい」を強制するものではなかった、とは言えないだろう。

　このような「レトリックによる強制」の問題をどのように考えるべきだろうか。確認しておくべきことは、レトリックは両義的な性格を持つ、という点である。ジョン・S・ドライゼクが指摘するように、それは、異なる見解を持つ人々を「架橋」する可能性とともに、特定の類似した見解を持つ人々の「結束」を強める可能性を持つ（Dryzek 2010b）。そして、「結束」の場合に、レトリックが「社会的圧力」として作用し、必ずしもその見解に同調しない人々を排除するという結果をもたらす可能性はある[32]。したがって、レトリックが「強制」とならないためには、それを受け入れない人々の排除を回避するような性質のものでなければならない。

　第二に、しかし、たとえ明示的な「強制」ではなくとも、特定の見解を、

それをあらかじめ持っていたわけではない人に受け入れさせることは、「選択の自由」の保障とは言えないのではないか、という疑問があり得る。この疑問に対しては、第一に、前節で述べたような、「正当なパターナリズム」の観点からの反論が可能である。すなわち、人々の選好をアプリオリに尊重するのではなく、「反省的に尊重する」民主主義（グッディン）の実現のために人々の見解に作用するレトリックは、「正当なパターナリズム」として許容される、というわけである。たとえば、シモーヌ・チェンバースが「一般市民の民主主義（mass democracy）」実現のために提案する「熟議的レトリック」概念は、独白的なレトリックが、その受け手に「将来の行動についての「よく考えられた」反省を引き起こすという意味での熟慮（deliberation）を引き起こす」ことを重視している（Chambers 2009b：335）。

　ただし、第二に、特定の見解——この場合は「熟議民主主義への関与」という選好——を人々が「持っていない」と単純には言えない、という反論も可能である。確かに、熟議民主主義に関わることが、自分自身のことにより関心を抱き、労働などによって忙しい現代人にとって精神的・時間的負担が大きいことは否定できない。それにもかかわらず、人々が民主主義に関与したいという意志や選好を全く持っていないと想定することも妥当ではない。たとえば、サンスティーンの著作『インフォトピア』（Sunstein 2008）では、条件が適切に設定されていれば、人々は積極的に発言するようになることが指摘されている。私もまた以前に、グッディン（Goodin 1986）などの議論を参照して、人々は自己利益を優先して「私的」に行動しようとすることもあれば、集合的な観点から自己の見解を問い直すという形で「公的」に行動しようとすることもあるのであって、人々の実際の選好は、これらの「公的」と「私的」の動機のバランスで決まる、と述べたことがある（田村 2008）。これらの議論は、人々が熟議民主主義関与という選好を持たないわけではない、ということを示唆している。

32）　ただし、ドライゼクは、「結束」のためのレトリックも意義を持ち得ることも指摘している。抑圧されている人々にとっては、一体化を強めることがより広範な人々に自分たちの見解をアピールするための足場となり得るからである。

第5章　アーキテクチャ

　この議論を補強するために、第1章でも参照した「自己の分断的性質」についてのドライゼクの議論を、再び参照しておこう（Dryzek 2010b：323-324）。この議論によれば、「自己」とは、様々な選好やコミットメントに引き裂かれた存在であり、「多くの言語ゲームの交差点」であった。「自己」がそのようなものだとした場合、レトリックの役割は、自己の中に存在する複数の言説のうちのどれか一つに焦点を当てて、当該言説へのコミットメントを呼び起こすことである。例として、第4章で取り上げた、マーティン・ルーサー・キング牧師とネルソン・マンデラにおけるレトリックの用法を再び見てみよう。まずキングは、独立宣言に依拠することによって、ほとんどの白人がどちらにも部分的に同意するであろう「人種主義的」と「リベラル・普遍主義的」という二つの言説のうち、後者、すなわち「リベラル・普遍主義的」な言説を引き出し、「人種主義的」な言説を抑えることに成功した。次にマンデラの場合は、アフリカ民族会議の指導者クリス・ハニが暗殺されたあとに、ハニを「平和の戦士」として称えることで、支持者たちに存在する「闘争」の言説を（対抗のための）「暴力」の言説から切り離し、前者を承認しつつ、後者を周辺化しようとした（Dryzek 2010b：324-325）。これらの事例からわかるように、レトリックは、「分断的性質」を持つ諸個人が依拠する複数の言説あるいはパースペクティヴのうち、特定のものを「脱中心化」し、特定のものを「引き出す」ように作用する。そして、このドライゼクの議論を、次のように応用することもできるだろう。すなわち、「自己」とは、「熟議関与」という言説と「熟議不関与」という言説との「交差点」であり、レトリックを通じて「熟議関与」言説に焦点を当てることによって、熟議民主主義へのコミットメントを呼び起こすことができる、と。

　このように「自己」を「複数の言説の交差点」と捉えるならば、「熟議関与」を訴えるレトリックは、先に述べたような意味での「選択の自由」と齟齬をきたすことはない、と言い得る。なぜなら、この場合に、「自己」は、もともと「熟議関与」以外の選好も有していることになり、かつ、レトリックの役割を、複数の選好の中から一つのもの——熟議関与——を推奨することにあると捉えることができるからである。「自己」は、レトリックの下でも、「熟

議不関与」という、元来有している選好を失うのではない。そうではなくて、レトリックを通じて「不関与」よりも「関与」の方が推奨される、ということなのである。このように考えれば、レトリックもまた、「ナッジ」の一つであるということができるだろう。

(4) ベーシック・インカム

　第3章において、私はベーシック・インカム（BI）を熟議民主主義のための「条件」として捉えることを提案した。しかし、このような議論には疑問も予想される。たとえば、齊藤拓は、私の議論について、「熟議デモクラシーのための前提条件としてBIが必要とされるという主張については、BIを手段的に扱うのは上手いやり方ではないし、参加所得を要求するほうが整合的ではないのか、という批判がありそうである」と述べている（齊藤 2010：295）。ここではBIを手段として捉えることの是非については議論せず、差し当たり、手段としてのBIの位置づけもあり得るという想定で議論を進める。本章であらためて検討したいのは、齊藤の批判の後半部分である。BIの特徴は、その無条件性にある。それは、人々が熟議に関与しようとしまいと給付される。したがって、それでは「熟議民主主義のための条件」にならないのではないか、という疑問・批判が生じることになる。たとえば、齊藤が挙げた参加所得の内容をより特定し、熟議への関与を条件とした給付——仮に「熟議所得」とする[33]——を考えてみよう。もしも所得保障制度を通じて熟議関与を促進したいのであれば、BIよりも熟議所得の方が効果的ではないだろうか。

　このような疑問に対して、本章では、BIを「熟議民主主義のためのナッジ」の一つとして捉えることができると主張する。以下では、この主張を次の三つの論点の検討を通じて論証する。第一に、前項で検討した「許容されるパターナリズム」との関係についてである。第二に、ナッジの特質から見た熟議所得とBIの評価である。第三に、民主主義の普遍化可能性という論

33）本章で言う「熟議所得」について、本章の元になった田村（2011b）では、民主主義全般を検討対象としていたため、「デモクラシー所得」と呼んでいた。

第5章 アーキテクチャ

点である。以下、一点目は①において、二点目は②と③において、そして三点目は④において論じられる。

①「許容されるパターナリズム」との関係

本章の言う「熟議所得」とは、熟議への関与を条件として給付される所得のことである。それは、明らかに熟議関与を「よきこと」として人々に提示するという要素を含んでいる。したがって、それはパターナリズムである。

ただし、本章第2節（3）で論じたように、本章は、あらゆるパターナリズムを否定する立場をとらず、「自律」を促すためのパターナリズムは許容されると考える。したがって、熟議所得について、それはパターナリズムだが「自律」を促すので正当化できる、と言えるのではないだろうか。そして、そうだとすれば、BI を持ちださなくとも、「許容されるパターナリズム」に基づく熟議所得の保障を擁護すれば、「熟議民主主義のためのナッジ」としては十分なのではないだろうか。

このような問いへの回答は、「イエス」となるだろう。すなわち、熟議所得は「民主主義による自律」のための所得であり、それがパターナリズムだとしても「許容されるパターナリズム」である、と。しかし、この観点だけで考えている限り、BI でなければならない理由を見出すことはできない。したがって、熟議所得よりも BI を擁護するためには、それらが「許容されるパターナリズム」かどうかという問題とは別の正当化論拠を探さなければならない。

②ナッジとしての熟議所得？

そこで、次に、あらためてナッジの概念的特徴を確認した上で、熟議所得と BI とを比較検討してみたい。議論の焦点は、熟議所得の「支払」という性質である。すなわち、ここでは、熟議所得は「支払」であるがゆえに、定義上ナッジと言えるかどうか疑わしく、かつ、熟議をめぐる「選択の固定化」をもたらし得る、ということが論じられる。ここでは前者の論点を検討し、後者の論点については③で考察する。

第Ⅱ部　代替案の存在

　さて、セイラー／サンスティーンによれば、ある政策が「ナッジ」であるためには、次の二点を満たしている必要がある。第一に、あくまで「推奨」にとどまることで、「選択の自由」＝「消極的自由」を保障することである。第二に、人々の選択行動において、情念的な自動システムに作用することである。このようなナッジの定義からすると、熟議所得をナッジと呼ぶことができるのか、という疑問が生じる。第一に、熟議所得は熟議を「推奨」していると言えるのだろうか。ここで重要なのは、「推奨」と「支払」の区別である。すなわち、熟議所得は、熟議の「推奨」ではなく、それへの「支払」なのではないだろうか。

　この点に関して参考になるのが、BIとケア手当を比較検討したジョン・ベイカーの議論である[34]（Baker 2008）。ベイカーによれば、「BIは、有意義な職業の確定に伴う条件つきの給付ではないので、ケア労働への「支払」ではなく、ケア労働への普遍的な「サポート」として役立ちうる」（Baker 2008：4）。この指摘は、いささか逆説的である。しばしば、BIは無条件であるがゆえに、人々を（有償労働以外の）社会的に有用な諸活動に従事させることができず、「怠け者」（サーファー）を生み出してしまう（ので問題だ）、と論じられる。しかし、ベイカーは、ケア労働という特定の社会的活動への給付ではないからこそ、BIは男女を問わずケア労働を担おうとする人々を「普遍的にサポート」できる、と主張するのである。

　ここで焦点化されているのは、特定の活動への「支払」ではなく、「普遍的なサポート」としてのBIの意義である。熟議とBIの関係についても、同じことを指摘できるように思われる。すなわち、熟議関与への「支払」ではないからこそ、熟議関与への「サポート」となり得るというわけである。だが、この点については、次の③で詳しく論じることにする。ここでは、次の二点だけを確認しておきたい。第一に、「支払」と「サポート」ないし「推奨」との相違である。第二に、ナッジは「支払」ではなく「推奨」であり、したがって、熟議所得を定義上ナッジと呼ぶことができるかどうかは疑わしい、と

---

[34] ベイカーの議論の詳細については、田村（2011a）も参照。

第5章　アーキテクチャ

いうことである。

　次に第二に、支払／推奨の区別と関わって、自動メカニズムと合理的選択／効用最大化との区別という問題がある。ナッジは、定義上、人々の自動メカニズムに作用するものであって、効用関数に作用するものではない。つまり、ナッジとインセンティヴは異なる（Thaler and Sunstein 2009：8＝2009：22）。したがって、「こちらの方が得をするから」「費用 - 便益計算の観点から合理的だから」というのは、ナッジの作用ではない。それは「合理的選択」とそのための制度設計の問題である。

　この点に照らすと、熟議所得が作用するのは、自動システムではなく効用関数であるように思われる。熟議所得の下では、人々は「お金を受け取るために／お金をもらえるから」熟議民主主義に関与するようになる可能性がある。それが熟議関与の動機として果たして正当なものなのかどうかについては、ここでは論じない（ただし、次に「選択の固定化」可能性については論じる）。ここでは、そのような行動は、効用関数に照らして「合理的選択」なのであって、自動システムの作用の帰結ではないことを、したがって「インセンティヴ」ではあっても「ナッジ」ではないことを、指摘しておけば十分である。

③「選択の固定化」という問題

　「支払」としての熟議所得には、上記のような概念定義上の問題とは別の問題が存在し得る。それは、熟議を選択することに関わる問題である。すなわち、熟議所得は、熟議関与について、真の「選択の自由」を保障しないのではないかと考えられる。この点について、以下で論じよう。

　ただしその前に、「支払」は自己利益の増大を民主主義の動機づけとするがゆえに問題である、という指摘の妥当性について検討しておきたい。確かに、金銭的報酬を動機づけとすることは、より倫理的観点な観点からの熟議関与という動機づけを弱める可能性がある。たとえば、自己の人格的発展という理由からの熟議関与や、当該集団共通の利益の（よりよき）実現という理由からの熟議関与は、「お金をもらえるから熟議に関与する」という動機

135

第Ⅱ部　代替案の存在

の前に駆逐されてしまうかもしれない。

　このような懸念は、確かに真剣に考慮されるべきものである。それにもかかわらず、そうであっても構わないとする見解は、熟議民主主義の立場からでもあり得る。重要なのは、熟議関与の初発の動機ではなく、関与したあとの、熟議のプロセスにおける反省と学習だと考えるならば、自己利益の観点からの熟議関与を否定する理由はない。

　むしろ、問題は、熟議への「支払」は「熟議選択の自由」を保障できないのではないか、ということである。その理由は、短期的／直接的な効果および長期的／間接的効果の二つの観点から説明することができる。第一に、短期的／直接的な効果について、それなりのまとまった金額の「支払」は、「推奨」よりも「選択の自由」を狭める可能性がある。なぜなら、まとまった「支払」はインセンティヴとしては強力過ぎて、熟議不関与を選択しづらくさせるからである。とりわけ熟議関与の選択については、第3章第3節（3）で取り上げたウォーレンが注意を促していたように、民主主義が人々にとって必ずしも魅力的なものとは限らないという事情を慎重に考慮に入れる必要がある。そのような事情の下での強力過ぎるインセンティヴの提供は、熟議関与を事実上の「動員」として観念させる効果をもたらすかもしれないのである。

　第二に、長期的／間接的な効果については、それなりのまとまった金額の「支払」が「選択の自由」を通じた分業の固定化をもたらす可能性を指摘しておきたい。その理由は次の通りである[35]。熟議所得は、熟議関与に「支払」を与えることで、それを「職業」「仕事」の一つとして確定する効果を持つ。そのことは、確かに初期段階では、人々に「熟議か、その他の労働／仕事か」という「選択」を可能にする。しかし、長期的に見れば、この「選択」が「労働に関与する人」と「熟議に関与する人」との間の「分業」をもたらしてしまう。「熟議に関与する人」が「仕事」として熟議民主主義に関わる一方で、

---

35)　ここでの議論は、ベイカー（Baker 2008）およびアルマーツ・ゼレケ（Zelleke 2008）による、ケア手当よりも BI の方が性別分業の是正・解消のポテンシャルを持つとの主張の論理を、熟議関与をめぐる考察に応用したものである。

「労働に関与する人」もまた「仕事」として労働に関わり続ける。よって、熟議民主主義と（労働を含む）それ以外の活動との間での分業が固定化してしまう、というわけである。

　以上の二つの理由より、熟議所得は「熟議への支払」であるがゆえに、選択の自由の阻害＝選択の固定化を帰結し得ると言うことができる。これに対して、「熟議へのサポート／推奨」であるBIの方が、熟議関与という「選択の自由」を実質的に確保し得ると考えられる。なぜなら、BIは、すべての人々をより普遍的に「潜在的に熟議に関わり得る人」と見なすことを可能にするからである[36]。この意味でBIは、熟議を人々の間での分業の対象とすることを回避し、それを「普遍化」することに寄与し得るのである。

④熟議の場の普遍化

　そして、「熟議の普遍化」という観点から見ると、もう一つの「普遍化」可能性も重要であると言うことができる。それは、熟議が行われる場の普遍化という問題である。

　熟議所得においては、給付資格の認定の問題、すなわち、何をもって熟議関与と見なすのか、という問題が生じる。その際、比較的制度化された熟議への関与の場合は明確である。ここには、議員としての議会や委員としての審議会等への関与はもちろん、「ミニ・パブリックス」（第7章）への関与も含めることができる。しかし、非制度的な熟議民主主義の場合は、関与の認定は非常に困難である。たとえば、第6章で検討する親密圏における熟議への関与を認定できるだろうか。また、仮にできたとして、それは望ましいことだろうか。というのは、それは、親密圏における日常生活への政府の介入を意味することになりかねないからである。

　以上の点を踏まえるならば、熟議所得の下では、熟議民主主義が行われる場が限定的に定義されてしまう可能性がある、と言うことができる。このことは、熟議をより多様な場に見出そうとする試み——その意味での民主主義

---

[36]　ここでも、BIだからこそケアを「誰もが参加すべき普遍的な責任」とすることができる、というゼレクの主張に示唆を得ている（Zelleke 2008：5）。

第Ⅱ部　代替案の存在

の普遍化——を阻害することになるのではないだろうか[37]。

　これに対して、BI ならば、直接の「支払」ではないがゆえに、熟議の場をあらかじめ定義してしまうこともない。たとえば、専業主婦である妻が、夫との間で家事や育児の分担をめぐる「日常的な話し合い (everyday talk)」(Mansbridge 1999) を行ったとしよう。第 6 章で論じるように、これを「親密圏における熟議民主主義」として捉えることは可能である[38]。しかし、実際には、その実践をもって熟議所得の給付資格を認定することは恐らく難しい。結果的に、「親密圏における熟議民主主義」は「熟議ではない」と認定されることになる。BI が熟議関与を認定できないことは問題なのではない。そうではなく、熟議関与を認定できないからこそ、親密圏のような非制度的な次元における熟議が「熟議ではない」と認定されることを回避することができると考えるべきなのである。

　以上の通り、熟議民主主義の場の「普遍化」、すなわち熟議を制度的および非制度的な様々な次元における複数の熟議から成る体系として捉える立場からすれば[39]、熟議民主主義の場を狭く理解しかねない制度（熟議所得）よりも、広く理解できる可能性を持つ制度（BI）の方が望ましいと言うことができる。

---

[37]　もちろん、「熟議の普遍化」と言っても、あらゆる場で行われる熟議が同じものになる（べきだ）ということではない。異なる熟議の場においては、異なる熟議が行われ得る。この点についての私自身の見解については、さしあたり田村 (2008：第 5 章) を参照。そこでは、国家、市民社会・公共圏、親密圏のそれぞれにおいて、異なる熟議民主主義のイメージが抽出され、全体としての熟議民主主義の「多層的深化」の必要性が論じられている。併せて、Ercan and Dryzek (2015) も参照のこと。

[38]　マンスブリッジ自身の議論 (Mansbridge 1999) がそうであるように、親密圏を、単に支配／従属の場という意味での「政治」の場ではなく、少なくとも潜在的には（熟議）民主主義に基づく「政治」の場として捉え返すことは、政治理論にとって重要な課題であるように思われる。私自身のそのような試みとして、田村 (2009a；2015c) を参照。また、「政治（的なるもの）」自体の再考が政治理論の重要な課題であることをあらためて想起させる著作として、川崎 (2010)、森 (2014) をも参照。

[39]　マンスブリッジ (Mansbridge 1999) の言う「熟議システム」である。熟議システムについては、本書第 8 章で検討する。

第 5 章　アーキテクチャ

第 3 節　アーキテクチャをめぐる熟議民主主義

　最後に残されているのは、「熟議民主主義のためのアーキテクチャ」の設計をめぐる問題である。しばしば、アーキテクチャ論においては、その設計者（アーキテクト）による一般市民の（とりわけ知られざる形での）管理が論点となる。すなわち、アーキテクトたるエリートによる非エリート支配の貫徹が懸念されるのである。

　このような懸念に対して、第 2 節（3）では「許容されるパターナリズム」が存在すると論じた。「熟議民主主義のためのアーキテクチャ」の設計は、確かにパターナリズムという性質を帯びる。しかしながら、諸個人の「自律」（ハウスマン／ウェルチ）を高め、「選好を反省的に尊重する」（グッディン）という目的のためのパターナリズムは、「正当な」ものとして許容される。したがって、人々の選好の変容を促進するような民主主義——熟議民主主義はその代表的な原理である——のためのアーキテクチャの設計は、正当なものである。

　しかしながら、アーキテクチャによる管理をめぐる諸議論[40]が成立するためには、いくつかの想定が必要であるように思われる。一つは、アーキテクチャの設計者・アーキテクトは、その意図通りにアーキテクチャを設計することができるという想定である。もう一つは、いったん設計されたアーキテクチャは、意図された通りに人々に作用するという想定である。それと意識されることなく設計・実施されてしまうという「不透明性」（Lessig 2006：135-136, 327-329＝2007：191, 457-460）の問題とともに、恐らくは、これらの想定の存在が、アーキテクチャによる管理の効果への期待とともに、その危険性を喚起してきたのではないかと思われる。

　本節では、アーキテクチャの設計をめぐる、これらの想定を問い直す。具

---

[40]　念のために記しておくと、ここで「諸議論」と言う場合には、レッシグの議論そのものではなく、それにインスピレーションを受けつつ語られるようになった、より一般的な意味での「アーキテクチャ論」を念頭に置いている。

体的には、(1)において、アーキテクチャの設計段階における「政治」の不可避性を、(2)において、アーキテクチャ形成後の実施・運用段階における解釈の多義性、および、その結果としてのその効果の変容可能性を指摘する。「熟議民主主義のためのアーキテクチャ」は、それによって意図した通りに設計され、効果を発揮するとは限らないのである。最後に(3)において、だからこそ「「熟議民主主義のためのアーキテクチャ」をめぐる熟議民主主義」が重要となることを論じる。

(1) 制度設計における「政治」の不可避性

　ナッジの設計は常に「政治的」である。「よきナッジ」「効果的なナッジ」だからといって、その採用が必然的であるとは限らない。ここでは、このことを二つの立場から論じてみたい。一つは構成主義的／言説論的観点からの説明であり、もう一つは合理的選択論的観点からの説明である。

①構成主義的／言説論的説明

　構成主義的／言説論的観点から見ると、制度設計とは、設計されるべき制度についての複数の「言説」の抗争の中で、ある特定の言説が広く受け入れられることによって可能となるものだと言うことができる（cf. Dryzek 1996；田村 2009b）。そうだとすれば、いかなる「望ましい制度」も、その「望ましさ」の正当性だけで実現するとは限らない。当該制度の実現可能性は、提唱者にとっては「望ましい」当該制度が、そのようには必ずしも考えていない他の人々にどの程度受け入れられるかに依存するのである。ヴィヴィアン・A・シュミットの言葉を借りれば（Schmidt 2002：213-214）、制度の実現のためには、言説の「認知的次元」（正当性の次元）だけでなく、「規範的次元」（正統性の次元）が重要なのである[41]。

　以上を踏まえると、「熟議のためのナッジ」もまた、制度設計のための様々の「言説」の一つであると言うことができる。そのことは、次の二点を

---

41) 言説の「規範的次元」に注目した私自身の研究として、男女共同参画政策を分析した田村（2006）、BIの「政治的実現可能性」について論じた田村（2010b）を参照。

含意する。第一に、実際の制度設計のプロセスにおいては、「熟議のためのナッジ」は、他の複数の「言説」との争いの中でその（「正当性」ではなく）「正統性」を獲得しなければならない、ということである。「他の言説」としては、たとえば、熟議関与推進のためにより強力な方策を講じるべきだとする「言説」や、逆に、熟議関与のための政策など必要ないとする「言説」も含まれる。第二に、これらの他の「言説」との争いの中で、「熟議民主主義のためのナッジ」言説の内容自体が変容する可能性がある、ということである。すでに述べたように、ナッジとは、「選択の自由」を保障しつつ（リバタリアン）、特定の選択を推奨する（パターナリズム）ものである。本章第2節（3）におけるパターナリズムをめぐる考察が示す通り、この構想はそもそもきわめて微妙な理論的バランスの上に成り立つものである。実際の諸言説の抗争において「規範的次元」における優位を獲得しようとするあまり、その「バランス」が崩れてしまう可能性がある。したがって、構成主義的／言説論的観点からすれば、制度設計は両義的な性格を持つ。一方で、それは、特定の言説の拡張を通じた新たな制度設計の可能性を理論的に担保することができる。他方で、それは、諸言説の抗争のプロセスで、特定の「望ましい」（正当な）言説が変容する可能性――「望ましい」制度改革だからといって実現するとは限らないこと――をも認めることになる。

　なお、諸言説の抗争は、政策形成に直接関わるエリートの間でも生じ得る。しばしば、諸言説の抗争を強調する論者は、それが国家外部の広範な公共圏において発生することを想定している（cf. Dryzek 2006b）。他方で、やはりしばしば、アーキテクチャやナッジの設計におけるエリート支配――アーキテクチャ設計者による（知らぬ間の）一般市民のコントロール――が指摘され、懸念される。しかしながら、いずれも、国家や公式の制度内部での政策形成に関わるエリートの間で諸言説の抗争が生じる可能性を十分に考慮に入れていないように思われる。政策形成エリートを単純に一枚岩と見なすことができないことについては、政治学には多くの研究蓄積がある[42]。それらの知見

---

42) エリート理論に対する多元主義論の立場からの研究である。代表的な著作として、Dahl（1963＝1988）や大嶽（1979/1996）などを参照。

を踏まえるならば、たとえアーキテクチャやナッジの設計であっても、制度設計に関わる「エリート」が「同じ」言説に依拠していると想定することの方が難しい。諸言説の抗争は、政策形成関係者の間でも生じ得るのである。

②合理的選択論的説明

制度設計の「政治」性は、合理的選択論の立場から指摘することもできる。そのような議論として、ここでは、ナイトとジョンソンの研究 (Knight and Johnson 1999) を参照しておきたい。彼らは次のように主張している。すなわち、「私的な利益を大なり小なり直接に公共の福祉と調和させるために設計される非政治的な制度的アレンジメントを確立しようとする、テクノクラティックな改善策」の追求は「失敗を運命づけられて」おり、「政治的偶発性が不可避であることを認識し、政治的紛争に向かい合う手段として公共的熟議のプロセスに焦点を当てるような制度の設計」に取り組むべきである、と (Knight and Johnson 1999：579, 580)。「熟議のためのナッジ」もまた、「非政治的でテクノクラティックな解決策」の一例と言える。したがって、ここでは、ナイト／ジョンソンの議論を、「熟議のためのナッジ」の限界およびそれを乗り越えるための民主主義の必要性を指摘するものとして理解しておきたい。

ナイト／ジョンソンの主張は、「一般市民」が各自の「私的利益」を優先した行動をとることを抑制するような「非政治的な」制度的アレンジメントであっても、「政府関係者」がその「私的利益」を優先して行動する可能性を排除できない、というものである。ゆえに、「一般市民」の「合理的選択」の結果としてのフリーライディングを阻止できたとしても、結局、公共財供給は失敗するというのである (Knight and Johnson 1999：580, 582)。以下、彼らがそう考える理由を概観しよう[43]。

ナイト／ジョンソンによれば、政府が課税を通じて公共財を提供しようとするとき、「私的利益」に従う一般市民は、税金を支払わずに公共財を享受しようとする（フリーライディングする）。加えて、一般市民は、たとえ課税がなくとも、自分たちが公共財に付している価値を政府にきちんと伝えないことにインセンティヴを持つ。具体的には、公共財が必要だと思う人はその

第5章　アーキテクチャ

必要性を過大に主張し、必要だと思わない人はその必要性を過少に見積もる。そこで、政府は、公共財供給について一般市民が本当はどう考えているのかについての十分かつ正確な情報を必要とする。しかし、そのような情報を集めることはコストがかかるし、政府介入がもたらす問題性もある。かくして、一般市民と政府との間の「情報の非対称性」が、政府による公共財供給を挫折させる（Knight and Johnson 1999 : 580）。

それでは、一般市民から正確な情報を引き出し、政府を公共財供給のために効率的に作動させることは可能なのだろうか。ナイト／ジョンソンによれば、この問いに答えようとしている理論として、「誘因両立メカニズム論（incentive compatible mechanisms）」がある。この理論の鍵は、一般市民から正確な情報を引き出すことのできる「媒介者（mediator）」の役割にある。媒介者は、ある公共財供給にかかるコストを決定し、それを賄うために一般市民に求められる税負担を定める。そして、一般市民がそのコストを負担しても公共財を必要とすると表明する場合にのみ政府は公共財を供給する、とアナウンスする。かつ、それぞれの市民に、自分が公共財に割り当てている価値を知らせるようにと伝える。以上のような状態が存在する場合、一般市民は、公共財に対して自分が有している価値を正直に明らかにするインセンティヴを持つ。そして、こうして情報を収集した結果、媒介者は、政府が公共財を供給するか否かを決定することができる（Knight and Johnson 1999 : 581）。

さて、以上の説明でうまくいくだろうか。ナイト／ジョンソンは否と答える。なぜなら、「一般市民」の側の私的利益に基づく行動だけではなく、「政府関係者」の側にも同じ問題が発生するからである。政府関係者は、単によ

43）　とりわけ誘因両立メカニズム論の批判に関する、ナイト／ジョンソンの議論は、かなりの程度、ゲイリー・ミラーとトーマス・ハモンドの論文（Miller and Hammond 1994）に依拠したものである。ただし、本章の焦点は、誘因両立メカニズム論そのものの理論的検討ではなく、それを事例として、合理的選択論的観点から見ても、制度設計における「政治」と民主主義を排除することはできない、ということを示すことにある。ミラー／ハモンドも、経済に対する政治の基底性を説いているのであるが、本章冒頭で言及し、本節（3）でも取り上げる「民主主義の優位」の議論も併せるならば、ナイト／ジョンソンの議論の方が、民主主義をテーマとする本書の議論に適していると考えられる。それゆえ、本章では、基本的にナイト／ジョンソンによる叙述を紹介することにする。

き公共財を供給しようとする動機だけを持つのではない。誘因両立メカニズム論によれば、公共財供給の際の予算は、常に「不足（deficit）」か「余剰（surplus）」のどちらかである。この場合に、政府関係者は、予算の「不足」は困るため、「余剰」の確保への明確なインセンティヴを持つ（cf. Miller and Hammond 1994：16-19）。したがって、政府関係者は、公共財を供給するためのコストを過大に見積もり、余った予算も他の目的に充てることによって、余剰を最大化するインセンティヴを持つ（Knight and Johnson 1999：582）。

　ここで、情報の非対称性は反転する。すなわち、公共財供給とそれを支えるための誘因両立メカニズム実施とのプロセスは、「不可避的に、市民をミスリードするために政府関係者が使用することのできる特殊化された情報を生み出す」（Knight and Johnson 1999：582）。当初問題であったのは、「一般市民」が「私的利益」に則って、公共財供給と税負担について正確な情報を表明しないことであった。政府は「媒介者」を通じて、この問題を解決することができるとされた。しかし、今度は、「政府関係者」が（単に公共財を供給したいというだけではなく）「余剰」を確保したいという自らの「私的利益」の情報を「一般市民」に十分に公開しない、という事態が生じるというのである。他方、一般市民の側は、それを監視するインセンティヴも、妥当な情報を集め広めるインセンティヴも持たない。これらの監視や情報収集は、それ自体公共財だからである（Knight and Johnson 1999：582）。

　彼らの見解をまとめると、次のようになる。仮に「一般市民」の私的利益に基づくフリーライディングと情報の秘匿という問題が解決されたとしても、今度は、「政府関係者」の側で私的利益に由来する問題が発生する。すなわち、「政府関係者」は、（公共財供給という）社会的福利を減少させるという意味で非効率をもたらすとしても、なお余剰を確保したいという「私的な」誘因を持つ。そして、このことは、「余剰がどのように配分されるかをめぐる政治紛争が存在する」ことを意味する。ゆえに、「政治」を考慮に入れずに誘因両立メカニズムを設計しようとする戦略は、「空想的（quixotic）」なものとならざるを得ないのである（Knight and Johnson 1999：582）。

(2) 実施・運用段階における問題——制度の多義性

「熟議民主主義のためのアーキテクチャ」には、設計後の問題もある。すなわち、いったん設計され、実施・運用され始めたアーキテクチャが、継続的・恒常的に設計当初に想定された通りに作用するとは限らないのである。その理由としてここで注目するのは、制度の多義性である。制度は多義的であり得るため、ある制度が設計意図の通りに作用し続けることは、必ずしも自明ではない。この点を明らかにするために、以下では、近年の比較政治における歴史的制度論学派の研究成果を参照する。

ヴォルフガング・シュトレークとキャサリン・セーレンは、2005年刊行の論文集の序論において、次のように述べている。すなわち、制度・ルールの制定は「決して完全なものではなく」、「ルールの「理想のパターン」とその下での生活の「実際のパターン」との間に常にギャップが存在する」のであり、制度を設計し制御しようとする人々も「自分たちの創作物〔である制度〕の現実の作動様式について完全に制御することはできない」、と (Streeck and Thelen 2005 : 14, 16)。

その理由として挙げられるのは、次の四点である (Streeck and Thelen 2005 : 14-16)。第一に、ルールの意味は自明ではなく、常に解釈の対象となるからである。ルールが何を意味しているのかについての「共有された理解」は、常に発展させられ維持されなければならない。あるルールが「本当に」意味しているものは、「異なる解釈の間での裁定を課せられた正統な権威の支配によってのみ」確立され得る。しかし、そのような支配自体も、時と状況によって変化するのである。第二に、ルール形成者の認知的限界である。ルールを最も誠実に適用した場合でさえ、それが作られた時に意図されたこととは異なる「予期しない結果」がもたらされ得る。ただし、ルールそのものにフィードバックの仕組みが埋め込まれていれば、設計者は、状況に応じてルールを修正することでそれを持続させることができるかもしれない。第三に、ルールに従う側の人々 (rule taker) も、常にルールに従っているばかりとは限らない。彼女たちは、ルールが実施される中でそれを修正しようと

努めることもある。法律の専門家が法の「抜け道」を指南したり、「冒険的な解釈起業家（adventurous interpretative entrepreneur）」による「好都合な〔解釈の〕発見」は、瞬く間に広まるかもしれない。こうした試みに対応するために、既存のルールにさらにルールを付け加えると、そのことがルールをさらに複雑にし、結果として「創意に富むオポチュニスト（inventive opportunist）」によるルール回避・破壊の機会を拡大してしまうかもしれない。第四に、以上の諸点で挙げられるようなルールからの逸脱の防止・修正には限界がある。というのは、統治する側にとって、ルールからのある程度の逸脱を黙認することが、秩序全体の制御にとって必要なことがあるからである。かくして、制度とは、「進化」するものである。すなわち、それは、設計当初のまま維持されるものではなく、「多様な利益、様々な規範的コミットメント、異なる権力、認知の限界を持った多数のアクターによって、継続的に創作・再創作されるもの」なのである（Streeck and Thelen 2005：16）。

　四つの理由が挙げられているとはいえ、制度の完全な制御の不可能性の基礎にあるのは、一点目の制度の意味が解釈の対象となるという制度理解であろう。この観点は、2010年に刊行されたジェームス・マホニーとセーレンによる論文集でも、制度の恒常的な多義性（ambiguity）として指摘されている[44]。「たとえ制度が公式に成文化（codify）される場合でさえ、それを主導する予期はしばしば多義的なままであり、常に解釈・論争・対抗に従うのである」（Mahoney and Thelen 2010：10-11）。その理由は、そもそも制度とは、諸集団の間の紛争の（それぞれの集団にとっては）「意図せざる結果」だからである。したがって、制度について「自動的とか、永続可能であるとか、自己強化的であるとかいうことはあり得ない」。むしろ、制度の継続性を確保するためには、「政治的支持の継続的動員」とともに、「制度的多義性を自分たちに有利になるように解決しようとする積極的な努力」が必要なのである（Mahoney and Thelen 2010：8-9）。

---

[44]　制度の多義性については、Jackson（2005）も参照。「多義性（ambiguity）」とは、「漠然としていること（vagueness）」や「不確実性（uncertainty）」とは異なり、「制度が二つかそれ以上の特定の意味を帯び得ること」である（Jackson 2005：232）。

以上の歴史的制度論学派の制度理解は、もちろん、本章で検討している「熟議民主主義のためのナッジ」を念頭に置いているわけではない。それにもかかわらず、ナッジについても、その解釈の多義性とその結果としての「推奨」効果の不十分性や変容を指摘し得る。たとえば、「思いがけない発見」のための機会の提供とも見なして、公園を「公共フォーラム」として設計したとしよう。しかし、それは、「公園」をめぐる様々な解釈の一つに過ぎない。よって、制度設計の段階でも、「公共フォーラム」言説がある程度の優位を獲得し、その観点を活かした設計がなされることが必要である。しかし、それだけではなく、実際に公園ができたあとも、それが「公共フォーラム」であるのかどうかは常に「解釈」の対象となり得る。仮に「憩いの場」という解釈が有力になれば、その場をより「魅力的な」ものとするべく有料化するという言説に則って公園の再設計が行われるかもしれない。その場合、公園は、「熟議民主主義のためのナッジ」として期待されていたようには作用しなくなるだろう。

　あるいは、「熟議民主主義のためのナッジ」としてBIが実施されたとしよう。しかし、BIはもともと論争的なアイデアである。いったん実施されたからといって、BIへの疑問や批判が完全に消失するとは考えにくい。そのなかで、BIを「熟議民主主義のためのナッジ」として捉える言説に対して、「バラマキに過ぎない」「怠け者／フリーライダーを増やしてしまう」といった対抗言説によるBI解釈が有力になっていく可能性もある。また、このようなBIへの批判的な言説でなくとも、BIを「熟議民主主義のためのナッジ」というよりは、「貧困対策」として解釈する言説が強くなっていくことも考えられる。

　いずれにせよ、いったん形成された「熟議民主主義のためのナッジ」について、それが自動的に特定の効果を発揮し続けると想定することはできないのである。

（３）アーキテクチャをめぐる熟議民主主義へ

　本節では、「熟議民主主義のためのアーキテクチャ」は、（１）その設計段

階における「政治」の不可避性を排除できず、（2）実施・運用段階においても、当初の期待通りに継続的・恒常的に作用し続けるとは限らない、ということを指摘した。これは、アーキテクチャによる規制を憂慮する立場からすれば「朗報」であろう。しかしながら、「熟議民主主義のためのアーキテクチャ」を「正当なパターナリズム」として認める立場からすれば、これは落胆すべき結論ではないだろうか。すなわち、「熟議民主主義のためのアーキテクチャ」についても、①その設計段階における「政治」の不可避性を排除できず、②実施・運用段階においても、当初の期待通りに継続的・恒常的に作用し続けるとは限らないとすれば、どうすればよいのだろうか。

　この問題を考えるための手がかりとして、一点目の設計段階の「政治」について、これを指摘したナイト／ジョンソンの見解を参照するところから始めてみたい。本節（1）で紹介した通り、ナイト／ジョンソン（Knight and Johnson 1999）は、合理的選択論的な観点からの「非政治的でテクノクラティック」な制度設計論を批判し、「政治」の不可避性を指摘していた。その論理的帰結として彼らが支持するのは、「政治」を考慮に入れた制度設計論の必要性である。それは、「政治的偶発性が不可避であることを認識し、直面する政治紛争の手段として公的熟議のプロセスに焦点を当てるような制度を設計する」こと（Knight and Johnson 1999：579）、あるいは、「政治における「諸利益の争いという厄介な事実」を民主的熟議の圧力に従わせるような民主的制度を同定し確立しようとする」こと（Knight and Johnson 1999：583）を意味する。すなわち、彼らは、制度設計が「政治的」なものとならざるを得ないことを認め、その「政治」を民主的にする必要性を主張するのである。

　しかしながら、なぜ「諸利益の争い」を、他の方法ではなく「民主的熟議の圧力」に従わせるべきなのだろうか。ナイト／ジョンソンは、「民主主義の方法」は「これらの紛争を開かれたものにし、それらの特殊な主張が見られ評価され、より包括的な利益に照らして議論され判断されるようにすることができる」というジョン・デューイの言葉を引用することで（Knight and Johnson 1999：583）、この問いに答えようとしているように思われる[45]。彼らの1999年刊行の論文では、その論拠は、この引用箇所だけであると言って

よい。しかし、のちに彼らは、この問いへの「回答」をより発展させたように思われる。すなわち、2007年刊行の論文（Knight and Johnson 2007）における「民主主義の優位」論を、その成果と見ることができる。本書では詳述しないが[46]、「民主主義の優位」論とは、簡単に言えば次のような議論である。すなわち、民主主義が他の制度——市場、法、権威的関係、官僚制など——に対して強みを持つのは、ある領域・課題における社会的相互作用の調整そのものではなく（「一階の課題」）、当該の領域・課題について、社会的相互作用の調整のためにどのような制度あるいは諸制度の組み合わせに依拠するべきか（「二階の課題」）を決定する場合だ、というものである（Knight and Jonson 2007：48）。なぜなら、民主主義は、既存の状態を見直すことに適しており、そのような意味で「反省性」を担保するものだからである（Knight and Johnson 2007：56-57）。彼らの「民主主義の優位」論を踏まえるならば、なぜアーキテクチャの設計において熟議民主主義なのかという問いに対して、次のように答えることができるだろう。アーキテクチャの設計においては、様々な言説あるいは利益が交錯する。そのなかで行われる設計は、「強力な」言説／利益を反映したものとなる可能性があるため、道徳的な恣意性を免れることができない。その恣意性をできるだけ抑制するためには、諸言説／利益を反省的に精査できるような仕組みが必要である。それゆえに熟議民主主義なのである、と。

　この「民主主義の優位」論は、アーキテクチャの実施・運用段階において、より当てはまるように思われる。本節（2）で述べたように、「熟議民主主義のためのアーキテクチャ」がその設計後もそのようなものとして継続的に作用するという保証はない。したがって、その作用の持続のためには、恒常的な点検・モニタリングが必要となると考えられる。そうだとすれば、そのための手段としても熟議が有用である。なぜなら、「〔民主主義における〕政治的論議は、民主的政体の構成員に、過去の実質的な決定を集合的に再訪するこ

45）　なお、Knight and Johnson（1999）の主たる目的は、デューイの議論を援用しながら、プラグマティズムが民主主義的示唆を持つことを示すことにある。
46）　その紹介は、田村（2011b：148-153）を参照。

とを可能にするだけでなく、彼らの進行中の相互作用の条件（terms）を集合的に再考し修正することも可能にする」（Knight and Johnson 2007：56）からである。

　もちろん、この引用に引き続いてナイト／ジョンソンが述べるように、この民主主義は「新しいアイデア、視座、利益、さらには新しい構成員（constituency）や反対者の発生を許すような政治的議論を構造化する」ものでもある（Knight and Johnson 2007：56）。したがって、アーキテクチャのモニタリングは、他の提案・解釈も存在するなかで行われるものとなるだろう。そうだとすれば、確かに「熟議民主主義のためのアーキテクチャ」がその作用を変容させる可能性も、他のアーキテクチャによって置き換えられる可能性も、最終的には排除できない。しかし、そうした結果が熟議民主主義を通じてもたらされたのであれば、私たちは、それを正統な結果として受け止めるであろう。民主主義とはそのようなものなのである。

　本章の議論は次のようなものであった。第1節では、アーキテクチャと熟議民主主義の関係について考察した。その結論は、両者を対立的に捉えるのではなく、ある種のアーキテクチャ――すなわちナッジ――を、「熟議民主主義のためのアーキテクチャ」として把握する方がよい、というものである。ナッジが有するとされるパターナリズムについても、本章では、それを否定するよりも、自律のための「許容されるパターナリズム」と見なす立場をとった。それでは、具体的にはどのようなものが「熟議民主主義のためのアーキテクチャ」なのだろうか。この問いに答えるべく、第2節では、「公共フォーラム」（サンスティーン）、くじ引き、レトリック、ベーシック・インカムの四つを、「熟議民主主義のためのナッジ」の具体像として考えることができると論じた。ここで、「熟議民主主義のためのナッジ」擁護のための議論は、ひとまず完結しそうに見える。しかし、アーキテクチャについては、その設計者・アーキテクトによる一般市民の管理、それも、知らぬ間に行われる管理が問題とされてきた。この問題をどのように考えるべきだろうか。そこで、第3節では、アーキテクチャの設計をめぐるいくつかの想定を問い直す作業

を行った。アーキテクチャは、誰かの意図した通りに設計できるとも、作用し続けるとも限らない。この点を確認した上で、「アーキテクチャをめぐる熟議民主主義」の必要性を主張した。

　かくして本章の結論は、「「熟議民主主義のためのアーキテクチャ」をめぐる熟議民主主義」というものである。熟議民主主義は、人々の完全な自発的意思に任せておいて生まれるものではない。かといって、熟議に関わる意欲のある人などほとんどいない、と悲観する必要もない。適切な仕掛けがあれば、ある程度の人々は、それなりに熟議に関与する可能性がある。同時に、そのような仕掛けが新たな支配と管理を生むのでは、と過度に警戒する必要もない。仕掛けを作るのは神ではなく人間、それも不可避的に複数の人々であり、ゆえに、そのような人々の「全能」は疑わしく、そうである以上、そこには常に不確実性の余地が残るからである。

　もちろん、不確実性の中で熟議民主主義が必ず発生するとは限らない。たとえば、「アーキテクチャをめぐる熟議民主主義」について、本章では、ナイト／ジョンソンの「民主主義の優位」論を適用して論じた。しかし、民主主義が既存のアーキテクチャの状態のモニタリングを他の原理や制度よりも果たし得ることは、民主主義が不可避的に発生するということと同じではない。後者を実現するための一つの手掛かりは、人々をレトリックによってナッジする人々、言わば「熟議民主主義のファシリテイター」の存在に求めることができるかもしれない[47]。とはいえ、このようなファシリテイターがあらかじめ存在すると常に想定することもできないのである[48]。

　このように、「熟議民主主義とアーキテクチャ」という問題は、究極的なところで不確実性に遭遇する。もっとも、この問題は、民主主義と制度設計全般に当てはまり得る問題である。実際、第7章で取り上げる熟議のための「ミニ・パブリックス」についても、その制度設計をめぐる不確実性の問題は存在する。民主主義論はこの問題について決定的な解答を提示できている

---

47)　ここでは、民主主義のファシリテイターとして専門家の役割を再定義するフランク・フィッシャーの議論や（Fischer 2009）、レトリックを行使する「創造的な改革者」の役割に注目するドライゼクの議論（Dryzek 2000）を念頭に置いている。

とは思われない。しかし、少なくともアーキテクチャが直ちに熟議民主主義の阻害要因となるわけではない、ということを確認できれば、本章の目的はひとまず果たされたことになる。

---

48) 熟議民主主義の発生をめぐる議論の困難を示す、いくつかのその他の例を挙げておこう。まず、熟議民主主義を人々の日常的な対話と相互作用を通じての自己生成的なものとして捉えようとする見解についてである。第6章第1節において、このような見解として、キム・ジョハン／キム・ユンジョの議論を取り上げる（Kim and Kim 2008）。確かに、そのような可能性が理論的に展望できることは、民主主義論にとって歓迎するべきことである。しかし、人々の対話と相互作用そのものがより熟議的な仕組みを作り上げていくというシナリオは、おそらく相互作用がもたらす複数均衡の一つに過ぎない。たとえば、安冨歩と本條晴一郎（安冨・本條 2007；安冨 2008）の言う「ハラスメント」もまた、そのような均衡の一つであると考えられる。

次に、別の議論として、近年のガヴァナンス論を見てみよう。そこでは、ガヴァナンス・ネットワークと民主主義の関係が重要な論点の一つとなっている（Sørensen and Torfing eds. 2008）。その際、ガヴァナンス・ネットワークが必然的に民主的であるとは限らないとの認識の下に、その民主化を達成するための政治家や公務員の役割や、その意味での「メタガヴァナンス」の重要性が主張される（cf. Sørensen and Torfing 2009）。しかし、この議論も、メタガヴァナンスの不可避的発生を論証しているわけではなく、その必要性を論じているにとどまる。政治家や公務員が民主化を促進する方向で行動するかどうかは、様々な文脈に依存するだろう。

第Ⅲ部

問題としての思考枠組

第Ⅲ部　問題としての思考枠組

　第Ⅲ部では、親密圏（第6章）、ミニ・パブリックス（第7章）、自由民主主義（第8章）の三つを熟議民主主義の阻害要因として取り上げる。ただし、これらを第Ⅲ部でまとめて取り挙げる主たる理由は、これらそのものが熟議を阻害するからというものではない。もちろん、そのように考えることも不可能ではない。たとえば、親密圏の特徴である親密性そのものが熟議と相反するという見方は可能である。また、ミニ・パブリックスのように制度化されることそのものが熟議の可能性を限定してしまうのだという理解もできる。同様に、自由民主主義の原理ないし制度そのものが——たとえば、その投票中心性によって——熟議の可能性を切り詰めてしまうのだと説くこともできる。以下の各章の考察にも、このような考え方は一定程度反映されている。しかしながら、強調しておくべきことは、第Ⅲ部の各章が第Ⅲ部としてまとめられている根本的な理由は、次の点に求められるということである。すなわち、親密圏、ミニ・パブリックス、自由民主主義といった概念をめぐる私たちの思考枠組こそが熟議民主主義の可能性を阻んでいるのではないだろうか。

　「私たちの思考枠組」とは、次のようなことである。私たちは、「親密圏」や「家族」あるいは「私的領域」といった概念を思い浮かべる時、「熟議とは関係がないもの」あるいは場合によっては「熟議などない方がよいもの」といった想定を、意識的であれ無意識的であれ抱いていないだろうか。私たちは、「熟議民主主義」と聞いた時、一般の市民が集まって特定のテーマについて議論を行うフォーラム・制度を思い浮かべていないだろうか。私たちはまた、「熟議民主主義」と聞いた時、私たちが生活している「自由民主主義」の政治体制の下でのそれを思い浮かべていないだろうか。本書では、こうした想定や想起を「思考枠組」と呼んでいる。

　第Ⅲ部で論じるのは、これらの「思考枠組」こそが熟議民主主義を限定的に理解することにつながり、その結果、熟議民主主義をめぐる思考や研究の発展を阻んでいるのではないか、ということである。第6章では、親密圏における熟議を検討することによって、「私的」とされるような領域においても熟議民主主義を考えることができることを示す。第7章では、熟議＝ミ

ニ・パブリックスではなく、熟議民主主義をより広く考えることができるし、そうするべきであることを示す。最後に、第8章では、自由民主主義という枠組みの下で熟議民主主義を考えるのではなく、両者の関係を逆転させることを提案する。すなわち、近年の「熟議システム」概念の意義を検討することを通じて、熟議システムの類型の一つとして自由民主主義的なそれがあると考えることができることを示す。このようにして、熟議を阻んでいるのは、実は熟議をめぐる私たちの思考枠組ではないかということを示すことが、第Ⅲ部の目的である。

第Ⅲ部　問題としての思考枠組

第6章
親密圏

　親密圏（intimate sphere）とは、見知らぬ他者ではなく、よく知っている慣れ親しみのある人々から成る場である。具体的には、家族、友人関係、恋愛関係などを指す[1]。

　第Ⅲ部冒頭でも少し述べたように、「親密圏」そのものが熟議と相反するものに見える。親密圏においては、程度の差こそあれ、愛情、友情、ケアの感覚など、必ずしも合理的な思考に還元できない「親密な」感情に基づいて、人々の関係性が形成されると想定される。もしも親密圏がそのようなものだとすれば、親密圏における熟議民主主義への違和感が生じることも、それほど奇妙なことではない。親密圏が「慣れ親しみ」や「合理的な思考に還元できないような感情」によって特徴づけられる場であるとすれば、単に熟議が成立しにくいだけではなく、そもそも熟議などというものは親密圏において望ましくないものなのではないだろうか。言葉にしなくても分かり合えるからこそ「親密な」関係なのである。理性的な論証や（たとえ感情的要素が含まれていても）人々の反省を促すような熟議は、そもそも親密性が存在していないことを意味するか、あるいは、存在するとされた親密性の破壊をもたらすだけなのではないだろうか。これを熟議民主主義の側から見れば、親密性は熟議の阻害要因ということになるだろう。

　ただし、やはり第Ⅲ部冒頭で述べたように、熟議と親密圏が相容れないと

---

[1]　本章で言及する事例の多くは「家族」である。よって、「親密圏」概念が「家族」概念への批判・克服として提起されたことを無視・軽視しているという批判があるかもしれない。しかし、「家族」以外の親密圏においても、それが複数の人々に関わる限り熟議は必要であり、かつ、「性別分業」の問題が自動的に解消するわけではない。したがって、本章の議論は、「家族」以外の親密圏においても当てはまると考えられる。なお、家族と親密圏の異同について、齋藤（2000：92-5）、Roseneil and Budgeon（2004）をも参照。

見なされることの根本的な理由は、「親密圏は政治／民主主義の場ではない」という私たちの思考枠組に求められる。そもそも政治学において、親密圏がそれ自体として研究されることは少ない[2]。政治学は、主として国家・政府（に関わるプロセス）を研究する学問分野と見なされてきたからである。他方、親密圏に関する研究は、フェミニズムにおいて精力的に行われてきた。フェミニズムは、政治学が無視してきた親密圏にこそ「政治」があることを明らかにした。ただし、その「政治」概念は、多くの場合、政治学者が想定する「政治」とは異なっていた。そのため、とりわけ日本においては、政治学者の関心を十分に引くことはなかったのである（田村 2009a：序論）。

以上を踏まえ、本章では、親密圏もまた熟議民主主義の場であり得ることを示す。その際、本章では、親密圏固有の構造特性が熟議の阻害要因となり得ることについても指摘する。そのことを踏まえた上で、それでも親密圏における熟議民主主義を可能にするための条件を探究する。こうした作業を通じて、「親密圏は熟議の場ではない」という私たちが抱いている思考枠組そのものを問い直す[3]。

以下では、まず、親密圏における熟議とは何かを概観する（第1節）。次に、親密圏におけるコミュニケーションが「熟議」であるかどうかの判断基準（正当性の基準と呼ぶ）を検討する（第2節）。さらに、親密性が熟議の阻害要因となり得る可能性、すなわち、正当性の基準を満たさない（つまり熟議ではない）コミュニケーションをもたらす親密圏の構造特性を指摘する（第3節）。最後に、親密圏における熟議民主主義を促進するための方策を検討する（第4節）。

第1節　親密圏における熟議——その二つのパターン

親密圏における熟議には、「親密圏〈からの〉熟議」と「親密圏〈をめぐる〉熟議」の二つタイプがあると考えられる。以下で、順に説明しよう。

---

[2]　日本における例外として、齋藤純一（齋藤 2000；2003）や岡野八代（岡野 2009；2012）の研究がある。また、「民主的家族」とは何かについて考察した、田村（2015c）も参照のこと。

（1）「親密圏〈からの〉熟議」としての「日常的な政治論議」

「日常的な政治論議 (everyday political talk)」とは、日常生活の様々な場で親しい人々の間で行われる、「政治」についての意見交換や議論のことである。パメラ・J・コノーヴァーらは、少人数の人々を集めて特定のテーマについて議論するフォーカスグループへのインタビューなどの実証研究によって、日常的な、その意味で「私的な」場所でこそ、政治的な争点についての議論がかなり頻繁に行われていることを明らかにしている。「日常的な政治論議」は、次の二つの特徴を持つ (Conover, Searing and Crewe 2002：37)。第一に、それは、それなりに熟議的と言える内容を持っている。確かに、「私的な」場における「日常的な政治論議」は、誰にでも開かれたアクセス可能なものではない。だからといって、それが、より「公的な」場における政治論議よりも、「議論の程度が低く」、「公的理由 (public reason) に依拠することもない」とは言えない。「私的な議論が何らかの熟議的価値を持つ可能性を見失うべきではない」。第二に、それは、より公的な場における熟議を活性化するための基礎となり得る。コノーヴァーたちによれば、「私的な場では政治的論議を

---

3) 本章は、田村（2010c）を加筆修正したものだが、親密圏に関する私自身のこれまでの研究との関係では、本章（および田村 2010c）の議論は次のように位置づけられる。私は、田村（2009a）において、国家・政府や公共圏・市民社会だけではなく、家族においても「政治」が存在すると考えるべきであると論じている。また、田村（2008：135-138）においては、親密圏における問題解決としての熟議民主主義があり得ることを指摘している。ただし、田村（2009a）では、「政治」という場合に熟議民主主義にのみ焦点を当てていたわけではない。そこで扱われていたのは、「複数の人間に関わる集合的な意思決定」としての「政治」全般である（田村 2009a：6）。このような意味での「政治」はフェミニズムにおける通常の「政治」「ポリティクス」概念とは異なる、というのが私の主張であった。また、田村（2008）における親密圏における熟議についての記述は、なおも端緒的なものであり、親密圏においても熟議があり得ることを示唆するにとどまっていた。これらの私自身のこれまでの研究に対して、本章では、親密圏における「熟議」に明確に焦点を定め、親密圏と熟議との相反可能性をより考慮に入れた形で、検討を行う。すなわち、本章においては、親密圏が、それ以外のより公開性の高い他の空間と比較した場合に、固有の構造特性を持っており、そのことが熟議の重大な阻害要因となり得る可能性が指摘される。したがって、本章は、親密圏における熟議の可能性を考える際には、こうした制約要因をどのように緩和・克服できるのかという問題を真剣に考慮に入れなければならないと考え、この問題に重点的に取り組むことになる。このような考察を通じて、田村（2008）で提起された、親密圏における熟議民主主義を通じた問題解決の構想は、その困難性も含めた形でより精緻化されることになると考えている。

行わないが、公的な場では行う」という人は、アメリカ（1.9 パーセント）でもイギリス（0.3 パーセント）でもほとんどいない。確かに「私的な」場で論議するからといって、「公的な」場でも必ず論議するとは限らない。しかし、「私的な」場で論議しない人は、「公的な」場でも論議しないであろう。そうだとすれば、「頻繁な私的な場での論議は、公的な場での論議の必要条件であるように思われる」。

　「日常的な政治論議」がより広範な熟議民主主義にとっての基礎となることを、より理論的に考察しているのが、キム・ジョハン／キム・ユンジョである（Kim and Kim 2008）。彼らは、「日常的な政治論議」は、熟議民主主義の「根本的基礎」であると主張する。人々は日常的な政治論議を通じて、自分の利益、他者が欲しているもの、何が共通善に適合的なのかを知る。よって、「日常的な政治論議は、理想的な熟議でも理性的でもないかもしれないが、市民が自らのアイデンティティを構成し明らかにし、他者を理解し、熟議のためのルールと資源を生み出し、自らの意見を強化し、家庭内の空間を公的領域に変容させ、自分たちの私的な生活を政治世界に架橋するための、おそらくは唯一の実践的な方法である」。このように、「日常的な政治論議」を、熟議民主主義のために必要な諸要素——ルールと資源、主体、空間——を生み出すものとして理解することで、熟議民主主義をそれ自体のためのルールや資源を生み出す自己規制的システムとして捉えることが可能となる。熟議を成り立たせるためのルールや資源は外在的に提供されるべきものではなく、日常的な政治論議を通じて生産・再生産されるものなのである[4]（Kim and Kim 2008：54, 66, 59-60）。

　コノーヴァーたちやキム／キムが念頭に置いている「日常的な政治論議」を、本章では、「親密圏〈からの〉熟議」と呼ぶ。なぜなら、彼らは親密圏という「日常」の中で行われる論議が、どのようにして、その外部のより「公的な」領域——この場合、そこには国家・政府はもちろんのこと、市民社会

4）　キム／キムは、アンソニー・ギデンズの「構造化理論」を基礎とした理論化を行っている。彼らも参照している通り、構造化理論に依拠して熟議の生成を理論化したものとして、Burkhalter, Gastil and Kelshaw（2002）がある。

における討論会なども含まれる——と関連づけられるのか、という点に主たる関心を持っているように思われるからである。そのことは、とりわけコノーヴァーたちにおいて明確である。なぜなら、彼女たちの言う日常的な「政治」論議とは、通常想定される意味での「政治」についての論議だからである。キム／キムの場合は、「家庭内の空間を公的領域に変容させ」(Kim and Kim 2008 : 66) という表現に見られるように、もう少し広い意味で「政治」を考えているように思われる。しかし、彼らにおいても、主たる関心は、「日常的な政治論議」が、その外部におけるより「公的な」熟議生成の基礎となる点に向けられている。

（2）「親密圏〈をめぐる〉熟議」としての「日常的な話し合い」

　親密圏を舞台とした熟議には、「親密圏〈からの〉熟議」とは異なるものもある。それを、本書では、「親密圏〈をめぐる〉熟議」と呼ぶ。それは、親密圏において生じる出来事そのものを対象として行われる熟議である。「親密圏〈からの〉熟議」との対比で重要なことは、この熟議／対話は、たとえその外部の市民社会や国家・政府へと媒介されなくても固有の意義を持つ、ということである。「政治」を集合的に拘束する意思決定と定義するならば、「親密圏〈をめぐる〉熟議」は、親密な関係にあるとされる人々の間に発生する紛争・問題の解決のために、当該の人々たちによって行われる意思決定のための方法を意味する。この場合、親密圏は、このような意味での集合的意思決定の場としての国家・政府へと利益や意見が媒介されるべき場であるだけではなく、それ自体もまた集合的決定の場という意味での「政治」の場となっているのである。第8章では、親密圏を、よりマクロな「熟議システム」の構成要素の一つであるとともに、それ自体が一つの「熟議システム」でもあるものとして——この意味で「入れ子型の熟議システム」の構成要素の一つとして——把握し直すことになる。ここでは、社会学・社会理論と政治学において、このような「親密圏〈をめぐる熟議〉」がどのように論じられているかを確認する。

第 6 章　親密圏

①社会学・社会理論の場合——ベック–ゲルンスハイムの「ポスト家族的家族」論

　このタイプの熟議の重要性は、近年の社会学・社会理論において、「親密圏／家族の変容」という文脈で論じられている。ここでは、エリーザベト・ベック–ゲルンスハイムの議論を見てみよう[5]。現代社会において、親密圏としての家族を構成する人々が「分離した個人」となっている。彼ら／彼女らは、異なる期待と利益を通じて家族に結びついており、異なる機会と責任を経験している」。こうした家族の「個人化」の中で、「日常生活の企画化(staging of everyday life)」が起こる。すなわち、

> 互いに引き裂き合う傾向にある人生の歩みをまとめるために、〔家族間で〕一層の調整が必要とされる。したがって、様々な次元で家族は、日常的な「均衡を保つ行為(balancing act)」あるいは永続的な「自力での組み立て作業(do-it-yourself)」のプロジェクトになる。日常的な家族生活の特徴は、徐々に変化しつつある。すなわち、人々は、かつては疑う余地のない規則やモデルに依拠することができたが、今日では、ますます多くの決定がなされなければならない。ますます多くのことが、交渉され、計画され、個人的にもたらされなければならない。資源配分や家族構成員の間の公正性といった問題の発生の仕方は、とりわけ重要である。すなわち、どの責任が誰に配分されるべきなのか、そのコストをだれが負うべきなのか、どの要求が優先性を持つのか。どの望みが後回しにされなければならないのか、と[6]。(Beck-Gernsheim 1998：59)

---

[5]　そのほかに、家族における民主主義についてのアンソニー・ギデンズの議論も重要である。ギデンズは、公的領域における民主主義の定義は家族や親密圏においても当てはまるとした上で、「民主的家族」の定義に「コミュニケーションによる意思決定」を含め (Giddens 1998：93＝1999：160)、「個人生活の民主化」においても、「自分たちの関係性 (association) の状態の決定」に諸個人が関わり、その際には「他者の判断」も「信じるに足る、道理に基づいた」ものとして受け入れるべきことであることを、その重要な構成要素の一つとして挙げている (Giddens 1992：185, 189-190＝1995：272, 278-280)。

[6]　ただし、「伝統的な家族」は消滅するのではなく、独占的地位を失い、様々な新たな生活形態の一つとなる。それが「ポスト家族的家族」である (Beck-Gernsheim 1998：67-68)。

このように、「家族」とは今や、その構成員それぞれの「自分自身でやること」の関係を交渉・選択・決定するものである。それは、「家族」の構成員の間に発生する諸問題が、その都度、その構成員たち自身によって解決されなければならないことを意味している。すなわち、家族そのものが「政治」の場となっているのである。

②政治学・政治理論の場合――マンスブリッジの「日常的な話し合い」論

　政治学・政治理論において「親密圏〈をめぐる〉熟議」を論じたものは少ない。その中で特に注目されるのは、ジェーン・マンスブリッジの「日常的な話し合い（everyday talk）」論である。マンスブリッジは、家庭、職場、友人たちが集まる場などにおける「日常的な話し合い」を、国家などの公式の制度も含めた「熟議システム」の重要な構成要素として考えるべきと主張する。「日常的な話し合い」の場には、「キッチンやベッドルーム」も含まれる（Mansbridge 1999：229, n. 2）。「日常的な話し合い」は、常に熟議的とは限らない。それは議会等における公式の意思決定とは異なるし、「その争点の議論あるいは解決に国家を巻き込む必要はない」。それにもかかわらず、当該の人々に関係する事柄について「集合的決定」をもたらすという意味で、「日常的な話し合い」は、確かに「政治的なるもの」として定義される[7]（Mansbridge 1999：211, 214-215）。

　「日常的な話し合い」は、「日常的なアクティビズム」にもつながる。通常、アクティビズムとは、社会運動などを通じて社会変革を目指す活動を指す。しかし、「非アクティビスト」が「日常的な話し合い」を通じて、「他者の行動あるいは信念を変化させる」可能性もある（Mansbridge 1999：217-218）。そのような「日常的アクティビズム」の事例として、マンスブリッジは、フォーカスグループの討論における、シカゴに住むある黒人女性の次のような発言を紹介する。彼女自身はシカゴ生まれのシカゴ育ちだが、親戚たちは皆

7）　マンスブリッジは、「個人的なことは政治的である」の意味を、「男性支配の構造」ではなく、「日常生活」における「公的な議論」に焦点を当てる形で再解釈している（Mansbridge 1999：215-216）。私自身の同様の試みとして、田村（2009a）の特に第3章をも参照。

（伝統的な慣習が残る）南部の出身である。ある時、彼女たち夫婦は、その親戚たちが集まるディナーに出席した。そこで、他の親戚夫婦の妻たちは、その夫たちの料理を持ってくるために一斉に台所に向かった。それを見た彼女の夫は「君も僕の料理を持ってきてくれる？」と尋ねた。それに対して彼女は、「私は家ではあなたの料理を持ってくることはしない。それなのにどうしてここではやらなければならないのか」と尋ね返した。その後、彼女の言動を見た他の女性たちも料理を持ってくるのをやめた。彼女いわく、彼女の言動は、料理を運ぶという伝統的な女性役割から「他の女性を解放する結果となった」。この普通の黒人女性の言動について、マンスブリッジは次のような解釈を与えている。

> この小さな行為——発話と、この場合には予想された行動を行わないこととの組み合せ——によって、非アクティビスト〔であるこの黒人女性〕は、「解放する（liberating）」という動詞が示しているように、相対的に新しいジェンダー正義の理想を推進するために彼女自身と他者の人生に介入したのである。彼女は、自分の行為と言葉によって他者に影響を及ぼそうとした。彼女は疑いなく、彼女が行動した争点は公衆が議論するべき争点だと信じてもいたのである。（Mansbridge 1999：218）

　この黒人女性の発言（どうして私がやらなければならないのか？）は、「日常的な話し合い」としてなされたものである。しかし、それは、「ジェンダー正義」推進のための自分と他者の両方への介入を伴っていた。そこには男女の非対称的な関係を議論によって変化させようとする試みが存在する。そうだとすれば、それは、確かに集合的な結果をもたらす「政治的なるもの」である。このように、マンスブリッジは、日常生活における「日常的な話し合い」に、「政治的なるもの」としての熟議を見出したのである。
　ただし、マンスブリッジの議論には不十分な点も存在する。確かに彼女は、親密圏における「日常的な話し合い」に「政治的なるもの」を見出した。これは、「個人的なものは政治的である」というフェミニズムによる問題提起

をマンスブリッジなりに受けとめ、政治学・政治理論における政治理解を刷新しようとする試みとして理解できる。それにもかかわらず、彼女は、ここで取り上げた 1999 年の論文以後のより近年の諸論文（Mansbridge 2007 ; Mansbridge *et al.* 2012）においても、親密圏における集合的意思決定——その意味での親密圏における「政治」——の存在という発想を採用することに、依然として慎重であるように思われる。詳しくは第 8 章で論じるが、マンスブリッジは、親密圏をそれ自体として集合的意思決定の単位、すなわち「政治」の単位として見ることを避けようとするのである。このことは、彼女が——たとえ、親密圏に「政治的なるもの」を見出したとしても——依然として「政治」を国家・政府中心的に考えていることを示しているように思われる。このように、マンスブリッジの議論は、自らが提起した「親密圏〈をめぐる〉熟議」の把握を徹底化しきれていないという点で問題を抱えている。

　第 8 章では、以上のようなマンスブリッジの不十分な点を克服し、親密圏が「親密圏〈をめぐる〉熟議」も行われ得る場であること——その意味で親密圏もまた「政治」の場であること——を明確化するために、親密圏も国家と同じく「熟議システム」の一つであり、国家や親密圏を含む様々な熟議の場は、それぞれ、一方で他の（より上位の）「熟議システム」構成要素の一つであるとともに、他方でそれ自体として一つの「熟議システム」である、と論じる。とはいえ、ここでは、マンスブリッジの議論が政治学・政治理論における「親密圏〈をめぐる〉熟議」について最も踏み込んだ議論を提起したものであることを確認しておきたい。

第 2 節　熟議の（非）正当性の基準——プレビシット的理由・私的理由・沈黙

（1）「プレビシット的理由」と「私的理由」

　しかしながら、実際に「日常的な話し合い」が行われること、あるいは、親密圏の変容のなかでコミュニケーションや調整の必要性が増していること

第 6 章　親密圏

が、直ちに、それらが熟議であることを意味するわけではない。だからこそ、マンスブリッジは、単に「日常的な話し合い」の存在を指摘するだけでなく、それが「熟議」と呼び得るものであるかどうかについて、エイミー・ガットマン／デニス・トンプソンが掲げる熟議民主主義の三つの正当性の基準を適用し、「日常的な話し合い」がこれらをどの程度満たし得るかについて検討しているのである（Mansbridge 1999）。

　本章も、親密圏におけるコミュニケーションが熟議的であるかどうかの基準を設定し、その基準に基づいた検討を行うことは重要であると考える。それが重要である理由の一つは、このような基準の設定によって、「日常的な話し合い」が本当に「熟議」であるのかを評価することができるからである。これに加えて、もう一つの理由として、熟議のための基準を適用して「日常的な話し合い」を考察することを通じて、親密圏をも熟議民主主義の一つの場として考えることが可能であることを遂行的に示すことができる、ということも挙げられる。すなわち、もしも親密圏におけるコミュニケーションを、他の場所における熟議と同じ基準を用いて扱うことができるならば、その時、私たちの「親密圏と熟議は関係がない」という思考枠組は見直しを求められているはずであると考えられる。

　ただし、熟議の基準を考える場合に本章では、上記のガットマン／トンプソンによる正当性の基準ではなく、シモーヌ・チェンバースの議論（Chambers 2004 ; 2005）を参照する。その理由は、チェンバースが熟議における「公開性（publicity）」概念を二つの要素に分解して考察していることが、親密圏における熟議の困難性を理解するために有用であると考えられるからである。しかし、本章は、単にチェンバースの枠組を準用するだけではない。それに加えて、もう一つの正当性の基準、すなわち「沈黙」を付け加えることで、チェンバースの議論を修正することも、本章の目的である。

　さてチェンバースによれば、ある議論が熟議的であるためには、次の二つの要素が必要である。一つは、「ソクラテス的メカニズム」である。これは、自分の主張をできるだけきちんと説明することであり、「理由づけ（reasoning）」の強固さに関わっている。もう一つは、「民主的メカニズム」で

ある。これは、自分の主張をできるだけ一般的に受け入れられるように提起することであり、アピール（受容可能性）の範囲の広さに関わっている。この二つのメカニズムの作動は、議論の場が開かれているか閉じられているかによって、異なる。一方で、開かれた場における議論では、民主的メカニズムはよく働くが、ソクラテス的メカニズムは働きにくい。すなわち、「浅薄な理由づけ（shallow reasoning）」が中心となる恐れがある。このような理由づけは、「プレビシット的理由（plebiscitary reason）」と呼ばれる[8]。他方で、閉じられた場における議論では、ソクラテス的メカニズムはよく働くが、民主的メカニズムは働きにくい。すなわち、各自の私的利益の間のバーゲニングだけでなく、「党派的」あるいは「包括的だが、一般民衆に広く共有されていない世界観に埋め込まれた」理由が威力を発揮する恐れがある。これが「私的理由（private reason）」の支配である。それは、広く一般に受け入れられる「公的理由（public reason）」と区別される。

　以上のような両者の欠点を認識した上で、チェンバースは、その克服の方向性を提示する。一方で、公開の場については、浅薄な理由づけの跳梁跋扈を抑えるべく、「熟議的レトリック」の必要性が説かれる。他方で、非公開の場については、狭い私的理由を抑制するべく、可能な限り多様な見解がその場に代表されるべきことが主張される。しかしながら、親密圏における熟議／対話の問題は、ソクラテス的メカニズムと民主的メカニズムのどちらかではなく、その両方が働きにくい、という点に求められるのではないだろうか。チェンバースの示す四象限の図において（Chambers 2004：395；2005）、親密圏は、「プレビシット的理由と私的理由」、つまり「浅薄な理由づけと狭い範囲へのアピール」に当てはまると思われる。以下、この点について、具体的に説明してみたい。

　まず、「プレビシット的理由」についてである。特定の慣れ親しんだ人々の間の関係・空間である親密圏は、相対的に閉じられた場である。それにも

8）「プレビシット」は国民投票の意味だが、その中でもとりわけ、独裁者や強権的な政治リーダーが自己に都合のよい決定を行うために民意を利用するために用いられるものを指すことが多い。

かかわらず、開かれた場における議論と同様に、「浅薄な理由づけ」が浸透する可能性がある。チェンバースは、「プレビシット的理由」をもたらすコミュニケーション戦略として、「操作」「迎合（pandering）」「イメージの維持」を挙げている。これらは、親密圏においても行使される可能性がある。

　まず「操作」とは、デマゴギーのことである。それは、（意図的な）誤報、扇動的なレトリック、お世辞・ご機嫌取りなどの形態をとる。親密圏における「操作」として、たとえば、夫が（主婦の）妻に「お前は俺がいなければ何もできないのだ」（扇動的なレトリック）、「男は仕事以外のことはできないのだ」（誤報）、などと言い続けることを挙げることができる。次に「迎合」とは、聴衆が望むことを言うことであり、「操作」の鏡像である。親密圏における「迎合」として、やはり夫が妻に、「お前がいなければやっていけないのだ」「女性はこまごまと気がついて立派だ」などと言うことが考えられる。最後に、「イメージの維持」については、家族内においては権威的かつ時に暴力的にふるまう夫が、家族以外の人々には「よいご主人」としてイメージされている場合などを考えることができる。

　次に、「私的理由」について述べよう。私的理由は閉じられた空間において発生しやすいとされるが、親密圏も例外ではない。たとえば、「夫はよく手伝ってくれる」と述べる妻の例を考えてみたい。この発言は、夫の家事・育児への関わりを正当化するものと言うことができる。しかしながら、ここでは、そもそも「手伝ってくれる」という発想自体が問題なのではないか、つまり、男女間での性別分業自体が問題なのではないか、という視点は欠落している。あるいは、妻に対して「君が働きたいならば協力するよ」と言う夫の場合はどうだろうか。一見、彼は「理解のある」夫のようである。しかしながら、ここでは、女性にだけ「働く」と「主婦になる」という「選択肢」があることの問題性、つまり性別分業の問題性は、括弧に入れられている。その上で、「理解のある（reasonable）」発言がなされているのである。いずれの例においても、本人たちの発言は、その局所性を十分に理解しないままに発せられているという点で、「私的な」発言と言うことができる。

　以上のように、親密圏においては、自分の発言についてきちんとした説明

がなされない(プレビシット的理由)上に、個別的な理由づけが威力を持ってしまう(私的理由)傾向があると言うことができる。

(2) (非)正当性の基準としての「沈黙」

ただし、親密圏における熟議／対話の困難を把握するためには、チェンバースの基準だけでは不十分である。なぜなら、親密圏においては、その他の場——たとえば公共圏や市民社会——以上に、「語ることができない」ことが深刻な問題となり得るからである。したがって、本章では、親密圏における熟議の(非)正当性の第三の基準として、「沈黙」を付け加えることにしたい。

親密圏における、とりわけ女性の「沈黙」については、フェミニズムにおいて多く議論されてきた。まず、江原由美子の次のような指摘を参照してみたい。

> 男性たちは、女性たちが学んでいる〔家事や育児などの〕活動の必要度への認知を、けっして真面目には受け取らない。女性から学ぼうとはしない。実のところ、この男性が女性からは何も学ぼうとしないということこそ、男女の権力関係をもっとも直接的に示しているのであるが、学ばないから男性は何もしない。だから安心して任せられる態勢が整わない。だから、女性は自分でやり続ける。(江原 1991：120-121)

江原は、男女間の非対称的な関係を「学ぼうとしない」という言葉で表現している。男性は、家事や育児に関わる女性を見ても、自分に引きつけた形でそこから「学ぶ」ことはない。男性が「学ぶ」姿勢を見せない以上、彼が家事や育児の場にいようといまいと、女性にとって変わりはない。だから「女性は自分でやり続ける」。

重要なことは、「自分でやり続ける」女性は、それを「語る」ことができない、ということである。萩原久美子が描き出す、次のような専門職共働き夫婦の事例を見てみよう。

夫は一歳年上の会計士、樹里さん〔司法書士〕と同じく専門的な資格をもち、大きな事務所で仕事をしている。それだけに樹里さんには、この年齢が夫のキャリアにとって一つの勝負どきであることが、手にとるようにわかる。……わかっているからこそ樹里さんは、「いまはあきらめて、育児に協力して」とは言えなかった。定年をまえにして「あのとき、もっとやっていれば」と、夫に後悔させたくはなかった。悲しい現実だが、男性の昇進・昇格が優先される現状では、組織の流れからはずれた男性は、女性よりも失うものが大きい。……だからいまは、育児の責任は自分がひきうけよう。けれども、そう覚悟した樹里さんの思いをうけとめる人はいなかった。夫はあたりまえのように仕事にでかけ、深夜に戻る。自分は育児と家事に奔走し、時間に追われ、キャリアに将来の夢も描けない。「私がひきうけた現実に対し、いったい、夫は私のなにをひきうけてくれるのか」。伝えたかったのはそのひと言だった。（萩原 2006：53-54）

ここでは、妻（樹里さん）の「自分がひきうけよう」という決定は、夫婦間の対話の結果としてなされたものではない。そうではなくて、彼女が夫の状況を配慮（ケア）した結果、語ることのないままに「引き受ける」という決定が行われたのである。しかも、夫はそのことから何も「学んで」いない。

以上のように、「語ることができない」こと、すなわち「沈黙」の問題にどのように向き合うのかという点も、親密圏における熟議においては重要な論点となるのである。

第3節　熟議の阻害要因——親密圏の構造特性

次に検討するのは、前節で論じた三つの状態、すなわち「プレビシット的理由」「私的理由」「沈黙」はなぜ生じるのか、という問題である。その原因は、「非公開性」「非制度性」「不平等性」という親密圏の三つの構造特性に求めることができる。

第Ⅲ部　問題としての思考枠組

（1）非公開性

　第一に、「非公開性」についてである。前節で述べたように、非公開の場では、メンバーが限定されているために、「私的理由」の優位がもたらされがちである。親密圏におけるコミュニケーションは、定義上、特定の慣れ親しみのある人々の間で交わされるものである。つまり、より公式の場におけるコミュニケーションに比べて、多くの人々に開かれたものとは言えず、非公開性の程度が高いと言える。親密圏のこのような構造特性は、「理由づけ」の範囲を相対的に狭いものに（つまり「私的な」ものに）する可能性を高める。

（2）非制度性

　第二に、親密圏は「非制度性」という構造特性を持つ。親密圏における熟議は、法などの公式のルールによって規制されたものではない。もちろん、その構成員の中である程度「会話の作法」のようなものが慣習的ないし意識的に形成されていることもあるだろう。しかし、その場合でも、そのような「ルール」が当事者の言動を規制する度合いは、より公式のルールのそれよりも低いと考えられる。親密圏のこの「非制度性」は、次の二つの帰結をもたらし得る。一つは、「プレビシット的理由」の優位である。とりわけ、「操作」的なレトリックが浸透する可能性がある。もう一つは、「沈黙」である。コミュニケーションの規制の程度が低い状況では、一方の「強い」立場にある者は自らの主張をより強力に展開し、他方の「弱い」立場にある者は語ることができない、という状況が発生しやすい。とりわけ、前節で取り上げた江原や萩原の記述が示すように、男女間の関係を構造化する「ジェンダー秩序」への制度的規制が効きにくいことが、女性の「沈黙」をもたらしやすいと考えられる。

（3）不平等性

　第三に、「不平等性」という問題がある。「非公開性」「非制度性」の下で正当な熟議が成立しづらいこと、とりわけ、前節で見た親密圏における性別分

業をめぐる女性の「沈黙」の究極的な理由は、男女間の「不平等性」にあると見ることができる。そこで問題は、女性に「沈黙」をもたらすような不平等はどのようなものか、ということである。

この問題に答えるために、江原の「ジェンダー秩序」と「ジェンダー体制」の議論を参照したい。「ジェンダー秩序」とは、性別に関わる規則的な社会的諸実践の規則的パターンのことである。「性別分業」はジェンダー秩序の一つであり、「「女」という性別カテゴリーと「家事・育児」あるいは「人の世話をする労働」を結びつける強固なパターン」である（江原 2001：127）。「ジェンダー体制」は、通常「制度」と呼ばれるものであり、その中には、「家族」とともに「国家」「職場」「学校」「法律・諸制度」「社会的活動」などが含まれる。「ジェンダー秩序」（としての性別分業）は、それぞれの「ジェンダー体制」において「その場面に適した社会的カテゴリー」を人々に与え、そのカテゴリーに即した社会的実践を行うよう人々を方向づける。すなわち、性別によって異なる行動とそれへの期待を生み出す（江原 2001：199、183）。「ジェンダー秩序」としての「性別分業」は、「家族」という「ジェンダー体制」においては、夫を有償の労働への従事に、妻を無償の家事・育児・介護への従事に、それぞれ方向づけるという形で表れると見ることができる。

問題は、「性別分業」としての「ジェンダー秩序」が、どのようにして「家族」という「ジェンダー体制」において、「プレビシット的理由」「私的理由」「沈黙」をもたらすのか、という点である。この点に関して、江原は、「性別分業」における家事・育児や「人の世話をする」という活動は、つまるところ「他者の活動を下支えする役まわり」「他者の欲求に即してその手助けをしたり環境を整えたりする活動を行う役まわり」なのだと言う。だからこそ、「男」は「女」を「自分の目的とする事態の実現に向けて、動員できること」を、「かなり確実に、見込むことができる」。なぜなら、「女」は、「他者の必要や欲求を実現する活動」を行うことと、結びつけられている」からである。その際、その活動を行う「女」に対して、「男」は「感謝」したり「恩義を感じる」必要はない。なぜなら、そのような活動は、「単に、「女」が「女」というカテゴリーに結びつけられた「活動」を行っているに過ぎない」からで

ある。逆に、「女」にとっては、「男」の「社会的実践を自らの目的のために動員しうると見込めるかどうか」は、「常に不確実」である[9]（江原 2001：129-30）。

前節で参照したように、江原は、男性は「女性から何も学ぼうとしない」ので、女性は家事・育児を男性に任せられず、自分でやり続けるのだと述べていた。あるいは、萩原は、一方の専門職の女性（樹里さん）は夫の男性に「育児に協力して」とは言えず、他方の夫は「あたりまえのように」仕事中心の生活を続けている様子を描き出していた。女性の「沈黙」と男性の「学習しないこと」との間には、確かに非対称性が存在する。江原の議論は、その理由を「ジェンダー秩序」によって男女に割り当てられた「男」「女」の「役まわり」によって説明する。「女」は「男」という他者の活動を補助するよう方向づけられている。だから、「樹里さん」は夫の立場を気遣い、何も言わずに家事・育児を引き受ける。他方、男性はそうした女性の活動を気遣う立場に置かれていない。だから、女性の活動を踏まえて自分の活動を見直すこともしない（学習の欠如）。そのような男性のふるまいは、女性を熟議よりも、「沈黙」したまま「自分でやり続ける」ことに導く。こうして、男女を非対称的な関係に置く「ジェンダー秩序」の下で、親密圏においても、熟議が阻害されるのである。

第4節　親密圏における熟議民主主義を実現するために

前節で述べた阻害要因にもかかわらず、「プレビシット的理由」「私的理由」を抑制し、「沈黙」を改善するためには、どうすればよいのだろうか。本節では、「非公開性」「非制度性」「不平等性」にどのように対応できるのかという点について検討する。そのことを通じて、親密圏における熟議民主主義の可能性を展望する。

9）江原は、「ジェンダー秩序」を「性支配」とも呼ぶ（江原 2001：387）。なぜなら、それは、一方の「男」カテゴリーには、「女」という「他者の社会的実践を〔自分のために〕動員できる力」が付与されていることを、他方の「女」カテゴリーには、「男」の社会的実践に注意を払い、解釈することが義務づけられていることを、意味するからである。

第6章　親密圏

（1）「非公開性」の下での熟議の可能性

　非公開の場だからこそ、熟議がより行われることもある。本章第1節で取り上げたコノーヴァーらの実証研究は、そのことを示していた。「サポーティヴで相対的に「安全な」世界」である「私的な」場における「日常的な政治論議」は、「議論を発展させ実践するための機会を提供」し、より「公的な」場で発言するための「リハーサル」の機能を果たす（Conover, Searing and Crewe 2002 : 37-38）。

　非公開の「安全な」場においてこそ議論を発展させることができるという命題は、ナンシー・フレイザーが「サバルタン対抗公共圏（subaltern counterpublics）」の概念を通じて提起しているものでもある（Fraser 1997 : 80-85＝2003 : 122-9）。社会的な不平等が存続しているところでは、開かれた「公的な」場における熟議のプロセスは、「支配集団に特権を与え、従属集団から権利を奪うように働く傾向がある」。その場合、従属集団（サバルタン）は、「自らの考えを表現するための適切な声や言葉を見つけ出す」ことができない。そこで、サバルタン対抗公共圏が重要となる。そのメンバーは、女性、白人ではない人々、ゲイ、レズビアンなどの「サバルタン」である。その意味で、それは「私的」で閉鎖的な場である。しかし、だからこそ、それは、「従属的な社会集団のメンバーが自分たちのアイデンティティや利害、必要について反体制的な解釈を組み立て得るような対抗的言説を発明し伝達する並行的な言説＝討議のアリーナ」となり得る。たとえば、フェミニストの女性たちが集うサバルタン対抗公共圏の中から、「セクシズム」「〔女性が有償労働と無償労働を強いられる〕ダブル・シフト」「セクシュアル・ハラスメント」「夫婦間の／デート中の／知人によるレイプ」などの新しい言葉が発見された。こうした言葉を得ることによって、女性たちは「武装」し、「自分の要求とアイデンティティを位置づけなおし」、より公共的な場における女性の立場を改善することができたのである（Fraser 1997 : 81-82＝2003 : 123-124）。

　以上のように、非公開の閉鎖的な場には、非公開だからこそ、思いや意見を率直に語り合い、エンパワーメントしあうことができるという意義がある。

それにもかかわらず、「非公開性」に由来する問題点が完全に解決されるわけではない。サバルタン対抗公共圏の中には、「反民主主義的」で「反平等主義的」なものも存在するし、「民主主義的で平等主義的な意図を持つものでさえ、その理念が常に、非公式的な排除と周縁化を乗り越えるわけではない」(Fraser 1997：82＝2003：124)。また、フレイザーの議論は、サバルタン（たとえば女性）の中に「マジョリティ」（たとえば男性）も混在するような場――典型的には家族／夫婦――における「親密圏〈をめぐる〉政治」の展望を語ったものではない。むしろ、彼女の議論は、そのような場において、男性の観点からの「私的理由」や女性の「沈黙」が表れやすいことへの処方箋として提起されている。また、「私的な」場での政治論議が「公的な」場でのそれのためのエンパワーメントになる、というコノーヴァーたちの議論は、「親密圏〈からの〉熟議」について興味深い知見を提供している。しかし、この知見が「親密圏〈をめぐる〉熟議」についても当てはまるかどうかは定かではない。家族において、政党や公共政策について「日常的な政治論議」を交わすことができたとしても（親密圏〈からの〉熟議）、家事や育児の分担についても、「日常的な話し合い」を通じた見直しができるとは限らない（親密圏〈をめぐる〉熟議）。むしろ、フェミニズムの知見は、閉鎖的な場／親密な関係だからこそ女性は「沈黙」する、ということを明らかにしているのである。

　前節で述べたように、「沈黙」は、究極的にはアクター間の関係の非対称性、すなわち「不平等性」に由来する。したがって、「非公開性」という条件の下での熟議民主主義の展望を語ることは、親密圏における「不平等性」にどのようにして対応するのかという問題の考察を伴うものでなければならないだろう。この点については、本節（3）で述べることにする。

（2）「非制度性」をめぐって

　親密圏におけるコミュニケーションに対して、そのメンバーが従うべき規則を設定すること、さらに、メンバーがそれを遵守することは難しい。そのため、そこでのコミュニケーションは、「プレビシット的理由」や「沈黙」をもたらしやすい。

第6章　親密圏

　この問題に関して、制度化の程度が低くとも、人々は相互作用の中から熟議の正当性を高めるような実践を生み出すことができる、とする主張もある。本章第1節で参照したキム／キム（Kim and Kim 2008）は、熟議を成り立たせるためのルールや資源は、（日常的な政治論議としての）熟議そのものによって生み出されるものであると述べていた。熟議の自己生成的性格は、ジェリー・マッキーも主張している。熟議において「不誠実な」参加者は、対話の繰り返しのプロセスの中で評判を落としていく。その結果、そのような参加者の発言は、まともに考慮されなくなる。したがって、熟議が「不誠実な」参加者の発言によって占拠されることを心配する必要はない（Mackie 1998）。

　熟議の自己生成的な理解は、「非制度性」への対応において興味深い視点を提供する。しかし、キム／キムやマッキーが想定する熟議の自己生成は、複数の均衡解のうちの一つであろう。つまり、そうではない「均衡」もあり得る。たとえば、安冨歩と本條晴一郎の言う「ハラスメント」は、熟議ではない均衡解の一つと言える（安冨・本條 2007：20-22）。もしもAとBのコミュニケーションが「ハラスメント」である場合、AはBからのメッセージを受けて「学習」し、自らを見直すが、Bは、コミュニケーションを通じて学習する「フリ」をするだけで、自身を見直すことはない。このようなコミュニケーションが繰り返されると、Aは自分の学習過程を信じることができなくなり、最終的にBの言動に囚われてしまう。安冨が自分自身の夫婦関係や（一般的に）親子関係に言及していることは（安冨 2008：215-219）、閉鎖的かつ非制度的な関係におけるコミュニケーションが、常に熟議的となるとは限らず、「ハラスメント」に陥る可能性があることを示唆している。実際、すでに述べたように、親密圏における「沈黙」は、フェミニズムにおいて、とりわけ問題とされてきた[10]。

　では、どうすればよいのだろうか。少なくとも、二つのアイデアがある。第一は、親密圏の「外部」への接続回路の形成である。親密圏の外部へと熟議の場を接続・拡張することによって、「私的理由」や「沈黙」の可能性を低

10）　ただし、安冨（2008：214）は、家族においては、女性（妻／母親）が、「夫や子どもにハラスメントを仕掛けているケースは、珍しくもなんともない」とも述べている。

減させるのである。この点に関して、マンスブリッジは、親密圏の「日常的な話し合い」を、他の様々な空間における熟議も含めた「熟議システム」の中に位置づけている（Mansbridge 1999：220）。これは、「親密圏〈をめぐる〉熟議」を「親密圏〈からの〉熟議」へと接続・変換するものと言える。第二は、親密圏の「非制度性」が恣意性・権力性を招きやすいことを承知した上で、あえて「正統な強制」の意義を認めることである。すなわち、熟議ではない、他者の言動を一方的に制限したり方向づけたりする「強制力の行使」も、互いに等しく行使できるものならば、「正統」と見なすことができるのである[11]（Mansbridge 1996a：128-129）。

（3）「不平等性」の克服

親密圏における「不平等性」の克服のために、何が必要だろうか。ここでは、「対抗的熟議」、政治的資源の平等化、そして「退出」オプションの承認、という三点を挙げておく。

①対抗的熟議

「不平等」をもたらす「ジェンダー秩序」について、江原は、その構造を物質的ないし客観的なものとしてではなく、「言語的規則」から成るものとして理解している。「言語規則」の中には、特定の言語の共有だけではなく、「社会成員としての資格の認定に関わるような外見にかかわる規則」（たとえば「車掌」とわかるような外見）や「礼儀や話し方などふるまいにかかわる規則」も含まれる（江原 2001：160-163）。もしそうだとすれば、「ジェンダー秩序」が変化する可能性を考慮に入れることができる。なぜなら、熟議を通じて「言語規則」を再検討することが可能だからである（田村 2011a）。

性別分業には「言説的基礎」もあり、だからこそ、熟議を通じて、その形態が変化することも期待できる。ただし、既存の「言語規則」の変容は容易ではない。したがって、そこでの熟議は、次の二つの特徴を持つことになる

11）「正統な強制」論について、Mansbridge（1996b）、田村（2008：108-116）も参照。

第6章　親密圏

だろう。第一に、既存の言語規則に対抗的な性質を持つことである。そのような熟議を「対抗的熟議[12]」と呼びたい。しばしば熟議民主主義は、対立ではなく合意志向であると言われる。しかし、熟議民主主義が対立の契機を考慮に入れていないわけではない。利益や情念をめぐる対立を踏まえた上で、なおも熟議民主主義を構想することは可能なのである。ここでの議論に即して言えば、既存の（性別分業的な）言語規則の批判的見直しと、新たな（より性別分業的ではない）言語規則への「合意」の模索とは相反するわけではない。

　第二に、対抗的熟議におけるコミュニケーション様式として、「レトリック」が重要性を持つことである。レトリックとは、話し手がその聴き手に影響を及ぼすことであるが、「対話的（dialogical）」ではなく、「独白的（monological）」という性格を持つ。それにもかかわらず、「熟議的レトリック」というものを考えることができる。その特徴は、聴き手に「将来の行動についての「よく考えられた」反省を引き起こすという意味での熟慮（deliberation）を引き起こす」ところにある（Chambers 2009b：324, 335）。

　とりわけ、非対称的な関係の中で熟議の可能性を限定されている人々にとって、レトリックは、その関係を変化させるための効果的なコミュニケーション様式となり得る（Huspek 2007：361；Dryzek 2010a）。たとえば、言語的規則を逆手に取って新たな意味を与える、言語的規則の多義的な部分を発見して再解釈を試みる、言語的規則から外れる言動を言語的規則の特定の要素と結びつけることで言語的規則自体をずらしていく。こうした試みは、単なる合理的な論証だけでなく、レトリックの行使によって効果を発揮する。ゲイやレズビアンなどの人々が、元々「変態」という意味であった「クイア」を自ら名乗ったことや（Butler 1997＝2004）、マーティン・ルーサー・キング牧師が黒人の地位向上をアメリカ独立宣言に結びつけることで黒人と白人との敵対を回避したこと（Dryzek 2006a；2010a；2010b）は、熟議におけるレトリックの効果的な使用の例と言える。

---

12)　「対抗的熟議」の用語は、ムフなどの闘技民主主義の検討も踏まえて、田村（2008：117-118）で提起されたものである。

②政治的資源の平等化

　非対称的な関係の中で熟議の可能性を高めるためには、エンパワーメントが必要である。ここでは、立場の平等化とコミュニケーション能力のためのエンパワーメントとについて論じる[13]。

　まず、立場の平等についてである。より熟議的なコミュニケーションが行われるためには、その条件として、参加者たちができるだけ対等であることが望ましい。とりわけ、性別分業に関わる問題については、主たる稼ぎ手である男性／夫の「私的な」理由づけが受け入れられやすい一方で、主として家事・育児を担い、したがって所得については夫に依存しがちな妻は「沈黙」しがちである。こうした立場の非対称性は、「誰が稼いでいるのか」という物質的な状態にも由来していると考えられる[14]。そこで、職業等にかかわらず一律の所得保障を行うことで立場の非対称性を改善するという発想が出てくる。そのような所得保障の仕組みとして、たとえば、個人単位の無条件所得保障制度である「ベーシック・インカム（BI）」を考えることができるだろう[15]。実際、本書では、このBIについて、第3章ではそれが熟議民主主義の「条件」となり得ることを論じ、さらに第5章では、無条件性との関係で「条件」の意味を再考し、BIを「熟議のためのナッジ」の一つとして捉えることができることを主張した。

　次に、コミュニケーション能力のエンパワーメントについてである。熟議がコミュニケーション様式である以上、そこに参加するための条件を整備す

---

[13]　何が「地位の平等」なのか、熟議のための政治的資源の「平等」をどこまで主張すべきなのか、なども重要な論点である。この点については、さしあたり、山田（2012）を参照。

[14]　性別分業が「言語的規則」のみに由来するのかどうかは一つの論点であるが（山根 2010）、本章では、この論点に深入りせず、エンパワーメントのためには一定程度の物質的な平等も必要である、という想定で議論している。なお、コノーヴァーらは、「日常的な政治論議」（「親密圏〈からの〉熟議」）においては、より公開された公式の場における熟議よりも、女性や高齢者が議論から排除されることが少ないと述べる（Conover and Searing 2005：278；Conover, Searing and Crewe 2002：51）。しかし、「親密圏〈をめぐる〉熟議」についても、同じことが言えるかどうかは定かではない。

[15]　ベーシック・インカムよりも、家事や育児を行っていること（無償ケア労働）への支払いの方が有効ではないかという主張もある。ただし、無償ケア労働への支払いには、既存の性別分業の固定化につながりかねないという問題がある（田村 2011a）。

第6章　親密圏

るだけでは、コミュニケーションそのものを熟議的なものへと変えていくには不十分である。すなわち、参加者の立場のある程度の平等を実現するとともに、コミュニケーション能力そのもののエンパワーメントも必要なのである（Chambers 2004：410）。具体的には、「対抗的熟議」においてレトリックを効果的に使用できるようになることが、非対称的な関係の中で、熟議的な状況を作り出すために必要であろう。一つの方法は、当該の親密圏の外部でコミュニケーションのための能力開発の機会を得ることである。たとえば、家族内において、うまく熟議ができない場合、それとは別の「サバルタン対抗公共圏」において、自分の考えを発展させ、主張の仕方を学習することが考えられる[16]。

③「退出」という選択肢

対抗的な熟議の条件を確立し、それを試みたとしても、熟議が必ず成立するという保証はない。そうだとすれば、熟議が成立しない場合に、当該の親密圏にとどまる必要はないのかもしれない。特定の親密圏を所与と見なすことへの批判としては、異性愛夫婦から成る「ジェンダー家族」への批判がある。ここでは、「ジェンダー家族」を前提とした上で夫婦／男女の「平等」を唱える「ジェンダー平等」も批判される（牟田編 2009）。こうした批判の妥当性については、「ジェンダー秩序」としての性別分業の解消可能性という観点から検討の余地がある[17]。ただし、政治理論的には、そこで提起されているのは、民主主義における「退出（exit）」オプションの重要性と見ることができる。つまり、時と場合によっては、熟議の場から「退出」できることも、民主主義にとって大切なことではないだろうか。

この点について、マーク・E・ウォーレンの議論を参照しておきたい。民主主義の結果は不確実であるため、民主主義への参加、つまり「発言（voice）」は、その人の資源と関心を長期的に投入することを要請する。もし

---

16) マンスブリッジの「保護された飛び地（protected enclaves）」（Mansbridge 1996a：131；1996b：57-8)も、サバルタン対抗公共圏と同様のものを指している。
17) 詳しくは、田村（2011c：48-49）を参照。

も「退出」の選択肢が保障されていなければ、「発言」オプションは、「より大きな政治的資源」を持っている人々に有利に作用する。そこでウォーレンは、「退出」を、「発言」の対義語ではなく、大きな政治的資源を持っていない人々への「エンパワーメント」として捉え直す。「退出」の権力は、「教育と職業訓練、財産所有権、離婚の法的権利、そして、その他の選択の諸条件」を通じて構成される。これに対して、「発言」は「コミュニケーション」の様式の一つである。このように、「退出」を「エンパワーメント」として、「発言」を「コミュニケーション」として捉え直すことによって、「退出」を「コミュニケーション」の様式としての熟議民主主義の「構造的条件」として組み合わせることが可能となる（Warren 2009：7-8, 10-11, 13）。

　この枠組に基づいて、ウォーレンは「家族」について、「私たちは、退出のオプションが家族関係の「自発的な」質を増加させる場合はいつでも、家族内のパートナー間の発言と意思決定関係が変化することを期待してよいかもしれない」と述べている（Warren 2009：18）。家族というケースにおける「退出」とは、典型的には「離婚」を意味するであろう。もちろん、ここでウォーレンは、退出／離婚そのものを推奨しているわけではない。そうではなく、ポイントは、「退出」という選択肢がきちんと保障されることで、そうでなければ「私的理由」や「沈黙」によって特徴づけられていた家族という親密圏におけるコミュニケーションが、より熟議的なものとなる可能性が開かれる、ということである。家族からの「退出」というオプションは、「親密圏〈をめぐる〉熟議」のための条件の一つなのである。

第5節　親密圏は「親密」か？

　本章では、「親密圏は熟議民主主義とは縁遠い」とする私たちの思考枠組を問い直すべく、親密圏における熟議民主主義の可能性を検討した。まず、親密圏における熟議としては、「親密圏〈からの〉熟議」のみならず、親密圏において発生する紛争・問題を解決するための「親密圏〈をめぐる〉熟議」としての「日常的な話し合い」も考えることができることを述べた。次に、

第 2 節では、あるコミュニケーションが熟議であるための基準として、「プレビシット的理由」「私的理由」「沈黙」の三つの基準に依拠することによって、親密圏におけるコミュニケーションを、他の場所におけるそれと同じように熟議民主主義の枠組で検討することが可能であることを示すとともに、親密圏における熟議の困難がどのような形で存在し得るかを述べた。すなわち、親密圏では、①「プレビシット的理由」と「私的理由」の両方が優勢になる可能性があり、②性別分業に起因する非対称的な関係性の中で「沈黙」も生じ得る。このような状況は、親密圏の「構造特性」である「非公開性」「非制度性」「不平等性」によってもたらされる（第3節）。そこで本章では、これらの構造特性を踏まえた上で、どのように熟議民主主義の可能性が開かれるのかについても検討した（第4節）。こうした検討の結果、確かに親密圏にはそれ固有の困難が存在するものの、だからといって、親密圏における熟議が必要ではないわけではないし、また、その可能性が存在しないわけでもない、ということを明らかにすることができた。

　以上のようにして、本章は、親密圏も熟議民主主義の場の一つとして考えることができることを明らかにした。もちろん、親密圏には、熟議を困難にする諸要因が存在する。しかし、だからといって「親密圏に熟議はそぐわない」と考えることも適切ではない。なぜなら、熟議が成立しない／熟議を成立させない状況こそが問題だからである。「非公開」で「非制度的」で「不平等性」が存在するなかでの「親密な」関係においては、非対称的な関係にある一方の者が容易に「プレビシット的理由」「私的理由」に基づく発言を行う一方で、他方の者には「沈黙」がもたらされ得る。だからこそ、親密圏においても熟議が必要なのであり、どのような条件の下で熟議の蓋然性が増すかを考えることが重要なのである。

　このように考えていくと、最終的には、「親密圏」という用語の使用そのものが適切なのか、という問題に行き着く。すなわち、「熟議が必要な関係」とは、もはや「親密な関係」とは言えないのではないだろうか。確かに、そうである可能性は高い。たとえば、岡野八代も、「家族」を「多様な他者」が集う場として定義しようとしている（岡野 2009）。岡野の議論を踏まえるなら

ば、家族／親密圏における熟議とは、まさに自分とは異質な「他者」とのそれ、ということになる。それは、「親密な関係」とは異なるものであろう。親密圏における熟議民主主義を考えていくと、「親密圏はもはや「親密」圏とは言えない」という結論を導く方が道理なのである。

　この「結論」をどのように受け止めるべきだろうか。最終的に第8章において、自由民主主義という思考枠組を問い直そうとする本書の立場からすれば、親密圏が親密圏でなくなることに特段の問題はない、ということになる。なぜなら、公的領域／私的領域を区別する公私二元論は自由民主主義の特徴の一つであり、そうであるがゆえに、「親密圏〈をめぐる〉熟議」の提案は、公私二元論の再考を通じて自由民主主義の再考を迫るものだからである。

　それでも、「親密性が全くなくなってしまうのはどうなのか」という疑問または不安を持つ人もいるかもしれない。このような疑問／不安に対しては、次のように答えることができる。私たちはいつも熟議しなければならないわけではない。私たちが「親密である」と相互に認識しているならば、その場合には親密圏は「親密」なものとして成立していると考えられる。しかし、もしも「親密である」との認識が共有されない場合には、私たちは熟議を通じて問題解決を図る必要がある。すなわち、同じ人々の関係が親密な感情によって媒介されることもあれば、熟議によって媒介されることもあると考えるべきなのである。確かにこの場合にも、人々の関係性の中で親密性が占める部分は、単純に親密性のみを想定する場合よりも減少している。しかし、親密性が完全に消滅するわけではない。要するに、常に親密であると想定することはもはやできないが、だからといって常に熟議しなければならないわけでもない。

　それでも、このような「親密圏」は、親密性のみを享受していた人にとっては、相対的に厄介なものと映るかもしれない。しかし、フェミニズム／ジェンダー研究が明らかにしてきたように、また本章でもその一端を示してきたように、親密性のみでは親密な関係を享受できない場合も多く存在する。そのような場合には、親密圏における熟議民主主義の構想は、決して「厄介なもの」ではない。私たちが親密性に関する私たち自身の思考枠組を見直す

ことができるかどうかが問われているのである。

第Ⅲ部　問題としての思考枠組

第7章
ミニ・パブリックス

　第5章では、くじ引きを熟議のためのナッジの一つとして位置づけた。くじ引きで選ばれた人が集まる熟議のための場は、「ミニ・パブリックス（mini-publics）」と呼ばれる。本章では、このミニ・パブリックスそのものを検討する。その際、本章の目的は、ミニ・パブリックスのみを熟議民主主義の場として考えることは、熟議民主主義の多様な制度的・実践的可能性を切り詰めてしまうかもしれない、ということを明らかにすることである。言い換えれば、本章では、それ自体も熟議の制度であるミニ・パブリックスも、私たちの思考枠組次第では、熟議民主主義の「阻害要因」の一つとなり得ることを論じる。ミニ・パブリックスも熟議の場であることは確かである。しかし、もしも私たちが「熟議＝ミニ・パブリックス」という思考枠組に基づいて熟議民主主義とミニ・パブリックスとを見ているとすれば、そのような思考枠組自体が、熟議民主主義を思考する際の阻害要因となり得るのである。
　本論に入る前に、ミニ・パブリックスとは何かについて述べておこう（cf. Dryzek 2010a：6, 155-157；田村　2013a：140）。ミニ・パブリックスとは、比較的少人数の市民によって構成される熟議のためのフォーラムの総称である。その具体例としては、討論型（熟議）世論調査、プランニング・セル（プラーヌンクス・ツェレ、計画細胞会議）、市民討議会、市民陪審、市民議会（ブリティッシュ・コロンビア）などがある[1]（Gastil and Levine 2005＝2013；篠原編 2012）。ミニ・パブリックスを、参加者の無作為抽出のものに限るか（Dryzek 2010a：chap. 8；篠原編 2012；Smith 2009；2011）、それとも自薦のものも含めるか（Fung 2007）については意見が分かれる（ただし、含めないとする見解の

1）　日本における諸事例の紹介・分析としては、井手（2010）、三上・高橋（2013）、尾内（2010）、篠藤（2012）、篠藤・吉田・小針（2009）、柳瀬（2015：第3章, 第4章）などを参照。

方が多い)。そのため、たとえば、「参加型予算 (participatory budget)」をミニ・パブリックスに含めるかどうかが論点となる。この違いは、人々を集める／が集まる場をどのような性格のものと理解するかにも関わっている。ミニ・パブリックスへの注目は、熟議民主主義研究が当初の政治理論・政治哲学分野での研究から、2000年代以降、より経験的な研究にも展開するなかで高まった。熟議民主主義研究の「経験的転回」あるいは「制度的転回」(Dryzek 2010a) と言われるように、実在する市民が集まって議論を行う制度を、熟議民主主義理論を枠組として分析する研究が増加したのである。そのなかで、熟議民主主義の現実の諸制度の総称として、「ミニ・パブリックス」という用語が用いられるようになった[2]。

　以下では、次のような順序で議論を行う。まず第1節では、ミニ・パブリックスへの批判を紹介し、それをどのように評価するべきかを検討する。ここでは、そうした批判はミニ・パブリックスを熟議民主主義全般と同一視しかねない点やミニ・パブリックスの有する意義を過小評価しかねない点において問題を抱えているにもかかわらず、熟議民主主義をミニ・パブリックスに限定して理解するべきではないとの示唆を提供する点で重要であることを確認する。次に、そもそもミニ・パブリックスをミニ・パブリックスのみに限定して理解することはできないことを示す。第2節では、熟議民主主義はコミュニケーション様式であり、したがってその実践は特定の場に限定されないということを述べる。第3節では、ミニ・パブリックスが何であるかはそれ自体では決まらない、ということを述べる。具体的には、それがどのような役割・機能を果たすかは、その外部の制度や実践との関係で決まる。最後に第4節で、ミニ・パブリックスの存立そのものがその外部との関係に依存していることを述べる。ここではそれを、ミニ・パブリックスの「二階の正統性問題」として定式化する。これらの検討を通じて、熟議民主主義＝ミニ・パブリックスという私たちの思考枠組を問い直すことが、本章の目的で

---

2) こうした熟議民主主義の研究動向は、政治学・社会科学における規範理論と経験的研究の組み合わせの興味深い事例の一つともなっている。この点については、田村 (2008: 第6章)、Thompson (2008) などを参照。

ある。

第1節　ミニ・パブリックスへの批判をどう見るか

　ミニ・パブリックスへの批判として、本章で注目したいのは、それが「人民」を放棄するものだというタイプの批判である。ここでは、代表的な論者として、シモーヌ・チェンバース（Chambers 2009b）とクリスティーナ・ラフォント（Lafont 2014）による批判を取り上げる。

　まずチェンバースは、「民主的公共圏の病理」を理由として、熟議民主主義論の多くは、「一般大衆（mass public）」ではなく、「小規模な熟議の舞台の研究と設計」に突き進み、「ミニ・パブリックスを支持することで、〔熟議の担い手としての〕一般大衆は放棄された」と主張する（Chambers 2009b：324）。その結果として、私たちは「理性的な政治を追求する場としてのより広範な公共圏に背を向けるプラトン主義的な立場に陥る危険を冒している」のである（Chambers 2009b：331）。すなわち、彼女は、ミニ・パブリックスへの注目は、むしろ公共圏と市民全般における民主主義への期待と関心を希薄化させることにつながっているというのである。

　次に、ラフォント（Lafont 2014）は、特にジェイムズ・F・フィシュキンの「討論型世論調査[3]（DP）」を対象として、ミニ・パブリックス批判を行っている。DPは熟議という「濾過を伴う〔民衆の〕鏡」（Fishkin 2009：25-26＝2011：49）を謳っている。しかし、問題は、その「濾過」を経ることでDP参加者は民衆の抽出された代表ではなくなってしまう、という点である。その結果、DPで形成される見解の正統性も疑わしくなってしまう。それはもはや、「人

---

[3]　討論型世論調査は、代表的なミニ・パブリックスの一つである。討論型世論調査では、無作為抽出で選ばれた人々に対して、熟議の前後に三回のアンケートを実施することによって、熟議によって人々の意見がどのように変化したかを調べる。一回目のアンケート調査（T1調査）は、扱うテーマについて無作為抽出で選ばれた母集団に対して実施される。二回目（T2調査）は、その母集団の中から二泊三日の討論（熟議）フォーラムに参加することにした人々に対して、同フォーラムの全体説明会の後に行われる。最後に、三回目の調査（T3調査）は、全体説明会に続いて、小グループによる熟議と、当該テーマに詳しい専門家等との質疑応答とを、何度か繰り返した後に実施される。より詳しくは、坂野（2012：15-16）、柳瀬（2015：77-79）を参照のこと。

民の意見」とは言えない。また、だからといって「専門家」の意見よりも専門的に優れているという保証もない。したがって、ラフォントは、広範な公共圏を「ショートカット」したミニ・パブリックスによる政策形成に期待をかけることは、正統性の観点から問題があると主張する。重要なことは、ミニ・パブリックスだけではなく、広範な公共圏における熟議の質の改善をどのように図るかであり、「ショートカット」に期待をかけるべきではない。以上のように、チェンバースもラフォントも、ミニ・パブリックスへの注目が結局「人民」を回避した民主主義になることを問題視するのである。

　それでは、彼女たちの批判をどのように考えるべきだろうか。まず、チェンバースの場合、熟議民主主義を過度に単純化し、熟議民主主義論＝ミニ・パブリックス論として理解する傾向がある。しかし、彼女の理解は妥当ではない。実際には、ミニ・パブリックスをテーマとしている場合であっても、多くの場合、研究者たちはその外部との関係への関心を欠落させているわけではない。たとえば、アルカン・ファンはミニ・パブリックスに関する規範的指標を挙げているが[4]、その中には、公共圏への影響に関係する指標が含まれている。具体的には、「市民への知識・情報の提供」や「人々の動員」などである（Fung 2007）。また、ジャンパオロ・バイオッキも、ブラジルのポルト・アレグレの「参加型予算[5]」の分析において、参加型予算のフォーラムと「市民社会とのインターフェイス」を分析している（Baiocchi 2003：57-64）。そして、本章第4節および次章で述べるように、近年の熟議民主主義論では、ミニ・パブリックスとその外部との関係に注目するアプローチである「熟議システム」論も盛んになってきている。

　次に、ラフォントについては、まずDPは政策形成自体を目的としているわけではないということの確認が必要である。DPの役割について、フィシュキンは、政策形成者や社会全般に対する「勧告（recommending force）」ないし「助言的（advisory）」なものであると述べている[6]（Fishkin 2009：84, 98, 156＝

4）　これらの規範的指標については、本章第4節で再び言及する。
5）　参加型予算とは、自治体の予算案を住民参加によって策定する仕組みのことである。詳細は、バイオッキの論文（Baiocchi 2003）のほか、出岡（2012）、横田（2007）などを参照のこと。

2011：134, 154, 242）。このことを確認した上で、ラフォントにとって DP はあくまで事例であると考えるとしても、次の二つの問題がある。第一は、「代表」概念理解の問題である。確かに彼女の言う「濾過」の問題は、理論的には「政策形成」を志向するミニ・パブリックス全般に当てはまり得るということを認識することは重要である。ただでさえ、無作為抽出によって選ばれた人々が「代表」足り得るかどうかは論争的な問題である[7]。そこに、さらに熟議による「濾過」という契機が加わった場合、そのようにして形成された「意見」を人民を「代表」する意見と見なすことは、さらに困難になるように思われる。とはいえ、「濾過」されたものが「代表」と言えないかどうかは、かなりの程度、代表の定義に依存する。すなわち、それは、代表にどこまで委任されていると考えるかの違い、あるいは、代表を通じて被代表者の意見が構成される局面をどのように見積もるかの違いであるように思われる。代表と被代表の関係は、被代表（選ぶ側）を「本人」とし、代表（選ばれる側）をその「代理人」とするモデルのみで理解できるわけではない[8]。しかし、ラフォントは、やや素朴な本人 - 代理人図式による代表理解に依拠しているのではないかと思われる。第二は、政治変革の展望に関わっている。ラフォントは、ミニ・パブリックスを批判し、より「広範な公共圏における政治的言説における熟議的な質の改良」が必要と主張する（Lafont 2014：20）。しかし、問題は、このような「改良」をどのように行うことができるのかという点である。ラフォントは「社会の構造的変化」が重要であるとし、マス

6）　フィシュキンと比較した場合、柳瀬昇による DP の特徴づけには、それがあくまで「世論調査」であることを強調する傾向があるように思われる。柳瀬によれば、DP の目的は、「人々が特定の議題について十分な情報を得て、多様な考え方に触れると、その反応が変化するか否かを調べること」である（柳瀬 2015：75, 註 7）。もっとも、柳瀬も、必ずしも DP だけに限られないが、ミニ・パブリックスの意義の一つとして、「参照情報」の提供を挙げている（柳瀬 2015：152）。ただし、フィシュキンが用いる「勧告（recommending force）」という表現と柳瀬の「参照情報」との間には、DP に期待される役割の記述としてやや違いがあるようにも思われる。なお、坂野達郎も、DP における討議結果の政策への反映については、「確たることが言えないというのが現状だと思われる」と述べている（坂野 2012：24）。

7）　この点についても、本章第 4 節で論じる。

8）　代表制に関する近年の著作、たとえば、早川（2014）、三浦（2015）、山崎・山本編（2015）などを参照。

メディアの多様性とその市場からの独立、政党の特定の資金からの独立、政治的キャンペーンの改革などを挙げている（Lafont 2014：20）。これらの提案自体は正当なものであろう。しかし、既存の構造がそのような状態にはない時に、また、本書でも何度か述べてきたように民主主義への参加が「人民」にとって必ずしも魅力的とは限らない時に、果たしてどのようにしてこうした「構造的変化」をもたらすことができるのだろうか。この点について、ラフォントの議論に説得的な答えを見出すことはできない。そうであれば、広範な公共圏への働きかけとミニ・パブリックスとを二者択一と見なさず、「熟議的な質の改良」のための機能的に等価な対応として理解する方がよいのではないだろうか（田村 2014a）。第5章で述べたように、ミニ・パブリックス参加のための「くじ引き」もまた、「熟議のためのナッジ」であり得る。

　以上のように、チェンバースやラフォントによるミニ・パブリックス批判には、やや一面的なところがあることは否めない。とはいえ、熟議民主主義をミニ・パブリックスのみに限定して考えるべきではない、という彼女たちの問題提起そのものは重要である。そこで、次節以下では、この問題提起がなぜ重要なのかについて本書なりに検討を加えていくこととしたい。その理由は、次の三つである。第一に、熟議はコミュニケーション様式だからである。つまり、それが具現化する制度・実践には様々なものがあり得るのである（第2節）。第二に、ミニ・パブリックスの性質は、ミニ・パブリックスのみでは決まらないからである。つまり、それがどのような機能・役割を果たすかは、それ以外の制度との関係によるところがある（第3節）。そして第三に、そもそもミニ・パブリックスは、それのみによって成り立つわけではないからである。この問題は、ミニ・パブリックスにおける正統性問題として論じられる。その際のポイントは、ミニ・パブリックスにおける熟議だけでなく、場合によってはそれ以上に、ミニ・パブリックスとその外部——公共圏／市民社会と国家／政府の両方——の諸アクターとの関係が熟議的であるかどうかが重要だ、ということである（第4節）。以下では、これらの理由を順に論じていくことになる。その作業を通じて、熟議民主主義の阻害要因は、ミニ・パブリックスそのものではなく、「熟議民主主義＝ミニ・パブリック

ス」とする私たちの思考枠組であることを示していきたい。

第2節　コミュニケーション様式としての熟議

　熟議民主主義をミニ・パブリックスを中心にして考えていると、「熟議とはそれを行う制度のことである」と考えてしまいそうになる。しかし、そのように考えたくなる時に確認しておくべきことは、熟議とは、元々制度ではなくコミュニケーションの様式を指す言葉だということである。熟議とはどのようなコミュニケーションなのであるかをめぐっては、これまで多くの議論がなされており、論者によってその定義も異なる。しかしながら、合理的な論証（argument）と特徴づける場合であれ、意見の相互受け入れ可能性や公開性を強調する場合であれ、強制のない状態での選好の変容を重視する場合であれ、熟議とは何かの定義は、コミュニケーションなり議論なりの行われ方に不可避的に関わっている[9]。

　熟議をコミュニケーションの様式と理解するならば、熟議をもっぱらミニ・パブリックスという制度とのみ結びつける必然性も存在しないということになる。すなわち、「熟議的な」コミュニケーション様式が存在ないし発生する場合には、いかなる実践・制度も熟議民主主義の場となり得る。たとえば、議会であれ（大津留（北川）2010；柳瀬 2015）、第6章で論じたように家族／親密圏であれ、熟議の場となり得る。さらに、社会運動・抗議運動もまた、それ自体が熟議の場であり得るのである（della Porta 2005；2013；della Porta and Rucht 2013；Mendonça and Ercan 2015；Tamura 2014）。

　もちろん、いかなる場や実践においても熟議の蓋然性が等しい、ということにはならない。熟議を行うために設計された制度と、そうではない場や実践とでは、前者の方がそこでのコミュニケーションが「熟議」となる可能性は高いであろうと推測できる。しかし、だからといって、熟議の場をあらかじめ特定の制度にのみ限定する必要はない。仮に、ある場や実践において熟

9）セレン・エルカンとジョン・S・ドライゼクも、熟議民主主義とは政治をコミュニケーション中心に理解する考え方であると述べている（Ercan and Dryzek 2015：241）。

議が起こりづらいとしても、どのようにすればあるいはどのような条件が存在すれば熟議が実現しうるのかを問うことは可能だからである。熟議とは、それ自体が一つの規範的構想である。その意義は、すでに現実に存在しているかどうかによって確定されるものではない。その意義は、規範と現実との距離を踏まえた上で、現実をどのように規範に近づけていくことができるのかを考えようとする場合に見出されるものである（cf.田村 2008：第6章）。熟議がコミュニケーション様式であり、かつ、それが規範的な構想であることを認識することで、現実の様々な制度・場・実践を――たとえ現時点ではそうではなくても――熟議的であり得るものとして見ることが可能となるのである。

第3節　ミニ・パブリックスの外部依存性――①その役割・機能の観点から

　本節と次節では、ミニ・パブリックスが何であるかはミニ・パブリックスだけでは決まらない、ということを述べる。そのことを通じて、ミニ・パブリックス＝熟議という理解が、熟議民主主義研究の視野を狭めてしまう――その意味で、熟議の「阻害要因」となる――ということを明らかにする。本節では、特にジョン・S・ドライゼクの議論を参考にしながら、ミニ・パブリックスの機能・役割はミニ・パブリックスのみで決まるわけではないということを述べる。

　ミニ・パブリックスが担い得る役割・機能は様々である。ドライゼクとロバート・E・グッディンはそれらを、①政策形成ないし意思決定[10]、②（政府への）政策提言、③議論の周知による（政府以外のアクターへの）影響力行使、④世論の方向づけ、⑤新しい政策の受容度合いのテスト、⑥政策の正統化、⑦参加者における確信の形成、⑧公職者の監視、の八つに整理してい

10）　その最も典型的な事例は、ブリティッシュ・コロンビアの選挙制度改革のための「市民議会」であるとされる。市民議会の詳細については、岡田（2012）、Warren and Pearse eds. (2008)、を参照。

る（Dryzek 2010a：168-169；Goodin and Dryzek 2006）。

　このリストに、さらに他の役割・機能を付け加えることも可能であろう[11]。しかし、ここで行いたいことは、リストの精緻化ではない。そうではなく、ここで重要なことは、この種のリストはミニ・パブリックスが何であるかはミニ・パブリックスのみで決まるわけではないことを示している、という点を確認しておくことである。上記の八つの役割・機能は、いずれもミニ・パブリックスとその外部の制度・アクターとの関係で把握されるものである。もちろん、ドライゼクとグッディンの目的は最初から、ミニ・パブリックスがよりマクロな政治システムに対してどのようなインパクトを持ち得るかを明らかにすることにある。したがって、彼らの類型がミニ・パブリックスとその外部との関係で提起されていることは、当然と言えば当然である。とはいえ、私たちは、このような類型を提示された時に、個別には異論があったとしても、全体としてそれほど違和感を抱くことはないだろう。それはなぜかといえば、私たちが、ミニ・パブリックスの「役割」とか「機能」と言う場合に、それがある特定の政治システム——ナショナルであれ、ローカルであれ、トランスナショナルであれ——の一つの要素として設置されることを前提としているからである。このように、その役割や機能という観点から見るならば、ミニ・パブリックスをその外部との関係で理解せざるを得ないのである。

　ミニ・パブリックスをその外部との関係で理解することの重要性は、同じミニ・パブリックスが異なる役割を果たし得ることを知ることで、より高まる。ドライゼクは、ミニ・パブリックスがどの程度その機能を実際に果たし得るかは、それが位置づけられている政治システムのあり方との関係で変化し得ると論じている（Dryzek 2010a：170-175；see also Dryzek and Hendriks 2012：42）。たとえば、ミニ・パブリックスの一つである「コンセンサス会議[12]」は、異なる政治システムにおいて異なる役割を果たす。ドライゼクは、

11）　たとえば、参加者の「社会的学習」（Kanra 2009；2012；田村 2015d）などが考えられる。
12）　日本におけるコンセンサス会議の実施については、さしあたり、三上直之らの研究（三上 2012；三上・髙橋 2013）を参照のこと。

①包摂的／排除的と、②積極的／消極的という二つの基準に沿って、国家を類型化する。包摂的な国家とは、多様な社会的利害とそれを担うアクターをできるだけ尊重しようとする国家であり、排除的な国家とは、それとは逆に、正統な政治アクターとして受け容れる社会的利害とそれを担うアクターをできるだけ制限しようとする国家である。積極的／消極的は、包摂的であれ排除的であれ、国家がそれを積極的に実現しようとしているのか、そうではないけれども結果的に包摂的または排除的になっているのか、という区別である（Dryzek 2010a：170-171）。彼が扱う事例では、デンマークが積極的・包摂的な国家、フランスが消極的・排除的な国家、そしてアメリカが消極的・包摂的な国家である[13]。ドライゼクは、これらの異なる国家において、コンセンサス会議という同一の制度（かつ、テーマも遺伝子組み換え作物で同一）のあり方が異なっていると論じる。すなわち、まず「積極的・包摂的」なデンマークにおいては、コンセンサス会議は政治システムの諸アクターおよび公衆の間で高い正統性を獲得し、諸アクターが相互に立場の理解や承認を深めるという意味で統合的な役割を果たした。次に、「消極的・排除的」なフランスにおいては、政府は、コンセンサス会議を政府の政策方針（遺伝子組み換え作物推進）への補助的な制度として用いようとしたが、実際の会議では、市民の参加者は予想以上に遺伝子組み換え作物に批判的であった。その結果、フランスにおけるコンセンサス会議は、関係するアクターそれぞれにとって不満の残るものとなった。最後にアメリカでは、連邦政府は一般市民参加のフォーラムに無関心であった。その結果、コンセンサス会議はアドヴォカシーの場として観念されることになった（Dryzek 2010a：171-173）。このように、「コンセンサス会議という共通のデザインが三つの国家において全く異なって展開することになったのである」（Dryzek 2010a：174）。

　以上のように、ミニ・パブリックスの役割・機能は、ミニ・パブリックスのみによっては決まらないのである。

---

[13]　なお、積極的・排除的な国家は世界中の専制国家においてよく見られるが、このタイプの国家においてミニ・パブリックスが設置された事例はないとされている（Dryzek 2010a：171）。

第4節　ミニ・パブリックスの外部依存性──②その正統性という観点から

　最後に本節では、「正統性（legitimacy）」という観点から、ミニ・パブリックスという制度の存立そのものが、それのみによっては決まらず、その外部との関係に依存していることを確認する。ここで正統性とは、ミニ・パブリックスにおける熟議およびその結果、さらにはその存在そのものを、ミニ・パブリックスに参加していない人々が何らかの理由で受け入れ可能なものと見なすことを指す。

　ミニ・パブリックスと正統性については、二つの次元を考えることができる。一つは、ミニ・パブリックス参加者の間で、そこでの熟議の結果が正統性を獲得できるかどうか、という次元の問題である。これをミニ・パブリックスに関する「一階の正統性問題」と呼ぼう。ミニ・パブリックスでは熟議が行われることが期待されているが、実際に行われた話し合いの結果が熟議の結果として参加者たちに納得して受け入れられるかどうかは自明ではない。ただし、この次元における正統性問題への答えは、理論的には比較的はっきりしている。すなわち、ミニ・パブリックスが熟議のための場と想定される以上、そこでの議論の正統性は、その場が正しく「熟議」であるための条件を満たしているかどうかにかかっている、と言い得る。したがって、「一階の正統性問題」を解決するためには、当該ミニ・パブリックスが熟議のための規範的基準を満たしていることが必要となる。実際、ミニ・パブリックスについての多くの経験的研究は、ミニ・パブリックスにおける熟議が規範的熟議民主主義論によって提起された基準を満たしているかどうかを分析している[14]。ファンは、ミニ・パブリックスの質を測定するための基準として、10の指標も提案している。具体的には、それらは、①参加の質、②参加のバイアス、③熟議の質、④公職者への知識・情報伝達、⑤市民への知識・情報伝達、⑥民主主義のスキルと民主的な社会化、⑦公式のアカウンタビリティ、⑧正義、⑨有効性、⑩大衆動員、である（Fung 2007: 166-171）。また、マー

第7章　ミニ・パブリックス

ク・E・ウォーレンが以下のように述べる時、彼は、政治における戦略的行為の不可避性を承認した上で、そうであるがゆえに、制度としてのミニ・パブリックスが「理性的な」ものとして設計されることの重要性を主張していると言える。

> 〔ハーバーマス的な〕コミュニケーション的行為理論の諸前提を維持しつつ、同時に、それにもかかわらず、ある特定のコンテクストは諸個人の戦略的行為を喚起する傾向があるという見解を保持することも可能である。このような考え方は、政治的なコンテクストにおいて、とりわけよく当てはまるであろう。というのも、日常的な社会的相互作用とは対照的に、政治的なコンテクストは、低い信頼、高い脅威、それゆえのコミュニケーションの戦略的利用へのバイアスによって特徴づけられがちだからである。これらの点がいったん確認されるならば、どのように制度がアクターに「よりよき理由の力」を通じて優位を得るための戦略的インセンティヴを構造化するか、という点について考えることが課題となる。
> (Warren 2007：285)

このように、「一階の正統性問題」については、熟議民主主義論の立場から比較的明確に答えることができる。しかしながら、ミニ・パブリックスに関する正統性問題には、もう一つの次元がある。それは、ミニ・パブリックスという制度そのものが正統と見なされるかどうかという次元である。これを「二階の正統性問題」と呼ぼう。やや具体的に言えば、それは、ミニ・パブリックスにおいて熟議を行うこと、あるいは、そこでの熟議の結果が政治過程において——提言としてであれ、熟議を経た結果の「世論」としてであ

---

14) たとえば、Fung and Wright eds. (2003) 所収の諸論文を参照。ファンとエリック・O・ライトは、熟議を含む四つの意思決定様式の中で「熟議を特権化」し、事例研究においては、「決定の諸実践の現実がどの程度このコミットメントの正当さを立証するか」を探求すると述べている (Fung and Wright eds. 2003：20)。なお、たとえ規範的命題が経験的に検証されなかったとしても、そのことが直ちに規範理論の意義を損なうというわけではない。この点については、Ercan and Dryzek (2015)、Steiner *et al.* (2004)、田村 (2008：第6章)、田村 (2015a) などを参照のこと。

れ、あるいはその他の形態としてであれ——何らかの形で影響を持つことを、ミニ・パブリックス参加者以外の人々が納得し受け入れるかどうか、という問題である[15]。すなわち、ミニ・パブリックスにおける熟議は、ミニ・パブリックスの外部からの正統性獲得を必要とするのである。

「二階の正統性問題」が顕在化し得る局面として、少なくとも制度設計の局面および制度の持続の二局面が考えられる。以下では、この二つの局面について詳述したのち、最終的には、一方のミニ・パブリックスと、他方の国家／政府および公共圏／市民社会との相互作用の中で熟議民主主義は考えられるべきだということを述べる。

(1) 設計問題

制度設計を含む政策争点は、「ほとんど定義そのものによって」争われるものである (Hajer and Wagenaar 2003：21)。この点は、第5章第3節での「熟議民主主義のためのアーキテクチャをめぐる熟議民主主義」の箇所でも述べた通りである。同節（1）では、構成主義的／言説論的説明と合理的選択論的説明の両者の観点から、制度設計における「政治」の不可避性を指摘した。そのうちの構成主義的／言説論的説明が述べる通り、制度設計のプロセスそのものが、制度設計に関する様々な言説間の争いに直面する。すなわち、ドライゼクが主張するように、「制度設計とは、大部分において、社会における諸言説の配置状況を再形成するという問題なのである」(Dryzek 1996：104)。

ミニ・パブリックスの設計においても、事情は同じである。現実の制度設計においては、いかなる理想的な熟議を担保するための規範的基準も、一つの言説としてのみ存在し得る。このことは、ある規範的基準がどれほど道理に適っていて正当なものであろうとも、現実の制度が当該原理に基づいて形成されるとは限らない、ということを意味する。とりわけ、最初の制度設計が政治エリートによって行われる以上、その内容が特定のエリートの政治的

---

[15] 代表制民主主義の場合は、「二階の正統性問題」は起こりにくい。なぜなら、選挙という制度が正統性を担保しているからである。しかしもちろん、選挙の正統性そのものが問われる場合には、代表制民主主義においても「二階の正統性問題」が生じ得る。

ないしイデオロギー的志向性によって操作される可能性は、常に存在している (cf. Warren and Pearse 2008 : 14)。

　もちろん、規範的観点からは、このような言説間の抗争そのものが「相互的に構成された理由の空間内部」に位置づけられることが期待される (Bohman 2004 : 161)。たとえばドライゼクも、制度設計のプロセスにおいて、「いかなる個人も、よき論証 (good argument) 以外の何かに基づいた権威を所有してはならない」と述べている (Dryzek 1990 : 41)。しかし、このような規範的観点も、制度設計においてはいくつかの困難を抱えている。第一に、実際の制度設計をめぐる政治過程では、このような規範的要請自体が一つの立場とならざるを得ない。具体的には、ミニ・パブリックスを設立するべきとする立場は、「そのような制度は必要ない」といった立場との争いの中で、その正統性を獲得する必要がある。第二に、仮に規範的要請を満たした意見が採用されるとしても、それが特定のミニ・パブリックスの設立という結論である保証は存在しない。たとえば、ミニ・パブリックス以外の制度によってこそ熟議の理想は実現するといった結論や、参加の規範の観点から別のタイプの参加制度が支持される、といったことがあり得る。第三に、仮にミニ・パブリックスの設立に関して合意が得られたとしても、その内容は、政治過程を経ることで当初の提案から変容しているかもしれない。たとえば、参加者全員を無作為抽出とする当初提案が半分程度を地域からの推薦という方式に変更される、といった修正があり得る。

　以上のように、「二階の正統性問題」は、まず制度設計の局面において表れる。

(2) 持続問題

　第二に、いったん制度が特定の青写真に基づいて確立されたあとでも、当該制度の意味づけが変容することや、場合によってはその結果として、制度そのものが解体することも考えられる。設立された制度の「持続」もまた、自明ではない。この点についても、第5章第3節 (2) において、歴史的制度論の知見を参照しながら、実施・運用段階における制度の多義性を指摘し

た。ここでは、クラウス・オッフェとウルリヒ・プロイスの議論を参照することによって、制度の持続の非自明性をあらためて確認しておきたい。

オッフェ／プロイスは、自己利益に基づく社会契約論を取り上げ、確かに社会契約の起源は「純粋な自己利益」に求められるとしても、その「持続」は自明ではないと論じている。なぜそうなのか。彼らは、次のように説明する。

> 社会契約が長く続けば続くほど、自己利益のためにそれを破棄するか（つまり、他者の協調の下でのフリーライディング）、あるいは、他者に先んじるために最初にそれを破棄する誘惑は、ますます大きくなる。
> (Offe and Preuss 2003：194)

ここでオッフェ／プロイスが社会契約破棄の理由として指摘しているのは、参加者の合理的選択である。しかし、この発想は、合理的選択の枠組に依拠しなくとも、次のような形で「二階の正統性問題」に応用することができる。すなわち、第一に、いったん確立された制度も、それが持続するためには、その制度の存在を正統なものとして受け入れる制度外部の人々の支持が必要である。第二に、しかし、その人々による正統性付与が不変であるという保証は存在しない。したがって第三に、何らかの理由で、人々が当該制度を正統なものとして受け入れなくなる可能性は常に存在する。このような形で、制度持続における正統性問題の存在と、それゆえの制度持続の困難を指摘することができる。

（3） 公共圏／市民社会および国家／政府との相互作用

最後に、ミニ・パブリックスと、公共圏／市民社会および国家／政府との相互作用という視点の重要性について述べる。ミニ・パブリックスの「二階の正統性問題」は、国家／政府および公共圏／市民社会という二つの「外部」との関係で発生し得る[16]。第一に、国家／政府との関係については、本章で述べたような制度設計やその持続において、ミニ・パブリックスのあり

方は、国家／政府の政策形成に関わる諸アクターの意向や戦略に影響を受けざるを得ない。彼ら／彼女たちの中で、ミニ・パブリックスというアイデアが正統性を持つことが鍵となるのである。第二に、公共圏／市民社会との関係では、「代表」としてのミニ・パブリックスのあり方が重要となる。すなわち、「二階の正統性問題」が重要となるのは最終的には、ミニ・パブリックスの参加者も、市民の中からのある種の「代表」だからである。確かに、多くのミニ・パブリックスは、国家外部の市民社会の中に存在し、それに関与する人々も政治エリートではなく、一般の市民である。しかし、そこに関与する人々は、たとえ無作為抽出の場合であっても、「代表」であることに変わりはない（Ackerman and Fishkin 2003）。実際、ウォーレンやナディア・ウルビナティは、無作為抽出などで選ばれた人々を、政治家などの「職業として選出された代表」とは異なる「市民代表（citizen representatives）」と呼んでいる（Urbinati and Warren 2008；Warren 2008）。重要なことは、代表である以上、議会と同様に、代表ではない人々に対するアカウンタビリティの問題も発生するという点である（Warren 2008）。しかし、ジョン・パーキンソンが指摘するように、議会と選挙の場合とは異なり、無作為抽出は、参加者への委任と非参加者への説明責任という「正統化のための紐帯」を損なう可能性がある（Parkinson 2006：33）。そうであるがゆえに、ミニ・パブリックスにおいて「二階の正統性問題」は、深刻な問題となり得るのである。

　この問題を解決する「特効薬」は存在しない。少なくとも言えることは、ミニ・パブリックスにおける熟議を考える場合には、結局、その外部での議論や言説の配置状況のことを考慮に入れざるを得ない、ということである。この点に関して、キャロリン・M・ヘンドリクスは、次のように述べている。

　　現実には、あらゆるミクロなフォーラムは、マクロな熟議環境の下で作動する。熟議の実践的活動家たちは、ミクロなフォーラムがより広範な

16）　アンドレ・ベクティガーらも、ミニ・パブリックスを考える際には、そこに参加していない市民たちとの関係だけでなく、選挙で選ばれた代表との関係も重要であることに注意を促している（Bächtiger et al. 2014：239）。

言説的コンテクストとスムースかつ生産的に相互作用することを確保するために、たゆみなく働く。理想的なシナリオにおいては、マクロとミクロとの間の弁証法が確立される。すなわち、〔マクロな〕公的な言説が〔ミクロな〕フォーラムにおける熟議に浸透するとともに、フォーラムが公的論議を特徴づけるのである。(Hendriks 2006a：498)

つまり、「ミクロなフォーラムの政治的意義とそれが政策アクターによって受容されるやり方とは、それ〔ミクロなフォーラム〕がより広範な言説の状況においてどこに位置づけられているのかによって、形成される」(Hendriks 2006a：499)。繰り返しになるが、ミニ・パブリックスを考える場合には、当該制度のみならず、その外部の諸制度や諸実践との関係を考えなければならないのである。

以上の議論は、次章で述べる近年の「熟議システム」論へとつながっている。実際、ヘンドリクスは「統合された熟議システム」という概念を提案しており、その際にこの概念を最初に用いたジェーン・マンスブリッジの論文 (Mansbridge 1999) を参照している。ヘンドリクスにおいて、「統合された熟議システム」の概念は、様々な種類の熟議環境を結びつけて理解するためのものである。彼女によれば、このシステムは、第一に、熟議の場の「多層性」を称揚し、第二に、これらの場の間の「結びつき」を促進する (Hendriks 2006a：499)。多様な言説的空間は、公式的、非公式的、そして混合的な熟議様式を通じて構成される (Hendriks 2006a：499-500)。もちろん、熟議システム論にも問題点は存在する。次章では、その問題点の一つとして自由民主主義との関係を挙げ、検討する。また、これも次章で述べるように、ミニ・パブリックスをあえて単体の制度として見ることの意義も存在する。ただし、ここでは、第一に、ミニ・パブリックスには「二階の正統性問題」が存在し、その問題の「解決」は、その外部との関係のあり方にかかっている、ということを確認しておきたい。そして第二に、そのことは熟議民主主義論の限界を意味するものではない、ということを指摘しておきたい。なぜなら、熟議システム概念に依拠するならば、ミニ・パブリックスがそれだけで熟議のフ

ォーラムたり得ないとしても、だからといって、そのことが熟議民主主義論全般の限界を意味するわけではない、ということが明らかになるからである。

　本章では、熟議民主主義＝ミニ・パブリックスという私たちの思考枠組を問題とした。私は、ミニ・パブリックスそのものが問題だとか、熟議のための場にはなり得ないと述べたいのではない。そうではなく、本章のポイントは、熟議民主主義をもっぱらミニ・パブリックスとして捉える思考枠組こそが、熟議民主主義をめぐる思考や研究を限定的なものにしてしまう、ということである。

　このことを確認した上で、本章の最後に、ミニ・パブリックスにはミニ・パブリックスなりの意義があるのだということを述べておきたい。無作為抽出による参加者選出が「ナッジ」（第5章参照）となり、従来政治参加とは縁遠かった人々が参加する可能性が開かれることは、その意義の一つである。また、明確に設計された制度であるがゆえに、第6章で検討した親密圏などの非制度的な場での熟議に比べて、より「理想的な」熟議の場となることが期待できることも、ミニ・パブリックスの意義である。「一般市民が熟議などできるのか？」というのは、しばしば熟議民主主義に寄せられる疑問であるが、ピーター・レヴィーン／ファン／ジョン・ギャスティルは、この疑問に対して次のように述べている。

　　市民たちは、熟議の際に参考資料を読み、関連する事実をじっくり真剣に考え、正統な視点や意見の多様さを織り込み、それらを比較考慮し、さまざまな制約が存在することを自覚しつつ骨の折れる選択をすることができる。専門家たちがしばしば驚き、印象づけられるのは、市民たちの熟議や判断、活動の質である[17]。（Levin, Fung and Gastil 2005：273＝2013：355）

17）　日本におけるミニ・パブリックスに関する同様の観察として、たとえば、宮城・柳下（2013）、柳瀬（2015）を参照。

第Ⅲ部　問題としての思考枠組

　チェンバースやラフォントの批判にもかかわらず、制度としてのミニ・パブリックスのこのような意義は承認されるべきであろう。これらの意義を認めた上で、それにもかかわらず熟議民主主義をミニ・パブリックスに還元して考えるべきではない、というのが本章で述べたかったことであった。

第 8 章
自由民主主義

　熟議の最後の「阻害要因」として取り上げるのは、「自由民主主義 (liberal democracy)」である。とはいえ、「自由民主主義がなぜ熟議の阻害要因なのか？」という疑問はもっともである。実際、熟議民主主義を含め、遅くとも1990年代以降の民主主義理論は、議会制／代表制民主主義をその主要な制度的特徴の一つとする自由民主主義を受け容れた上で、それをどのように改革ないし「徹底化（ラディカル化）」していくかという文脈の下で議論されていたように思われる[1]。たとえば、熟議民主主義論が注目する公共圏やミニ・パブリックスは、議会制を否定するものとしてではなく、補完的なものとして理解されるべきと言われてきた[2]。これから見ていくように、熟議民主主義の代表的な構想の一つであるハーバーマスの「複線モデル」も、自由民主主義の下での熟議民主主義の構想、あるいは、自由民主主義をより熟議民主主義化していく構想として理解することができる。いずれにせよ、自由民主主義は熟議民主主義の阻害要因として考えられているわけではない。

　それにもかかわらず、本章で自由民主主義を「阻害要因」として取り上げるのは、次の理由に基づいている。すなわち、自由民主主義を与件として熟議民主主義を考える思考枠組が、結果として熟議民主主義のイメージを狭めてしまうのではないか、ということである。熟議を基礎とする民主主義の考え方は、必然的に「自由民主主義」的なものでなければならないわけではない[3]。熟議的ではあるが自由民主主義的ではないような民主主義も構想可能なのである。実際、本章で述べるように、近年では、自由民主主義の政治体

---

1) もっとも、この動向は1990年代以前から、たとえば左派の民主主義理論における「自由」の再評価や「市民社会」評価という形で始まっていたと言うべきであろう。
2) こうした指摘について、たとえば、Chambers (2003)、山田 (2009) を参照。

制ではない国・地域における熟議民主主義にも関心が高まりつつある。本章では、このような関心も踏まえつつ、近年議論されている「熟議システム」論に依拠しつつそれを発展させることで、理論レベルで、熟議民主主義と自由民主主義とをいったん切り離して理解することが可能になると主張する。自由民主主義の下での熟議民主主義を考えることはもちろん可能である。しかし、熟議民主主義に関する私たちの思考の射程を自由民主主義の範囲内にとどめ置く必然性は存在しない。自由民主主義的ではない熟議民主主義を考えることも可能なのである。それにもかかわらず自由民主主義を前提として熟議民主主義を考えることは、意図せざる形で熟議民主主義についての私たちの発想を制限してきたかもしれないのである。

　ここで、本章における「自由民主主義」の内容について述べておきたい[4]。本章で自由民主主義の特徴として取り上げるのは、次の二点である[5]。第一

---

3)　近年の研究との関係では、本書は、熟議民主主義を自由民主主義とは異なる民主主義モデルとして捉える、クリストファー・ホブソン（Hobson 2012：9-10）と同じ立場をとる。ただし、彼の主たる関心は、「社会民主主義（social democracy）」を自由民主主義とは異なる民主主義モデルとして位置づけることにあるように思われる。そのため、熟議民主主義についての記述は、ジョン・S・ドライゼクの2009年の論文（Dryzek 2009）の紹介のみにとどまっている。また、山田陽は、ジョシュア・コーエンの初期の議論などが「社会主義的な熟議民主主義」理解を提起していることを指摘しており、本章とは異なる観点からではあるが、熟議民主主義と自由民主主義との関係を再検討する視点を提供している（山田 2012：272-275）。

4)　しばしば指摘されるように、自由民主主義は、自由主義と民主主義という二つの異なる原理が接合された政治原理である。「自由民主主義」における自由主義的要素と民主主義的要素との違いについての今では古典的な著作として、クロフォード・B・マクファーソンの著作（Macpherson 1965＝1967）を参照。また、マクファーソンと同じく自由主義と民主主義との区別に注意を促す近年の著作として、Zakaria（2003）も参照。ただし、ファリード・ザカリアの主張は、自由主義にとっての民主主義の問題性を指摘するもので、マクファーソンの議論とは異なっている。すなわち、ザカリアは、近年の主に非西欧諸国における「選挙と権威主義の混合」を「非自由主義的民主主義（illiberal democracy）」と呼び、そこにおいて、民主主義によって自由主義の諸価値（法の支配、権力分立、基本的諸自由の擁護）が侵害されていることに警鐘を鳴らしている。

5)　自由民主主義のその他の重要な特徴として、「法の支配」あるいは「立憲主義」がある。「民主主義は、可能な民主的意思決定の実質的な範囲が厳しく制限され、市民の政治的・市民的自由に対する政府の干渉が実効的に妨害されている程度に応じて、「リベラル」である」（Offe 2011：453＝2012：51. なお、訳文は英語版に拠っている）。民主主義と立憲主義との緊張関係はしばしば議論されてきた論点であるが、この論点については田村（2015b）に譲り、本章では扱わない。その理由は、本章の関心は、自由主義そのものと民主主義との関係ではなく、民主主義の異なる類型の可能性についての探究にあるからである。

は、政治勢力（政党）間の競争とそれを制度的に支える代表制民主主義である（Alonso, Keane and Merkel 2011：5-7；Dryzek and Dunleavy 2009：18-19；Held 2006：4；Macpherson 1965＝1967；Offe 1984＝1988；Offe 2011：454-456＝2012：52-54）。政党間の競争という発想はもともと民主主義的ではなく自由主義に由来する発想であったが（Macpherson 1965：5, 9＝1967：10-11, 21）、平等な選挙権の保障を通じて「民主化」された。あるいは、民主主義の原理が政党間競争という形で「自由主義化」された、と言ってもよい（Offe 1984＝1988）。第二は、公的／私的の区分である。この問題は特にフェミニズムにおいて論じられてきた。キャロル・ペイトマンが指摘するように、代表制民主主義はもちろん、参加民主主義が論じられる場合であっても、女性をめぐる問題は語られてこなかった。それは、民主主義論もまた、自由主義の「公的領域」と「私的領域」の区別を前提としていたことを意味する（Pateman 1989：8-9）。

　本章では、以上の二つの自由民主主義の特徴との関係で、熟議民主主義の射程が考察される。すなわち、本章で私は、第一に、熟議民主主義は代表制民主主義を前提とするのかどうかについて、そして第二に、熟議民主主義は公／私区分を前提とするのかどうかについて検討する。その結果としての本章の結論は、熟議民主主義は自由民主主義を超える射程を持つ、というものである。自由民主主義の枠内でのみ熟議民主主義を考えるならば、熟議民主主義の可能性を狭く見積もってしまうかもしれない。あえて自由民主主義を「阻害要因」として挙げるのは、このような意味においてである。

　もっとも、このように述べるからといって、私は自由民主主義の意義を否定しようとしているわけではない。代表制民主主義には、それ固有の意義も存在する（早川 2014）。また、議会における熟議も可能であり、その展望を否定するべきではない（柳瀬 2015）。本章の議論で言えば、熟議システムの一類型として、自由民主主義的な熟議システムを構想することは依然として重要である。とはいえ、自由民主主義と熟議民主主義とをいったん切り離して考えるべきとする本章の議論が、自由民主主義を自明視せずに民主主義を考え直すことの重要性を提起していることは確かである。とりわけ2000年代には、「歴史の終焉」とともに「勝利」したはずの現実の自由民主主義が、様々な困

難に直面していることも指摘されるようになっている（Crouch 2004＝2007；Offe 2011＝2012；田村・堀江編 2011）。そうだとすれば、民主主義理論もまた、その自由民主主義との関係について再考する必要があるのではないだろうか。

　以下では、熟議民主主義研究におけるいくつかの代表的なアイデアを取り上げ、それらと自由民主主義との関係を考察する。取り上げられるアイデアは、ユルゲン・ハーバーマスの「複線モデル」（第1節）、「ミニ・パブリックス」論（第2節）、そして「熟議システム」論（第3節）である。いずれの議論も、熟議民主主義を議会における熟議に限定しないで捉えようとする点において、すなわち、熟議民主主義をより熟議「民主主義」的に捉えようとする点において共通している。しかし、これらがどの程度自由民主主義を超える射程を有しているのかについては、やや立ち入った検討が必要である。たとえば、ミニ・パブリックスの事例の中には、必ずしも自由民主主義体制におけるそれではないものも含まれている。そのようなミニ・パブリックスについての研究の展開を、自由民主主義における熟議民主主義の構想である複線モデルの制度的具体化として理解することは果たして適切であろうか。また、（のちに述べるように）熟議システムの概念は、ミニ・パブリックス研究の不十分な点を乗り越えるために提起されてきた。しかし、この概念の射程が自由民主主義を超えるところまで及ぶのかという論点は、ジョン・S・ドライゼクの研究（Dryzek 2009；2010a）などを除いて、十分に取り上げられていない。そのため、多くの論者において、熟議システム論が「複線モデル」の延長線上にある議論なのか、それとも後者を明確に超える理論的特徴を持つのかは、なおも不明確である。これに対して本書は、ドライゼクと同様に、熟議システム概念は自由民主主義を超える射程を持つことを論じる。しかし、同時に本書は、ドライゼクの議論もまた、別の基準に照らしてみるならば、依然として自由民主主義の枠内にとどまっていることを指摘する。すなわち、彼も、自由民主主義における「私的領域」、すなわち親密圏／家族の領域を、熟議システムの構成要素として十分に考慮することができていない[6]。これ

6）ドライゼクは、ヘイリー・スティーブンソンとの共著（Stevenson and Dryzek 2014）において、私の指摘などを受けて、熟議システムの構成要素に「私的領域」を付け加えている。

に対して、本書はすでに第6章において、親密圏／家族における熟議民主主義の可能性（と困難）について検討した。本章では、第6章の議論も踏まえつつ、そのように私的領域においても熟議民主主義を論じることが、「自由民主主義の下での熟議民主主義」という想定の問い直しにつながるということを論じることになる。

第1節　「複線モデル」と自由民主主義

　よく知られているように、ハーバーマスの「複線モデル」の特徴は、議会における「決定志向の審議」または「意思形成（意思決定）」と、公共圏における「非公式の意見形成」とを機能的に区別した上で、両者の連関の必要性を規範的に論じるところにある（Habermas 1992＝2002-2003；cf. 田村 2008：123-125）。本節では、「はじめに」で述べた自由民主主義の諸特徴に照らした場合に、この複線モデルがどの程度自由民主主義的であるかを考察する。

　まず、政党間競争と代表制民主主義についてである。複線モデルは、自由民主主義のこの特徴を否定するものではない。ただし、問題は、政党間競争を経験主義的に根拠づけようとする民主主義論によっては、競争の結果として形成される多数派の決定が少数派によって妥当なものとして受け容れられるための正統性の規範的基準を提供することができない、ということである（Habermas 1992：352-358＝2002-2003［下］：13-19）。したがって、議会における「意思形成」は、正統性を獲得するために、公共圏における「意見形成」と接続されなければならない。すなわち、「拘束力ある決定は、これが正統的であるためには、コミュニケーションの流れによって制御されていなければならない」のである（Habermas 1992：432＝2002-2003［下］：86）。

　このようなハーバーマスの複線モデルは、自由民主主義を前提としつつ、その「民主主義」の側面を、代表制民主主義の外部における民主主義の独自の意義（「意見形成」）を析出することで徹底化していこうとする試みだと言える[7]。以前の『コミュニケイション的行為の理論』（Habermas 1981＝1985-1987）における、国家行政と資本主義経済とから成る「システム」による「生

活世界の植民地化」の議論と比較するならば、複線モデルが、自由民主主義の枠内においても、「生活世界の防衛」にとどまらない改革の可能性があることを理論的に表現したものであることがより明らかになる[8]。しかし、同時にこのことは、複線モデルがあくまでも自由民主主義の枠内にあることをも意味している。

次に、本章で注目する自由民主主義の第二の特徴である公／私区分は、複線モデルにおいて、どのように理解されているのであろうか。具体的には、ハーバーマスが、「私的領域」としての家族や親密圏までをも、複線モデルの構成要素に含めているかどうかが問題になる。

この点に関してハーバーマスは明確に、「私的領域」と公共圏とのコミュニケーションはつながっていると述べる。

> 公共圏のコミュニケーションの経路は、私的な生活領域に——つまり家族・友人関係といった親密な人間関係のみならず、隣人・職場の同僚・知人などの緩やかな人間関係にも——つながっている。つまり、単純な相互行為の空間的構造が拡大され抽象化されるが、しかし破壊されることはないような形でつながっている。そのようにして、日常実践に行き渡っている了解志向は、複雑に分岐した公共圏において隔たりを越えて行き交う他者どうしのコミュニケーションのためにも維持されつづける。

---

7) 「完全に世俗化された政治という時代状況の下では、法治国家は徹底した民主主義がなくては構築することも維持することもできない」(Habermas 1992：13＝2002-03［上］：13. 訳語は一部変更)。ただし、ハーバーマスは、複線モデルを支える「法」にも、「社会全体を包括するコミュニケーション循環のなかでの、システムと生活世界との間の変換機」(Habermas 1992：106＝2002-2003［上］：106. 訳語は一部変更)、「コミュニケーション的権力を行政権力へと転化させる媒体［メディア］」(Habermas 1992：187＝2002-2003［上］：183. 訳語は一部変更) としての重要な役割を与えている。これは、1981年に刊行された『コミュニケイション的行為の理論』(Habermas 1981＝1985-1987) における「システム」（国家行政）の側からの「生活世界」介入の経路としての法理解とは異なる、法の理解である。この点について、永井 (2003：36) を参照。このことは、ハーバーマスが、自由民主主義の「自由主義的な」特徴の一つである「法の支配」を徹底化していくことがその「民主主義」的側面の徹底化につながると考えていることを示している。

8) 『コミュニケイション的行為の理論』から『事実性と妥当性』へのハーバーマスの変化（と継続）の簡潔な説明として、水上 (2003) を参照。

第 8 章　自由民主主義

　私的領域と公共圏の相違は、主題や関係にかんする確定した命題によっ
て決まるのではなく、変化したコミュニケーション条件によって決まる
のである。たしかに、この条件はその接近可能性（Zugänglichkeit）に相違
がある。一方では親密性を保証し、他方では公開性を保証する。だがそ
れは私的領域と公共圏とを分断するのではなく、一方の領域から他方の
領域への主題の流れだけを調節するのである。なぜなら公共圏は、生活
史を反映する社会的問題状況の私的処理からの刺激によって作用するか
らである。（Habermas 1992：442-443＝2002-2003［下］：96. 傍点は原文イタリック）

　すなわち、「私的領域」は、公共圏における「意見形成」および「意思形成
（決定）」のための討議（熟議）へと「問題」を提供するという形でつながっ
ている。「私的領域」と公共圏との相違は、コミュニケーションの条件が親
密性を保障するか、それとも公開性を保障するかの違いだけである。
　ここから言えるのは、次のようなことである。第一に、ハーバーマスの複
線モデルにおいて、「私的領域」はその構成要素から除外されてはいない、
ということである。この点で、このモデルは、自由民主主義の公／私区分を
部分的に乗り越えている、ということができる。ハーバーマスが、「私的領
域」をその熟議民主主義の構想から排除していないことは、のちに述べる熟
議システム論の評価にとっても、重要なポイントである。しかし、第二に、
このモデルにおいて、「私的領域」における熟議民主主義がどの程度真剣に
考慮されているのかは、なお不明確である。確かに、ハーバーマスは、「私的
領域」を公共的に討議（熟議）されるべき「問題」の発生する重要な場所と
見なしている。また、彼は、法パラダイムの再考にあたって、フェミニズム
からの問題提起を真剣に受けとめようともしている。そこで彼は、フェミニ
ズムが提起した問題に関する「公共的な討議」の必要性も主張している
（Habermas 1992：504-515＝2002-2003［下］：154-164）。しかしそれでもなお、ハー
バーマスが「私的領域」における討議（熟議）をどのようなものとして考え
ているのかは、明確ではない。しかも、上記の引用からもわかる通り、彼は
「私的領域」におけるコミュニケーションを公共圏におけるコミュニケーシ

ョンと区別するために、最終的には前者を「親密性の保障」によって特徴づけている。しかし、「私的領域」において熟議が行われる場合には、「親密性」はその条件ではなく、熟議の対象であろう。すなわち、「親密性」の下に自明とされてきた行為や発言を問い直すところに、「私的領域」における熟議の意義は存在するのである。以上を踏まえると、複線モデルは、公／私区分を乗り越える射程を有しているにもかかわらず、その含意を十分に展開するまでには至っていない、ということができる。

第2節　ミニ・パブリックスと自由民主主義

　前章で述べたように、「ミニ・パブリックス」とは、自薦（自己選出）または無作為抽出によって選ばれた比較的少人数の市民によって構成される、熟議のためのフォーラムの総称である。本章では、自由民主主義との関係で、ミニ・パブリックスをどのように評価することができるかという問題に焦点を絞りたい。

　ミニ・パブリックスと自由民主主義との関係を考える際に、ここでは、ミニ・パブリックスと複線モデルとの関係を考えることから始めたい。一方で、ミニ・パブリックスは、複線モデルではなお不明確であった公共圏における「意見形成」の具体的な制度像を提供する、という理解があり得る。この見解によれば、ミニ・パブリックス論は、複線モデルの構想をさらに発展させ精緻化することに貢献するものということになる[9]。しかし他方で、ミニ・パブリックスと複線モデルとの違いを主張する見解もあり得る。なぜなら、複線モデルが「私的領域」から国家における「意思形成（決定）」までを含めて熟議を捉えようとするのに対して、ミニ・パブリックス論は、特定の個別のフォーラムに熟議の場を限定して理解することを意味し得るからである[10]。本章において重要なことは、次のことである。すなわち、ミニ・パブリックスを複線モデルとの違いにおいて理解することは、熟議民主主義を自由民主

---

[9]　こうした観点からのミニ・パブリックスの検討として、たとえば田畑（2011）を参照。

第 8 章　自由民主主義

主義の射程を超えるものとして理解するための一つの手掛かりとなり得るということである。逆に言えば、ミニ・パブリックス論を複線モデルの制度的精緻化として捉えるならば、その結果として、前者の射程をなお自由民主主義の枠内にとどめてしまう可能性があるということである。以下では、ミニ・パブリックス論が自由民主主義を超える射程を持ち得ることを指摘した上で、しかし、実態としてのミニ・パブリックスに注目するだけでは、その射程を理論的に表現することには至らないことを述べる。

　自由民主主義との関係でミニ・パブリックス研究を眺めた場合に興味深いことは、その具体的事例が先進国だけでなく、開発途上国においても見られることである。たとえば、しばしば言及される「参加型予算」は、ブラジルのポルト・アレグレの事例である。あるいは、中国の地方自治体における熟議の事例も研究されている[11]（Fishkin 2009＝2011；Leib and He eds. 2006）。ドライゼクや篠原一が指摘するように、このことは、ミニ・パブリックスを「先

---

10)　この違いを肯定的に評価するか、否定的に評価するかは、論者によって見解が分かれる。ミニ・パブリックスへの関心の高まりへの否定的な見解として、シモーヌ・チェンバース（Chambers 2009b）は、それを熟議民主主義が「大衆」を放棄したことの表れと見なしている。他方、鈴木宗徳（2012）は、熟議の意義を十全に実現するためには、比較的制度化され理想的な熟議の状況を実現しやすいと考えられるミニ・パブリックスを、より広範な公共圏といったん分離して理解することが重要であると主張している。鈴木の言わんとすることは理解できる。とはいえ、私には、アンドレ・ベクティガーたち（Bächtiger et al. 2010）が整理しているように、熟議民主主義の理論潮流には、もともと比較的厳密に「合理的な熟議」を定義するタイプの理論（彼らの言う「熟議タイプⅠ」）と、もう少しゆるやかに熟議を定義するタイプの理論（彼らの言う「熟議タイプⅡ」）とがあったと捉える方が適切であるように思われる。

11)　ただし、中国における熟議民主主義をどのように理解するべきかについては、なお慎重な検討が必要と思われる。一方で、ジェイムズ・F・フィシュキンは、事例が少ないため「確かな答えを出すことはできない」との留保つきで、中国の地方自治体における熟議（討論（熟議）型世論調査）が、「あらかじめ決められた結論に落ち着くどころか、役人を驚かせる結果となった」ことに注目すべきであると述べている（Fishkin 2009：110＝2011：172）。他方、バオガン・ホーとマーク・ウォーレン（He and Warren 2011）は、「熟議」と「民主主義」とを区別し、中国の事例を現状では「熟議権威主義（deliberative authoritarianism）」ないし「権威主義的熟議（authoritarian deliberation）」という類型に当てはまると述べている。なお、彼らによれば、熟議的ではない権威主義（たとえば「指令権威主義（command authoritarianism）」）もあり得るし、長期的には、「熟議権威主義」がより民主主義的に変化していく可能性も存在する。また、*Journal of Chinse Political Science* 誌の第 19 巻第 2 号の特集「中国における熟議と参加」の、さしあたり、ベイベイ・タンとドライゼクによる序文（Tang and Dryzek 2014）をも参照のこと。

進自由民主主義諸国の特質」としてのみ理解することは必ずしも適切ではないということを示唆している[12]。確かに、第7章でも述べたように、ミニ・パブリックスは小規模なフォーラムであるがゆえに、その民主的な正統性や効用について疑義が唱えられることも多い（see also Dryzek and Hendriks 2012；田村 2009b）。しかし、逆に言えば、そのような小規模なフォーラムだからこそ、自由民主主義的ではない政体において設計される可能性があると言うこともできるのである。

　もっとも、ミニ・パブリックスが自由民主主義的ではない政体においても設計され得るという事実によって、熟議民主主義が自由民主主義を超え得ることが理論的に示されたとは言えない。それは偶然の、または例外的な出来事かもしれないからである。言い換えれば、ミニ・パブリックスという概念そのものに、熟議民主主義が自由民主主義を超える射程を持つかという論点に関する理論的要素が含まれているわけではないのである。

　そこで必要なことは、ハーバーマスの複線モデルがそうであったように、ミニ・パブリックスをもう一度よりマクロな政体との関係で——ただし、複線モデルのように自由民主主義を前提としないで——理論的に考察する試みであろう。この点について、すでにドライゼクなどは、ミニ・パブリックスの効果や影響をよりマクロな政治システムとの相互作用の中で見るという指針を提示している（Dryzek 2010a：chap. 8）。このような指針に依拠することで、ミニ・パブリックスを偶然的または例外的な現象としてではなく、それが異なる政体の下でどのような効果あるいは影響を持つかという観点からの、ミニ・パブリックスの比較研究が可能になる。

　ただし、自由民主主義と熟議民主主義との関係を再考するという本章の目的に照らした場合、次のことを認識しておくことが重要である。すなわち、

12）Dryzek（2010a：138-139）を参照。また、篠原は、「しかし代議制デモクラシーが欠如しているところで、まさにそれゆえに、種々の討議制度が設けられ、そこから代議制を含む討議デモクラシーが発達していくということは十分考えられること」であると述べている（篠原 2007：319）。2007 年の著作におけるこの指摘は、今日における熟議民主主義と自由民主主義との関係の再考の展開——本書もそのような問題関心を持っているわけだが——を想起すると、慧眼であったと言うべきであろう。

もしも熟議システム概念の射程をミクロ（としてのミニ・パブリックス）とマクロ（としての政体）との相互作用を見るという指針のみにおいて理解するならば、自由民主主義と熟議民主主義との関係を問い直すことに結びつくとは限らないということである。ミニ・パブリックスをよりマクロな次元との関係で見ることは、確かに、熟議民主主義をミニ・パブリックスだけに還元し、それを唯一の正しい熟議の場として理解することの回避に役立つ（Dryzek and Hendriks 2012：33）。しかし、熟議システム概念のより積極的な意義は、この概念を用いることによって、マクロレベルにおいて自由民主主義が熟議民主主義の下位類型であることを示すことが可能となる点に求められるべきである[13]。最終節で論じられるのは、この問題である。

第3節　熟議システム論の射程

(1) 概観

　熟議システム論の問題関心は、議会であれ、ミニ・パブリックスであれ、個別の熟議の制度やプロセスではなく、それらの全体としての相互作用を把握しようとするところにある（Mansbridge et al. 2012：1-2）。そこでは、個々の熟議のフォーラムは、あくまで全体の一部分と見なされる（Dryzek 2010a：7）。ここで「システム」とは、「区別・識別可能だが、ある程度相互依存している諸要素の集合体」のことである。そこでは、諸要素間の分業とともに、「ある構成要素における変化が他の構成要素における変化をもたらすような相互依存関係」が求められる（Mansbridge et al. 2012：4）。ミニ・パブリックス研究に対しては、熟議「民主主義」の側面の軽視をもたらしたのではないかとの批判も存在する（Chambers 2009b）。確かに、個別のミニ・パブリックスだけを見ていると、そこにうまく適合しないアクターや主張の意義を、熟議民主主義論が見落とすことにもつながりかねない。たとえば、無作為抽出方式のミ

---

[13]　この点を認識しているのがドライゼクであり、彼の熟議システム概念使用の最も重要な意義はこの点に求められる、というのが私の評価である。

ニ・パブリックスをその核心的な制度と見るならば、熟議民主主義論が利益アドヴォカシーや社会運動などを考慮に入れることは難しい（Hendriks 2006a；2011）。これに対して、熟議システムの概念を用いるならば、異なる場所やアクターに異なるタイプの熟議民主主義の基準を適用することも可能になる（Bächtiger *et al.* 2010；Hendriks 2006a；2011：14, chap. 2）。たとえば、ジェーン・マンスブリッジらは、熟議システムの三つの機能、すなわち「認知的機能」（事実と論理によって適切に裏付けられ、妥当な理由の実質的で有意味な考慮の結果であるような選好・意見・決定を生み出すこと）、「倫理的機能」（相互尊重の促進）、および「民主的機能」（平等の観点からの包括的な政治過程の実現）について、これら全てが熟議システムの全ての構成要素において実現される必要はないと述べている（Mansbridge *et al.* 2012：13）。さらに、個別に見れば必ずしも「熟議的」とは言えないかもしれないような諸要素――具体的には、専門家、圧力活動と抗議活動、党派的なメディア――についても、「システム」全体としての熟議の質を高めるかどうかという観点から接近することが可能になる（Mansbridge *et al.* 2012：4）。当該「システム」のそれぞれの要素が完全に熟議的あるいは民主的ではなくとも、全体としての「システム」において有用な機能を遂行するかもしれないのである[14]（Parkinson 2006：7）。

（2）自由民主主義との関係

　本書にとっての関心は、以上のような熟議システム論を自由民主主義との関係でどのように評価することができるか、ということである。すなわち、熟議システム論は自由民主主義を超える射程を有するのだろうか。
　実は、ドライゼクが指摘するように（Dryzek 2010a：8）、熟議システム論的立場をとる多くの論者の議論は、事実上「自由民主主義体制下における熟議

---

[14] コミュニケーションの様式の観点からは、熟議システム概念の使用によって、理性的論証以外のコミュニケーション様式（レトリックや物語など）を考慮に入れやすくなることも指摘されている。Bächtiger *et al.* （2010）、Dryzek（2010b）などを参照。たとえば、ドライゼクのレトリック分析においては、「結束（bonding）」のためのレトリックも、抑圧された集団のエンパワーメントをもたらすのであれば、熟議システム論的には正当化できると述べられている。

システム」を想定している。この点については、この概念について包括的に論じた論文集（Parkinson and Mansbridge eds. 2012）の巻頭論文であるマンスブリッジらの論文（Mansbridge et al. 2012）も例外ではない。

　しかしながら、熟議システムの射程が自由民主主義の枠内にとどまる必然性があるかという問題については、なお検討の余地がある。そして、本章は、熟議システム論を、次の二つの意味で自由民主主義を超える射程を持つ概念として理解することができると主張する。第一に、自由民主主義を下位類型の一つとするような政体類型化のための枠組としての熟議システムという意味においてである。すなわち、熟議システムの視座から、自由民主主義を含む諸政体を類型化することができるのである。その際、本書が述べようとするのは、自由民主主義の議会あるいは代表制民主主義を他の制度で置き換えるべきだ、ということではない。そうではなく、熟議民主主義の観点から、代表制民主主義およびその他の民主主義の諸制度を評価することができるならば、熟議民主主義と自由民主主義の関係を、前者を後者の枠内で理解するのとは異なる形で捉えることができる、ということである。第二に、公／私区分の再考に関して、熟議システムの概念によって、「私的領域」としての家族／親密圏をも熟議民主主義の場の一つとして把握することが可能になるという意味においてである。以下で順に述べよう。

（3）熟議システムの一類型としての自由民主主義

　最初に2009年刊行の論文（Dryzek 2009）において体系的に展開されたドライゼクの熟議システム論は、他の論者たちのそれと比べて独特の位置を占める。すでに述べたように、熟議システムに関する他の論者たちの議論は、「先進自由民主主義諸国の制度的特徴に結びつけられていた」（Dryzek 2010a：8）。これに対して、ドライゼクは、「熟議システムの基本的アイデアは、立法府・政党・市民フォーラム・選挙を含まない場合を含む、広範な制度状況に適用可能にするべく一般化することができる」（Dryzek 2010a：10-11）と主張する。すなわち、彼にとって熟議システムの概念は、自由民主主義の先進諸国だけではなく、権威主義から民主主義への移行・定着の途上にある新興諸

国にも適用可能なものとして構想することができるものなのである[15]。

　問題は、そのためにはどのような理論的工夫が必要かという点である。この点についてのドライゼクの回答は、熟議システムの構成要素を抽象化することである。彼は、熟議システムの構成要素として、次の七つを挙げている[16]（Dryzek 2010a：11-12；Stevenson and Dryzek 2014：27-29）。

　その第一は、「私的領域（private sphere）」である。私的領域は、2014年刊行の著作（Stevenson and Dryzek 2014）において、初めて熟議システムの構成要素に付け加えられた。ドライゼクが述べるように、これは、熟議システムのアイデアを最初に提起したマンスブリッジ（Mansbridge 1999）が「日常的な話し合い」と呼んだものが見出される場である。ただし、ドライゼクにおいては、私的領域は「より公共的な行為において行うことを条件づける社会化」のための場として観念されている。そのことは彼の熟議システムの概念化における限界を示しているのであるが、この点については次項で述べることにする。

　第二は、「公共空間（public space）」である。ここでは、自由で広範なコミュニケーションが展開される。そこでは、特定の政策の実現を図る人々、アクティヴィスト、メディアのコメンテイター、社会運動、政治家、一般市民などが登場する。その場所には、インターネット上のフォーラム、カフェ・教室・バー・公共広場などの人々が集まって議論をする物理的な場所、公聴会（public hearing）、様々な設計された市民フォーラム（ミニ・パブリックス）が含まれる。

　第三に、「決定権限を付与された空間（empowered space）」がある。これは、集合的決定創出のための制度における熟議の場である。たとえば、立法府、コーポラティズム的な制度、内閣、憲法裁判所などがここに含まれる。とはいえ、公式の制度だけではなく、たとえば企業やNGOなども含むガヴァナ

---

[15] 熟議民主主義論に限らず、民主化論と（規範的）民主主義理論との関係は興味深い論点であるが、十分な研究が行われているとは言えない。例外的な研究として、Hobson（2012）のほか、飯田（2009）をも参照。

[16] 2010年刊行の著作（Dryzek 2010a）において、2009年論文（Dryzek 2009：1385-1386）では含まれていなかった「メタ熟議」が追加された。

ンス・ネットワークのような、集合的決定を創出する非公式のネットワークもこれに当てはまる[17]。

　第四は、「伝導（transmission）」である。これは、それを通じて、「公共空間」における熟議が「決定権限を付与された空間」に影響力を及ぼすことができるような諸手段のことである。具体的には、アクティヴィストによるキャンペーン、目的のために公衆を惹きつけるように設計されたレトリックやその他のパフォーマンス、論拠・新たなアイデア・しばしば社会運動によって探求されるような類のそれらと関連した文化変動の形成、「公共空間」および「決定権限を付与された空間」における諸アクターの間の人的な結びつきなどである。「伝導」は、「政策提言」「批判」「疑義」「支持」の四つのいずれか、または、これらの組み合わせという形態をとるであろう。

　第五に、「アカウンタビリティ」がある。これによって、「決定権限を付与された空間」は「公共空間」に応答する。それは、熟議による正統性創出を確保するために必要である。「自由民主主義的な国家」では、選挙におけるキャンペーンが重要なアカウンタビリティのためのメカニズムである。しかし、アカウンタビリティは、「端的に、決定や行動を正当化する説明を与えるために求められるものを意味し得るのであって、選挙キャンペーンに必然的に言及することがなくとも発生し得る」（Dryzek 2010a：11-12）。

　第六に挙げられるのは、「メタ熟議（meta-deliberation）」である。これは、「熟議システムそのものがどのように組織化されるべきかについての熟議」のことである。健全な熟議システムには、「自己点検、および、もし必要ならば自己変容のための能力」が必要なのである（Dryzek 2010a：12）。「メタ熟議」は、熟議システムの七つの特徴の中で「とりわけ重要」である。なぜなら、それは、「それ自体の欠点を熟議し、その結果として、時が経つにつれてそ

---

17) ここでドライゼクが非公式のネットワークをも「決定権限を付与された空間」に含めていることは興味深い。ただし、それでも彼が「集合的決定」を「公共空間」から「伝導」される空間に限定して捉えているように見える点は、本書とは異なる。本書では、たとえば「公共空間」そのものにおいて、あるいは「私的領域」そのものにおいて行われる「集合的決定」もあり得ると理解する。したがって、熟議システムにおける「集合的決定」は多層的なものとして理解されるべきであり、それゆえ熟議システムは「入れ子型」のそれとして理解されるべきである（cf. Tamura 2014）。

れ自体の熟議的・民主的能力を深化させる、当該システムの反省能力を表現したもの」だからである（Dryzek 2010a：138）。

　最後に、「決定確定性（decisiveness）」である。これは、ここまでで述べた六つの要素が集合的決定の内容を決める程度のことである。たとえば、「決定権限を付与された空間」としての議会は、それが熟議的な場となったとしても、議会越しの命令によって支配する大統領の決定には影響力を持つことができないことがあるかもしれない。

　以上、ドライゼクの熟議システム論における構成要素をやや詳細に紹介した。彼の概念化の最大のポイントは、それが特定の具体的な制度等の名称をそのまま概念化したものではなく、想定される制度等の機能に即して抽象化された定義が与えられているという点である。それは、次のことを示唆する。すなわち、ある熟議システムの中に、自由民主主義においては標準的な制度である議会や競争的な選挙制度が存在しないからといって、そのことから直ちに、当該政体が熟議民主主義的ではないと言うことはできない、ということである。ドライゼクによれば、「多くの異なる種類の熟議システムがあり得るのであって、それぞれの熟議システムはそれぞれ異なる種類の構成要素を持っている」（Dryzek 2010a：13）。ある政体は、自由民主主義的なそれとは異なる熟議システムを持っているかもしれない[18]。「自由民主主義的な」熟議システムとともに、「非自由民主主義的な」熟議システムも考えることができるのである。ドライゼクは、自由民主主義の枠内で熟議システムを考えるのではない。そうではなく、自由民主主義を熟議システムのあり得る類型の一つとして捉えようとしているのである。

　このようなドライゼクの熟議システム論は、かつてのクロフォード・B・マクファーソンによる民主主義と自由民主主義との関係についての議論を想

18）　ゆえに、ドライゼク的な熟議システム論の立場からは、たとえば非自由民主主義国の「民主化」において、自由民主主義的な議会・選挙制度の移植がうまくいかないからといって、そのことをもって直ちに当該政体を「非民主的」とすることは適切ではないということになるだろう。なぜなら、当該政体には、「自由民主主義的な」熟議システムとは異なるタイプの熟議システムが存在するかもしれないからである。その点を考慮に入れず、従来通りの自由民主主義的な諸制度を単純に適用しようとするタイプの「民主化」は、「メタ熟議」の要素を欠いた実践と言い得る（cf. Dryzek 2010a：138）。

起させる。マクファーソンは、「自由主義」と「民主主義」とを明確に区別した上で、民主主義を、「自由民主主義（liberal-democracy）」と「非自由主義的民主主義（non-liberal democracy）」とに（さらに後者を「共産主義型（communist variant）」と「低開発国型（underdeveloped variant）」とに）区別した（Macpherson 1965＝1967）。

> われわれ西側では独自な政治体制をつくりあげている。それは自由主義国家と民主主義選挙権との結合したものである。しかし、われわれはこの体制のために、民主主義という名称を独占するわけにはいかないのである。この名称はこれまでに非常にちがった意味をもっていただけでなく、今日でも西側以外の全世界では別な意味をもっている。われわれが〔西側の〕自由民主主義（liberal-democracy）をさして言う場合には、〔正しく〕自由民主主義（liberal-democracy）と言わなければならない。（Macpherson 1965：12＝1967：29）

　民主主義を資本主義体制下のそれと同一視するべきではないという見解そのものは、マクファーソンの独自の見解というわけではない。社会主義／共産主義体制においてこそ「真の民主主義」が実現するという見解は、ある時期までの左派の人々の間では、ある程度共有されていた見解であろう。マクファーソン自身もまた、社会主義にある程度の共感を抱いていたことは、彼が自由民主主義と資本主義との「密接な対応関係」（Macpherson 1965：4＝1967：9）を強調していることからも窺うことができる。とはいえ、重要なことは、彼が、自由民主主義を「虚偽の民主主義」とするのではなく、あくまで民主主義の類型の一つと見ている点である。だからこそ彼は、「自由主義的立場は、歴史的には資本主義的想定を受け容れた上に成り立つものと考えられてきたけれども、永久にそうであるべき必要はない」と述べ、「自己発展への平等な権利」を中心とした、より規範的に望ましい「自由民主主義のモデル」の探求も行っているのである（Macpherson 1977：2＝1978：3）。この類型論的発想が、マクファーソンの議論が古びたものとならない理由の一つで

あり[19]、ドライゼクの熟議システム論との共通点である。

（4）熟議システムの要素としての「私的領域」――家族／親密圏における熟議

　ドライゼクの議論は、熟議システムの諸要素を抽象化して概念化することによって、熟議民主主義が必ずしも自由民主主義を前提とする必然性はないことを明らかにした。熟議システム論的な発想を提起する論者の多くが、自由民主主義の下での熟議民主主義に関心を持っていること、および、非自由民主主義体制におけるミニ・パブリックスに関心を持つ研究者であってもその関心が必ずしも自由民主主義の相対化につながっていないことを念頭に置くと、ドライゼクが自由民主主義を相対化する視点を提供していることの独自性が明確になる。

　しかし、そのドライゼクの議論も、自由民主主義における公／私区分の乗り越えという観点から見ると、なお不十分である。確かに彼は、熟議民主主義論者の中でも、非制度的な公共圏を最も重視する論者の一人である。このことは、ドライゼクが、議会を政治の中心的な場として考えるタイプの自由民主主義の構想とは袂を分かっていることを意味する。しかしながら、熟議システムに関する彼の叙述において、自由民主主義における「私的領域」たる家族／親密圏について言及している箇所は、ほとんど存在しない。たとえば、彼は、2010年の著作において、熟議システムにおける「公共空間」の例として、「人々が集まり話し合う物理的空間」を挙げ、「カフェ、教室、バー、

---

[19]　実際、マクファーソンの議論はその後、デヴィッド・ヘルドによる、より詳細な「民主主義の諸モデル」の析出へと継承されている（cf. Held 2006：6, note 5）（なお、ヘルドにおける「モデル」の用語の使用そのものは、『現代世界の民主主義』（Macpherson 1965＝1967）ではなく、『自由民主主義は生き残れるか』（Macpherson 1977＝1978）からの示唆に基づいている。マクファーソンの「モデル」の継承については、フランク・カニンガムの著作（Cunningham 1994＝1994）も参照のこと。なお、マクファーソンの議論は、その（自由民主主義の望ましい「モデル」としての）参加民主主義論と熟議民主主義との関係という文脈で論じられることがある（たとえば、篠原 2007：第1章）。これは、熟議民主主義が熟議「民主主義」であることの意味を考える場合には、重要な視点である。この点を認識した上で、本章は、今日マクファーソンと熟議民主主義との関係を考える場合には、彼の（非）自由民主主義論に照らして熟議民主主義を再考することも重要であると考えている。

公共広場（public square）」をさらに具体的に例示している（Dryzek 2010a : 11）。しかし、この本では、家族や親密圏については述べられていない。最近になってドライゼクは、「私的領域」を熟議システムの構成要素に含めるようになった（Stevenson and Dryzek 2014）。しかしながら、本節前項で述べたように、そこでの私的領域の理解の仕方は、あくまで「社会化」の場としてのそれにとどまっている。私的領域を社会化の場として捉えることは、政治学においてはむしろ伝統的な発想である。あるいは、第6章で導入した区別を用いれば、私的領域についてドライゼクが念頭に置いているのは、「親密圏〈からの〉熟議」のみであるとも言える。「親密圏〈をめぐる〉熟議」に関する記述を彼のテキストに見出すことはできない。このことは、ドライゼクの熟議システム論の射程が、自由民主主義のもう一つの境界——すなわち公／私区分——を超えるものではないことを示唆している。

これに対して、マンスブリッジの「日常的な話し合い（everyday talk）」を含めた熟議システム論（Mansbridge 1999）は、熟議民主主義の立場から自由民主主義的な公／私区分を乗り越えようとする試みとして貴重である。第6章で見たように、マンスブリッジは明確に、家族／親密圏における「日常的な話し合い」をも熟議システムの構成要素として捉えるべきことを主張した。

> それ〔日常的な話し合い〕は、いつも自覚的、反省的、あるいはよく考えられたものであるとは限らない。しかし、常に熟慮されたものではないとしても、日常的な話し合いは、それにもかかわらず、市民が何らかの意味で自らを統治しているのであれば民主主義がそれを必要とするような、完全な熟議システムの重要な要素なのである。（Mansbridge 1999 : 211）

公／私区分の乗り越えという観点から見たマンスブリッジの議論の意義を、ハーバーマスおよびドライゼクの議論との比較によって明確にしておこう。まず、ハーバーマスとの関係では、本章第1節で見たように、ハーバーマスの複線モデルにおいても、「私的領域」はその構成要素から除外されていなかった。ただし、彼においては、「私的領域」は最終的には親密性の論理に還

元される傾向があるために、そこにおける「政治」や民主主義がどのようなものなのかは、必ずしも明確ではなかった。これに対して、マンスブリッジは、「私的領域」を熟議システムの正当な構成要素として位置づけている。次に、ドライゼクとの関係では、彼女の「日常的な話し合い」は、「親密圏〈からの〉熟議」だけでなく、「親密圏〈をめぐる〉熟議」をも含めた概念として提起されていたことが重要である。すなわち、本書第6章第1節（2）で見たように、マンスブリッジの「日常的な話し合い」概念は、日常生活を送る人々の間での「集合的決定」や「他者の行動あるいは信念を変化させる」言動をも視野に入れたものであった。以上のように、マンスブリッジの熟議システム論は、ハーバーマスおよびドライゼク以上に、公／私区分という自由民主主義の境界線をも乗り越える射程を有していると言える。

　ただし、マンスブリッジの議論も、以下に述べる二点において、なおも不十分性を抱えている。第一に、彼女は、「私的領域」における熟議的なコミュニケーションの困難性について、十分な考察を行っていない。確かに、家族や親密圏においても、「日常的な話し合い」を通じて「非アクティヴィスト」が他者の行動や信念を変化させ、既存のルール・仕組み・習慣を変化させることはあり得るとの知見は重要である（Mansbridge 1999：217-218）。しかし、同時に重要なことは、熟議を困難にする「私的領域」の構造的特徴を把握することである。第6章で論じたように、「私的領域」には、それが「親密な」非制度的な関係であるがゆえの熟議実施のための諸困難が存在する。「私的領域」における熟議民主主義の実現のためには、そのような構造的な諸困難を把握した上で、それをどのように克服するかについての考察を深める必要がある。

　第二に、こちらの方がより重要であるが、彼女の議論でさえも私的領域／親密圏を、それ自体として集合的決定の単位でもあり得るものとする理解を貫徹し切れていないように思われる。その理由の一つは、必ずしも彼女の議論だけの問題ではないが、熟議システム論において、熟議システムのそれぞれの構成要素に特定の一つの役割が割り振られる傾向があることである。本節（1）で述べたように、マンスブリッジは、「システム」の用語の定義にお

いて諸要素間の相互依存とともにその「分業」に焦点を当てている（Mansbridge *et al.* 2012）。また、本節（3）で見たドライゼクの場合にも、熟議システムの構成要素は、機能的に特定の空間・場所に割り振られている。具体的には、「公共空間」と「決定権限を付与された空間」は、それぞれ別の物理的位置を占めるものとして観念されている。

　しかしながら、このように諸要素を空間的な「分業」によって捉えることは、「システム」の像として妥当であろうか。むしろ、たとえば家族や親密圏を、次のような二つの性質を持ち得るものとして考えることができるのではないだろうか。すなわち、それを、一方で、より上位の「決定権限を付与された空間」に「伝導」されるべき意見が形成される「公共空間」であるとともに、他方で、それ自体が家族や親密圏において日々生じる諸事項——家事や子育ての分担であれ、様々なライフプランの策定であれ——に関する「集合的決定」を行う、それ自体が「決定権限を付与された空間」でもあるものとして、理解することができるのではないだろうか。第6章では、前者を「親密圏〈からの〉熟議」、後者を「親密圏〈をめぐる〉熟議」と呼んだ。この場合、親密圏は、よりマクロな熟議システム（としての国家／政府）の構成要素の一つであるとともに、それ自体も一つの「熟議システム」であると考えられる。これを「入れ子型熟議システム（nested deliberative systems）」（Tamura 2014）と呼ぶことができる。要するに、一つの場所・空間に一つの機能を割り振る必然性はないのである。むしろ、そのような発想に基づく限り、自由民主主義の公／私区分を踏襲してしまい、私的領域を文字通りの「私的領域」として観念し続けてしまうことになるだろう[20]。

　熟議システムをこのように捉え直した上で、あらためてマンスブリッジの議論を点検してみると、「日常的な話し合い」における熟議の性質についての彼女の理解がある程度変化してきていることがわかる。1999年刊行の論

---

[20] このような本書の立場からすれば、ナショナルな領域性を超えた様々な「権力モニタリングのメカニズム」のネットワークを展望するジョン・キーンの「モニタリー民主主義」の構想（Keane 2011）も、依然として集合的決定とそのモニタリングを別々の制度・アクターに割り振っている点で、民主主義の構想として同様の問題を抱えているように思われる。

文「熟議システムにおける日常的な話し合い」においては、彼女は、「日常的な話し合い」に「集合的決定」という役割を付与することに消極的である。マンスブリッジによれば、「日常的な話し合い」は、政府レベルの合議体による意思決定とは異なる。なぜなら、「集合的に拘束する決定」を行うのは、後者のみだからである（Mansbridge 1999：212）。確かに「日常的な話し合い」は、これまでに行われてきた「集合的決定」について、それを「公衆がある集合体として議論すべきこと」として「政治化」し、他者の行動や信念を変化させることができる。「日常的な話し合い」において、「政治的なるもの」が表出しているのである。それでもなお、マンスブリッジの議論から窺われるのは、このような「日常的な話し合い」そのものに「集合的に拘束する決定」という概念規定を与えることを、慎重に回避する姿勢である（cf. Mansbridge 1999：214-215, 217）。

このようなマンスブリッジの姿勢は、この時期の彼女が公／私区分を超える熟議システム論のポテンシャルを十分に汲みつくすことができていないことを意味するように思われる。確かに、家族や親密圏における既存の行動やルールの変化をもたらすような「日常的な話し合い」は、議会を含む諸制度のように公式の決定手続に則って行われるものではない。しかし、制度化の程度の差はあっても（それゆえ、その手続および拘束の程度に差があっても）、一定の範囲の人々に関わる意思決定が行われるという点では、「日常的な話し合い」が行われる家族／親密圏を、「公共空間」であるとともに多層的な「決定権限を付与された空間」の一つでもあるような場として、すなわち、一つの熟議システムとして捉えることも可能なのである[21]。

この点を踏まえて、2007年刊行のマンスブリッジの別の論考（Mansbridge 2007）を見てみると、1999年論文とは異なる記述も見出されることに気づく。

---

21) この場合、家族や親密圏が「私的な」領域であるのは、それが相対的に「公開性（publicity）」を欠いているという意味においてであろう。ただし、「公開性」が常に熟議の不可欠な条件であるのかどうかについては、なお検討の余地がある。この点については、Chambers（2004）を参照のこと。また、その「親密性」は、「意見形成」や「意思決定」のための「日常的な話し合い」が行われている場合には、部分的またはかなりの程度、失われていると見るべきである。「親密圏」とされる空間は、他の空間と比べるならば「親密な」状態が比較的よく生じる空間かもしれないが、「政治化」した場合には同じ空間が異なる特徴を帯びることになると考えるべきである。

ただし、どこが異なるのかについては、やや慎重な検討を要する。たとえば、マンスブリッジは、セクシュアル・ハラスメントや職場における解雇の不安などについての「日常的な話し合い」について、これらの問題は一般的な関心事であって、広く公衆が議論し考えるべきことであるがゆえに、「価値の権威的配分」（イーストン）に影響を及ぼすと述べている。マンスブリッジは、直接に「地域的、国家的、国際的な問題としての公共的問題」ではなくとも、「価値の権威的配分」に関わる——その意味で「政治」に関わる——問題があると言うのである[22]。ただし、「日常的な話し合い」をこのように理解する限りでは、彼女が「日常的な話し合い」に「集合的決定」という役割をも付与するようになったかどうかを判断するのは難しい。なぜなら、彼女が述べていることは、「価値の権威的配分」をめぐる集合的決定そのものは、「日常的な話し合い」の外部で、典型的には「政府」によって行われている（が、「日常的な話し合い」はそれに影響を及ぼし得る）ということだと考えることもできるからである。

しかし、ここで注目したいのは、そのすぐ後の箇所では、次のようにも述べられていることである。

> 日常的な話し合いにおいて、人々は問題を慎重に検討するとともにそれについて決定を行う。人々は、中絶に関する隣人の考え方は間違っているとか、一番最近の「オプラ・ウィンフリー・ショー」に出演したゲストが言っていたことは正しいとか、昨日自分たちが考えたことは新しい事実あるいは洞察を考慮に入れたものではなかったなどと決定する。多くの人々が日常的な話し合いに関わり、それまで抱いていた考えを更新し、新たな一時的に確定した確信に基づいて調整を行う時、社会そのものが「決定した」と言って差し支えなく、新たな「価値の権威的配分」が生まれているのである[23]。（Mansbridge 2007：267）

---

[22] この場合の「価値の権威的配分」の対象には、物質的利益だけではなく、「非公式の規範」も含まれている（Mansbridge 2007：266）。

すなわち、この引用箇所では、「日常的な話し合い」そのものが「決定」を含むものであり、「価値の権威的配分」の変更をもたらすものであると述べられているのである。このように、マンスブリッジがより近年の論考で「日常的な話し合い」に「決定」の要素も含まれていることを明確化したことは、熟議システム概念を単なる「分業」ではない形で理解する方向性を示唆していると言うことができる。

　さらに、2012年に刊行されたマンスブリッジが筆頭執筆者の論文（Mansbridge et al. 2012：8-9）では、おそらくは2007年論文における「社会的権威」についての議論を発展させる形で、「社会的決定（societal decisions）」について論じられている。それは、「観察者がそこで決定が行われたと言うことができるような明確な時点を持っているわけではない」が、「非公式の議論」が社会における規範や実践のあり方を変化させ、そのような変化について賛否両論を巻き起こすような場合には多くの人々が「決定」を行ったと解することができる、とされる。「社会的決定」は、「ゆるやかな社会的意味において」であるとはいえ、「拘束的」でもあるとされる。この議論は、「集合的決定」を国家以外の場所でも行われるものとして理解しようとする——その意味で「分業」を乗り越える——試みとして評価できる。

　とはいえ、以上のような「価値の権威的配分」や「社会的決定」に関する議論の展開を考慮に入れたとしても、マンスブリッジが「私的領域」そのものを一つの熟議システムと見なすようになったとまでは言えないように思われる。2007年論文からの上記の引用箇所でも、マンスブリッジはあくまで、個別の「日常的な話し合い」における「決定」の効果を、当該「日常的な話し合い」の単位——たとえば、家族、友人関係、職場など——そのものへの効果というよりも、よりマクロなレベルの「社会」への効果において考えているように思われる。「価値の権威的配分」も、家族や親密圏をその単位と見なすこともあり得るということではなく、やはり、マクロな「社会」全体のレベルに関わることとして想定されているようにも見える。また、2012年

23）「オプラ・ウィンフリー・ショー」とは、アメリカで放映されていた人気トーク番組の番組名である。

論文においても、結局のところ決定の単位としては、やはりマクロな「社会」全体の次元が想定されているように思われる。決定はあくまで「社会的」決定なのである。第6章第2節の最後で示唆しておいたように、本書の観点からすれば、マンスブリッジも、「日常的な話し合い」概念によって自らが示唆した「親密圏〈をめぐる〉熟議」の可能性、換言すれば、私的領域／親密圏をも、国家／政府と同様に（熟議によって）集合的決定が行われ得る一つの熟議システムとして把握する可能性、を十分に展開できていないのである。それゆえに彼女は、熟議システムを自由民主主義を超えるものとして提起することにも、完全には成功していないのである。

　本章の問いは、熟議民主主義は自由民主主義を超える射程を持ち得るのか、であった。この問いに答えるために、本章では、ハーバーマスの「複線モデル」、ミニ・パブリックス論、そして熟議システム論を取り上げ、それらと自由民主主義との関係を考察した。その結果は、熟議システム論は、政党間競争と代表制民主主義、および、公／私区分という自由民主主義の二つの特徴を、必ずしも前提としない、というものであった。このような熟議システムの考え方を踏まえることで、自由民主主義と熟議民主主義との関係を再考することができる。すなわち、熟議民主主義は自由民主主義の枠内でのみ理解されるべきものではなく、熟議システムの類型の一つとして自由民主主義的なそれがあると考えるべきなのである。

　このようにして、熟議システム論は、自由民主主義を前提とする思考枠組を見直すことを私たちに求める。その含意は、自由民主主義的ではない熟議民主主義もあり得るということである。実際、熟議システム論以外にも、このように非自由民主主義的な熟議民主主義を把握しようとする試みは存在する。近年議論されている「熟議文化（deliberative culture）」論は、そのような試みの一つである。熟議文化論においては、熟議の理念自体は普遍的であるが、それは異なる文化的文脈においては異なる形態をとると論じられる。たとえば、ジェンセン・サスとドライゼクが挙げるのは、エジプトにおけるイスラム復興の中での熟議の実践である（Sass and Dryzek 2014）。そこでは、カ

セットテープに講話が録音され、モスク以外の日常生活の様々な場面において、それが多様な形態で聞かれるようになった。その結果、たとえばカセットテープをかけたタクシーの中で、運転手と乗客の間に教義に関する「深い反省と激しい議論を引き起こす」ことになったのである。また、サス／ドライゼクが参照している、イエメンに関するリサ・ウェディーンの研究 (Wedeen 2007) も、(自由民主主義ではない) 権威主義の政治体制の下でのカート (イエメンなどで嗜好品とされる植物) を噛みながらの議論 (Qāt Chews) をハーバーマスの言う「公共圏」における熟議として解釈するものである。このような熟議文化論については、それが挙げる事例が本当に「熟議」と言えるのかなどについて、なおも精査が必要であろう。とはいえ、それが自由民主主義的ではない熟議民主主義を概念化するための興味深い試みの一つであることは確かである。熟議システム論も、このような熟議民主主義を自由民主主義とは切り離して把握しようとする研究動向の中に位置づけることができる。自由民主主義の下でのみ熟議は実現すると考えるのではなく、自由民主主義という枠組を取り外した時にこそ、熟議の可能性はより開花するかもしれないのである。

結　　論

第 1 節　本書の要約

　本書は、熟議民主主義を、その阻害要因となり得るものとの関係で、どのように擁護できるかという課題に取り組んだ。そのような阻害要因として、第Ⅰ部では現代社会の諸状況（社会的分断、個人化、労働中心性）、第Ⅱ部では熟議を機能的に代替し得る要素（情念／感情、アーキテクチャ）、そして、第Ⅲ部では熟議についての私たち自身の思考枠組（親密圏、ミニ・パブリックス、自由民主主義）を挙げ、これらとの関係で熟議民主主義をどのように擁護できるかについて検討した。

　第Ⅰ部で論じたように、社会的分断、個人化、労働中心性といった、現代社会において熟議民主主義を困難と観念させるような諸状況の下でも、熟議民主主義は可能である。分断社会においては、争点の設定・フレーミングの仕方と熟議を多層的に考えていくこととが鍵となる（第1章）。個人化社会における民主主義では、反省性と包括性が鍵となるが、熟議民主主義は反省性の確保において優れており、包括性についても、熟議を多層的に考えることである程度対応することができる（第2章）。現代社会の労働中心性は、確かに人々が熟議民主主義に関わる余地を狭める。しかし、社会保障制度をベーシック・インカムを中心に考え直すことで、熟議民主主義にとって必要な時間を確保することができる（第3章）。

　「熟議でなくてもよいのではないか？」「熟議以外のやり方があるのではないか？」といった疑問には第Ⅱ部で応えた。情念であれ、アーキテクチャであれ、それらを完全に熟議と相反するものとして理解する必要はない。熟議民主主義の核心を「反省性」に求めるならば、「理性か情念か」という問題は

相対化される。新たな問いは、「理性であれ、情念であれ、いかに反省性の実現に貢献し得るか？」というものになるだろう（第4章）。アーキテクチャも、熟議関与のための仕掛けとして捉え直すことができれば、「熟議のためのナッジ」という形で、熟議とアーキテクチャを結び付けて考えるという筋道が開ける（第5章）。

　反省性ということで言えば、実はもっとも反省を迫られているのは、熟議民主主義をめぐる私たちの思考枠組そのものかもしれない。家族や親密圏において熟議は適さないのではないかという思考枠組は、フェミニズムの問題提起を踏まえつつ、家族・親密圏におけるコミュニケーションを熟議民主主義に関する諸概念を用いつつ分析することで、見直すことができる（第6章）。これとは逆に、「熟議民主主義といえばミニ・パブリックス」というのも、熟議の可能性を狭めてしまう思考枠組である。熟議の制度としてのミニ・パブリックスの重要性は決して否定されない。しかし、重要なことは、ミニ・パブリックスをその外部の諸要素との関係で考察することである（第7章）。最後に、「熟議民主主義は自由民主主義の枠内で行われること」という思考枠組も、再検討の余地がある。熟議システム概念が示唆するのは、熟議システムの一類型として自由民主主義的なそれがある、という形で、自由民主主義と熟議民主主義との関係を逆転させることができる、ということである（第8章）。

第2節　本書の含意

　熟議民主主義研究を超えて、本書が政治学にとって持つ含意は次の通りである。

（1）自由民主主義と「政治」の再検討

　本書は、親密圏・家族における熟議民主主義の可能性の模索と、熟議システム概念による自由民主主義の再検討を行った。この作業は、政治学全般における自由民主主義と「政治」概念の再検討を迫るものでもある。

結　論

　まず、自由民主主義の再検討については、第2章で少し述べたように、自由民主主義的な政治体制を前提としてきた諸国においても、近年、「民主主義の危機」が議論されるようになってきている。もちろん、「危機」は直ちに「崩壊」「解体」を意味するわけではない。具体的には、自由民主主義の政治体制の根幹的な制度である代表制とそれに関係するアクターである政党が直ちにその役割を終えるというわけではない。むしろ、恐らくはある種の「危機」を認めるがゆえに、代表制や政党の役割を再評価しようとする研究動向も見られる。実際のところ、代表制や政党の文字通りのオルタナティヴを見つけようとしても、それは容易ではない。

　それでも重要なことは、代表制をめぐる議論が活性化していること自体が、「自由民主主義とは何か？」が問われるようになっていることを意味しているのではないか、ということである。歴史を振り返れば、自由民主主義そのものが問われることは、以前にも存在した。第8章でも取り上げたマクファーソンの諸著作（Macpherson 1965 = 1967；1977 = 1978）は、自由民主主義以外の民主主義との対比で、自由民主主義の類型化と規範的擁護を目指すものであった。もちろん、そのような作業においてマクファーソンが念頭に置いていたものは、今日の私たちが念頭に置くものと同じではない。しかし、時代と文脈を超えて、同じ主題が変奏されて再び議論されることはあり得る。おそらくは現在こそが、自由民主主義という主題が再び検討されるべき時代なのである。

　次に、「政治」の再検討についてである。この課題も、私にとっては自由民主主義の再検討と結びついたものである（が、他の研究者にとっては必ずしもそうではないかもしれない）。今日の政治学では、「政治」を国家を中心に行われるものとする見解は、すでに一定の相対化を迫られているように見える。国家以外の空間やアクターによる様々な「ガヴァナンス」への注目は、もはや政治学の中では標準的な研究テーマの一つであろう。

　しかし、そのような国家を相対化する研究動向が完全に国家を相対化した「政治」を論じることができているかどうかは、なお検討の余地のある問題である。国家以外の場やアクターを論じていても、最終的に国家における集

合的決定との関係に目を向けるのであれば、そこで論じられている「政治」は最終的には国家に収斂していくものである。あるいは、「国家」そのものでなくとも何らかの「政府」との関係で「政治」を考えている場合にも、そこに存在するのは、「政治」を論じる時には「国家的なもの」を無視できないという想定であると思われる。国家を相対化しようとする言説の多くが国家を前提としてしまうことについて、イェンス・バーテルソンは次のように述べている。

> 今日、こうした〔国際‐国内と国家‐社会という〕二つの区別に対する疑問の声は強まる一方であり、政治生活のかたちとしての近代国家の永続性についても事情は同じである。しかし、そのような疑問の声を上げている論者たちの大きな問題点は、彼らが疑問視ないしは解消しようとしている概念的な境界を、まさに彼ら自身が議論の前提にしがちであるということにほかならない。（Bartelson 2001：13＝2006：20）

　本書は、国家を前提にしてしまうことを乗り越えるために、「入れ子型熟議システム」の概念によって、市民社会・公共圏における組織やアクターはもとより、家族・親密圏までもが、国家と同型の一つの政治のユニットであることを示そうとした。確かに「入れ子型」でも、たとえば家族・親密圏は国家というレベルの熟議システムの要素の一つである。しかし、それとともに、それ自体も一つの熟議システムである――そこでは「集合的決定」も行われ得る――という点が重要なのである[1]。

　本書の取り組みはあくまで一例に過ぎないが、どこまで「国家」を前提としないで「政治」を考えることができるかは、今後の政治学における重要な論点であるように思われる[2]。

---

[1] このことを別稿（田村 2015c）では、「民主的家族」における「民主的」を「民主主義による集合的決定」として定義し、一見似ているがそうではない家族像――特に「リベラルな」家族と「平等な」家族――と比較検討することで論じた。

（２）政治哲学・政治理論・政治科学——政治理論のアイデンティティ

　近年の政治学では、経験的研究における方法論についての議論がますます興隆する一方で、政治理論や政治哲学と呼ばれる分野においても、方法論への関心が高まっている。日本での研究に限っても、デイヴィッド・レオポルド／マーク・スティアーズの編著『政治理論入門（原題：*Political Theory*）』の翻訳（Leopord and Stears 2008＝2011）、私も共編者を務めた論文集『政治理論とは何か』（井上・田村編 2014）所収の井上彰や河野勝の論文（井上 2014；河野 2014）、そして松元雅和の著作（松元 2015）などがある。

　ここで注目したいのは、このような方法論への関心は、方法への意識づけやその洗練だけではなく、論議の対象となっている研究分野のアイデンティティ形成にもつながっているように思われる点である。たとえば、「分析的な」政治哲学についての方法論議がなされる場合には、それとは異なる——しばしば「大陸系」と称されるような——哲学・理論との対比での、「分析的政治哲学」の特徴づけの試みが含まれている。これとは逆に、『政治理論とは何か』における私自身の論文（田村 2014b）の場合は、方法論に焦点を当てた論文ではないが、分析的政治哲学との対比で、それとは異なるタイプの「政治理論」を「政治／政治的なるもの政治理論」として定式化し、それが備えるであろう特徴を描き出したものであった。また、そもそも規範的な政治理論と呼ばれてきたものは、「理論」の語を専有するべきではなく、「経験分析」との対比でむしろ「規範分析」と呼ばれるべきではないかという河野勝の主張（河野 2014）も、「政治理論」研究者にそれが言うところの「理論」とは何かという問題を突きつけるものであり、結果的に何らかの形で「政治理論」のアイデンティティ形成に寄与するものと思われる。

　このような政治理論をめぐる方法論をめぐる議論の交流とそれに伴う政治理論のアイデンティティとは何かという問題の浮上の中で、本書はどのよう

2）　近年の興味深い検討の一つとして、Croce and Salvatore（2015）がある。また、法学における国家と法の結びつきの、やはり興味深い再検討として、浅野・原田・藤谷・横溝編（2015）を参照。

な示唆を与えることができるだろうか。第Ⅰ部の冒頭で述べたように、本書が全体として提示しているのは、ある一つの「規範的」構想としての熟議民主主義が「現実」の状況の中でどのようにして存在し得るのかについての考察である。同じく第Ⅰ部冒頭で述べたように、これは、上記の分析的政治哲学における理想理論／非理想理論の区別で言えば、非理想理論の水準での考察ということになる。

　しかし、理想理論／非理想理論の区別は、あくまで分析的政治哲学におけるそれである。政治学において、経験的分析との対比では「規範理論」と称される分野の中にもいくつかのタイプがある。先に述べた「大陸型」政治理論（哲学）や「政治／政治的なるものの政治理論」などは、その例である。これらのタイプの政治理論にとっては、理想理論／非理想理論という区別自体が、そもそもあまり意味を持たないものかもしれない。たとえば、「大陸型」の一つと見なされることが多いであろう「批判理論」の考え方について、ロイス・マクネイは、「規範的政治思想」と「批判的社会理論」の両者を用いて、「現在の不正義と抑圧によってあいまいにされているが、現にある社会実践の中に備わっている」、「「解放」のポテンシャル」を探究するものだと述べる。その「究極の目的」は、「『である』の中に『べき』を巻き込んでいく」ことである（McNay 2008：86＝2011：123）。また、「政治的なるもの」を強調する理論家も「望ましい」民主主義のあり方を語る時があるが、その場合にも、必ずしも「望ましい」かどうかはわからない「政治的なるもの[3]」と民主主義を語ることとを切り離すことはできないと考えられている[4]。これらの「政治理論」においては、元々、理想理論／非理想理論という区別は想定されていないのである。

　熟議民主主義論に限っても、「政治理論」内部のバリエーションを見て取ることができる。一方には、分析哲学的な観点から、望ましい熟議民主主義

---

[3] オリヴァー・マークハルトは、「政治的なるもの」そのものには特定の規範的志向性は含まれていないと主張している（Marchart 2007）。

[4] そうであるがゆえに問題も発生する。エルネスト・ラクラウに即してこの点を論じた、田村（2014c）を参照のこと。

のあり方を正当化しようとする試みがある。最初に1989年に刊行されたジョシュア・コーエンの論文「熟議と民主的正統性」(Cohen 2009)はその典型であろう。熟議と「正しい」決定の関係を追求するタイプの熟議民主主義論も（cf. 井上 2012）、このタイプに当てはまる。他方には、そのような「望ましい」熟議が「現実」の中で直面する状況を踏まえつつ、あり得る／望ましい熟議を考えていこうとする試みがある。理性的論証以外のコミュニケーション様式の正当性を主張したアイリス・M・ヤング（Young 1996：2000）や市民社会・公共圏における社会運動も含めた非制度的な熟議／討議民主主義（discursive democracy）を主張したドライゼク（Dryzek 2000：2006a）などは、これにあたる。分析的政治哲学の理想理論／非理想理論の枠組では、コーエンは理想理論、ヤングやドライゼクは非理想理論の水準での研究ということになるだろう。しかし、ヤングとドライゼクは、そもそも分析的政治哲学とは異なる「政治理論」を展開しているのだと考えることも可能である。というよりも、おそらくその方が、彼女たちの「政治理論」をより適切に位置づけることになると思われる。

　このように、今日の政治学においては、経験的政治分析ないし「政治科学」と規範的政治分析ないし「政治理論」との間の差異が、また、後者の政治理論内部では、（分析的）「政治哲学」と（狭義の）「政治理論」との間の差異が、方法レベルの差異も含めて、ますます意識されるようになりつつある。本書は、このような政治学の動向を踏まえつつ、熟議民主主義研究を通して、政治理論における「政治理論」の一つのあり方を示そうと努めた。繰り返しになるが、それは、規範的構想を保持しつつ、「現実」との関係でその実現可能性を探っていくような「政治理論」である。そのような「政治理論」は、分析的政治哲学においては「非理想理論」とされるであろうが、政治理論の分野をより広く眺めるならば、むしろ分析的政治哲学とは異なるタイプの「政治理論」として位置づけた方が適切であると思われる。

　この種のタイプの「政治理論」が最も優れているということではない。そうではなく、本書を通じて政治理論のあるタイプが浮かび上がることで、政治理論におけるタイプの違いについての議論、さらには、政治理論と経験的

政治分析との関係についての検討がより活発化することが、私の期待するところである[5]。

第3節　今後の課題

　最後に、本書で十分に取り組むことができなかった今後の課題を挙げておきたい。第一は、経済の領域における熟議民主主義の可能性についての研究である。本書では、熟議システム論の観点から、親密圏・家族までも含めた「入れ子型熟議システム」という考え方を提示した。しかし、熟議を多層的に入れ子状に構成されたシステムとして捉えるべきと言っているにもかかわらず、本書では、経済・市場の領域における熟議については、ほとんど等閑視されている。第3章では、社会の労働中心性を緩和することが熟議民主主義の活性化のための重要と論じたが、この議論では、経済・市場の領域は、まさにもっぱら熟議の「阻害要因」として理解されている。しかしながら、熟議システムの視点を採用しながら、市場・経済の領域をその構成要素から外しておくことは、理論的に一貫しているとは言い難い。また、民主主義論の歴史を振り返ってみれば、かつて参加民主主義論が参加の場として重視していたのはまさに市場・経済の領域である（Dahl 1985＝1988；Macpherson 1977＝1978；Pateman 1970；Young 1990）。参加民主主義論がそうであったように、市場・経済の領域における民主主義を考えることは、自由民主主義の再検討にもつながる（田村 2014a）。したがって、市場・経済の領域において熟議民主主義がどのように可能なのかという問題について、今後検討を行っていく必要がある。その端緒的な試みとして、労働組合を含む利益団体と熟議民主主義との関係について検討した論文（田村 2016）のほか、ヴォルフガング・シュトレーク（Streeck 2013；2014）やヴォルフガング・メルケル（Merkel 2014）の研究を手がかりにしつつ、民主主義と資本主義の両立可能性という問題に

5）　田村（2008）でも同趣旨のことを述べた。ただし、この間に、政治理論と経験的政治分析との「対話」の試みは一定程度見られる。たとえば、日本政治学会の学会誌『年報政治学』の2015年Ⅰ号の特集は「政治理論と実証研究の対話」であった。

ついても検討を始めている。しかし、さらに研究を進める必要があるだろう。
　第二は、熟議システム概念についての検討である。熟議システム論には、なおも検討されるべき多くの論点があり、現在も研究が進行中である[6]。たとえば、次のような疑問は、比較的容易に思い浮かぶ。熟議システム概念が非熟議的なものをも熟議システムの要素と見なそうとすることは、熟議概念の曖昧化につながらないのだろうか。「システム」の外延や境界をどのように確定することができるのだろうか。何が「システム」かという問題は発生しないのだろうか。すなわち、異なる制度や実践の間のつながり・接続に注目していくアプローチと、ある実体（政治体制）として「システム」を把握しようとすることとは同一ではないはずだが、現在の熟議システム論では、この両者が混在しているようにも思われる。最後に、本書が提示したような自由民主主義の相対化に問題はないのだろうか。熟議システム論に関するこのような問題に取り組んでいくことも、今後の課題として残されている。

---

6) 2015年には雑誌 *Policy Studies* が「熟議民主主義の様々な場（Sites of Deliberative Democracy）」と題する特集を組んだ。また、2016年には雑誌 *Critical Policy Studies* も、「熟議システムの理論と実践」と題する特集を2号にわたって掲載した。なお、熟議システム論に関する比較的包括的な批判的概観として、Owen and Smith（2015）を参照。

参 考 文 献

＊外国語文献で翻訳書を参照しているものについては、訳語や文体の統一という観点から、訳文を変更している場合がある。

Abts, Koen and Stefan Rummens (2007) "Populism versus Democracy," *Political Studies*, Vol. 55, No. 2.
Ackerman, Bruce and James S. Fishkin (2003) "Deliberation Day," in James F. Fishkin and Peter Laslett (eds.), *Debating Deliberative Democracy*, Blackwell.
Ackerman, Bruce and James S. Fishkin (2004) *Deliberation Day*, Yale University Press.
Akkermann, Tjitske (2003) "Populism and Democracy: Challenge or Pathology?" *Acta Politica*, Vol. 38, No. 2.
Alonso, Sonia, John Keane and Wolfgang Merkel (2011) "Editors' Introduction: Rethinking the Future of Representative Democracy," in Alonso, Sonia, John Keane and Wolfgang Merkel (eds.), *The Future of Representative Democracy*, Cambridge University Press.
浅野有紀・原田大樹・藤谷武史・横溝大編『グローバル化と公法・私法関係の再編』弘文堂。
東浩紀（2011）『一般意志2.0──ルソー、フロイト、グーグル』講談社。
東浩紀・大澤真幸（2003）『自由を考える──九・一一以降の現代思想』NHK出版。
Bächtiger, André, Simon Niemeyer, Michael Neblo, Marco R. Steenbergen and Jürg Steiner (2010) "Disentangling Diversity in Deliberative Democracy: Competing Theories, Their Blind Spots and Complementarities," *Journal of Political Philosophy*, Vol. 18, No. 1.
Bächtiger, André, Maija Setälä and Kimmo Grönlund (2014) "Towards a new Era of Deliberative Mini-Publics," in Kimmo Grönlund, André Bächtiger and Maija Setälä (eds.), *Deliberative Mini-Publics: Involving Citizens in the Democratic Process*, ECPR Press.
Baiocchi, Gianpaolo (2003) "Participation, Activism, and Politics: The Porto Alegre Experiment," in Archon Fung and Erik Olin. Wright (eds.), *Deepening Democracy: Institutional Innovations in Empowered Participatory Governance*, Verso.
Baker, John (2008) "All Things Considered, Should Feminists Embrace Basic Income?" *Basic Income Studies*, Vol. 3, No. 1.
Barber, Benjamin R. (1998＝2007) *A Place for Us: How to Make Society Civil and Democracy Strong*, Hill and Wang.（山口晃訳『〈私たち〉の場所──消費社会から市民社会をとりもどす』慶應義塾大学出版会）

Bartelson, Jens (2001=2006) *The Critique of the State*, Cambridge University Press. (小田川大典・青木裕子・乙部延剛・金山準・五野井郁夫訳『国家論のクリティーク』岩波書店)

Bashir, Bashir (2008) "Accommodating Historically Oppressed Social Groups: Deliberative Democracy and the Politics of Reconciliation," in Will Kymlicka and Bashir Bashir (eds.), *The Politics of Reconciliation in Multicultural Societies*, Oxford University Press.

Bauman, Zygmunt (1999=2002) *In Search of Politics*, Polity. (中道寿一訳『政治の発見』日本経済評論社)

Beck, Ulrich (1994=1997) "The Reinvention of Politics: Towards a Theory of Reflexive Modernization," in Ulrich Beck, Anthony Giddens, and Scott Lash, *Reflexive Modernization: Politics, Tradition and Aesthetics in the Modern Social Order*, Polity. (松尾精文・小幡正敏・叶堂隆三訳『再帰的近代化——近現代における政治、伝統、美的原理』而立書房)

Beck-Gernsheim, Elisabeth (1998) "On the Way to a Post-Familial Family: From Community of Need to Elective Affinities," *Theory, Culture & Society*, Vol. 15, No. 3-4.

Bohman, James (2004) "Discourse Theory," in Gerald F. Gaus and Chandran Kukathas (eds.), *The Handbook of Political Theory*, Sage Publications.

Buchstein, Hubertus (2009) *Demokratietheorie in der Kontroverse*, Nomos.

Burkhalter, Stephanie, John Gastil and Todd Kelshaw (2002) "A Conceptual Definition and Theoretical Model of Public Deliberation in Small Face-to-Face Groups," *Communication Theory*, Vol. 12, No. 4.

Butler, Judith (1997=2004) *Excitable Speech: A Politics of Performative*, Routledge. (竹村和子訳『触発する言葉——言語・権力・行為体』岩波書店)

Canovan, Margaret (1999) "Trust the People! Populism and the Two Faces of Democracy," *Political Studies*, Vol. 47, No. 1.

Chambers, Simone (2003) "Deliberative Democratic Theory," *Annual Review of Political Science*, Vol. 6.

Chambers, Simone (2004) "Behind Closed Doors: Publicity, Secrecy, and the Quality of Deliberation," *Journal of Political Philosophy*, Vol. 12, No. 4.

Chambers, Simone (2005) "Measuring Publicity's Effect: Reconciling Empirical Research and Normative Theory," *Acta Politica*, Vol. 40, No. 2.

Chambers, Simone (2009a) "Book Review of Sharon R. Krause, Civil Passion: Moral Sentiment and Democratic Deliberation," *Ethics*, Vol. 119, No. 3.

Chambers, Simone (2009b) "Rhetoric and the Public Sphere: Has Deliberative Democracy Abandoned Mass Democracy?" *Political Theory*, Vol. 37, No. 3.

Cohen, Joshua (2009) "Deliberation and Democratic Legitimacy," in Joshua Cohen, *Philosophy, Politics, Democracy: Selected Essays*, Harvard University Press.

Conover, Pamela Johnston and Donald D. Searing (2005) "Studying 'Everyday Political

Talk' in the Deliberative System," *Acta Politica*, Vol. 40, No. 3.
Conover, Pamela Johnston, Donald D. Searing and Ivor M. Crewe (2002) "The Deliberative Potential of Political Discussion," *British Journal of Political Science*, Vol. 32, No. 1.
Croce, Mariano and Andrea Salvatore (2015) *Undoing Ties: Political Philosophy at the Waning of the State*, Bloomsbury.
Crouch, Colin (2004 = 2007) *Post-Democracy*, Polity.（山口二郎監修、近藤隆文訳『ポスト・デモクラシー——格差拡大の政策を生む政治構造』青灯社）
Cunningham, Frank (1994 = 1994) *The Real World of Democracy Revisited and Other Essays on Socialism and Democracy*, Humanities Press.（中谷義和訳『現代世界の民主主義——回顧と展望』法律文化社）
Dahl, Robert A. (1963 = 1988) *Who Governs? Democracy and Power in the American City*, Yale University Press.（河村望・高橋和宏監訳『統治するのはだれか——アメリカの一都市における民主主義と権力』行人社）
Dahl, Robert A. (1985 = 1988) *A Preface to Economic Democracy*, University of California Press.（内山秀夫訳『経済デモクラシー序説』三嶺書房）
Dahl, Robert A. (2000 = 2001) *On Democracy*, Yale University Press.（中村孝文訳『デモクラシーとは何か』岩波書店）
Dalton, Russell J. (2004) *Democratic Challenges, Democratic Choices: The Erosion of Political Support in Advanced Industrial Democracies*, Oxford University Press.
Dalton, Russell J. and Hans-Dieter Klingemann (2009) "Overview of Political Behavior," in Robert E. Goodin (ed.), *The Oxford Handbook of Political Science*, Oxford University Press.
Danermark, Berth, Mats Ekström, Liselotte Jakobsen and Jan Ch. Karlsson (2002 = 2015) *Explaining Society: Critical Realism in the Social Sciences*, Routledge.（佐藤春吉監訳『社会を説明する——批判的実在論による社会科学論』ナカニシヤ出版）
della, Porta, Donatella (2005) "Deliberation in Movement: Why and How to Study Deliberative Democracy and Social Movements," *Acta Politica*, Vol. 40, No. 3.
della Porta, Donatella (2013) *Can Democracy Be Saved? Participation, Deliberation and Social Movements*, Polity.
della Porta, Donatella and Dieter Rucht (2013) "Power and Democracy in Social Movements: an Introduction," in della Porta, Donatella and Dieter Rucht (eds.), *Meeting Democracy: Power and Deliberation in Global Justice Movement*, Cambridge University Press.
Deveaux, Monique (2006) *Gender and Justice in Multicultural Liberal States*, Oxford University Press.
Drake, Anna and Allison McCulloch (2011) "Deliberative Consociationalism in Deeply Divided Societies," *Contemporary Political Theory*, Vol. 10, No. 3.
Dryzek, John S. (1990) *Discursive Democracy: Politics, Policy, and Political Science*, Cambridge University Press.

Dryzek, John S. (1996) "The Informal Logic of Institutional Design," in Robert E. Goodin (ed.), *The Theory of Institutional Design*, Cambridge University Press.

Dryzek, John S. (2000) *Deliberative Democracy and Beyond: Liberals, Critics, Contestations*, Oxford University Press.

Dryzek, John S. (2006a) *Deliberative Global Politics: Discourse and Democracy in a Divided World*, Polity.

Dryzek, John S. (2006b) "Deliberative Democracy in Different Places," in Leib and He eds. (2006).

Dryzek, John S. (2007) "Theory, Evidence, and the Tasks of Deliberation," in Shawn W. Rosenberg (ed.), *Can the People Govern? Deliberation, Participation and Democracy*, Palgrave Macmillan.

Dryzek, John S. (2009) "Democratization as Deliberative Capacity Building," *Comparative Political Studies*, Vol. 42, No. 11.

Dryzek, John S. (2010a) *Foundations and Frontiers of Deliberative Governance*, Oxford University Press.

Dryzek, John S. (2010b) "Rhetoric in Democracy: A Systemic Appreciation," *Political Theory*, Vol. 38, No. 3.

Dryzek, John S. and Patrick Dunleavy (2009) *Theories of the Democratic State*, Palgrave.

Dryzek, John S. and Carolyn M. Hendriks (2012) "Fostering Deliberation in the Forum and Beyond," in Frank Fischer and Herbert Gottweis (eds.), *The Argumentative Turn Revisited: Public Policy as Communicative Practice*, Duke University Press.

Dryzek, John S., Bonnie Honig and Anne Phillips (2006) "Introduction," in John S. Dryzek, Bonnie Honig and Anne Phillips (eds.), *The Oxford Handbook of Political Theory*, Oxford University Press.

江原由美子（1991）「家事労働を「強制」するメカニズム」、小倉利丸・大橋由香子編『働く／働かない／フェミニズム――家事労働と賃労働の呪縛』青弓社、所収。

江原由美子（2001）『ジェンダー秩序』勁草書房。

Elster, Jon (1997) "The Market and Forum: Three Varieties of Political Theory," in James Bohman and William Rehg (eds.), *Deliberative Democracy: Essays on Reason and Politics*, The MIT Press.

Elstub, Stephen (2008) *Towards a Deliberative and Associative Democracy*, Edinburgh University Press.

Elstub, Stephen (2010) "The Third Generation of Deliberative Democracy," *Political Studies Review*, Vol. 8, No. 3.

遠藤乾（2013）『統合の終焉――EU の実像と論理』岩波書店。

Ercan, Selen A. (2011) "The Deliberative Politics of Cultural Diversity: Beyond Interest and Indentity Politics?" in Fethi Mansouri and Michele Lobo (eds.), *Migration, Citizenship and Intercultural Relations: Looking through the Lens of Social Inclusion*, Ashgate.

Ercan, Selen A.（2012）*Beyond Multiculturalism: A Deliberative Democratic Approach to 'Illiberal' Cultures*, PhD Thesis, The Australian National University.

Ercan, Selen A. and John S. Dryzek（2015）"The Reach of Deliberative Democracy," *Policy Studies*, Vol. 36, No. 3.

Fischer, Frank（2009）*Democracy and Expertise: Reorienting Policy Inquiry*, Oxford University Press.

Fishkin, James S.（2009＝2011）*When the People Speak: Deliberative Democracy and Public Consultation*, Oxford University Press.（曽根泰教監修、岩木貴子訳『人々の声が響き合うとき――熟議空間と民主主義』早川書房）

Fitzpatrick, Tony（1999＝2005）*Freedom and Security: An Introduction to the Basic Income Debate*, Palgrave Macmillan.（武川正吾・菊地英明訳『自由と保障――ベーシック・インカム論争』勁草書房）

Fitzpatrick, Tony（2003）*After the New Social Democracy: Social Welfare for the Twenty-First Century*, Manchester University Press.

Fraser, Nancy（1997＝2003）*Justice Interruptus: Critical Reflections on the "Postsocialist" Condition*, Routledge.（仲正昌樹監訳『中断された正義――「ポスト社会主義的」条件をめぐる批判的省察』御茶の水書房）

福間聡（2007）『ロールズのカント的構成主義――理由の倫理学』勁草書房。

Fung, Archon（2007）"Minipublics: Deliberative Designs and Their Consequences," in Shawn W. Rosenberg（ed.）, *Can the People Govern? Deliberation, Participation and Democracy*, Palgrave Macmillan.

Fung, Archon and Erik O. Wright（eds.）（2003）*Deeping Democracy: Institutional Innovations in Empowered Participatory Governance*, Verso.

Furlong, Paul and David Marsh（2010）"A Skin Not a Sweater: Ontology and Epistemology in Political Science," in David Marsh and Gerry Stoker（eds.）, *Theory and Methods in Political Science*, Palgrave Macmillan.

Gastil, John and Peter Levine（eds.）（2005＝2013）*The Deliberative Democracy Handbook: Strategies for Effective Civic Engagement in the Twenty-First Century*, Jossey-Bass.（津富宏・井上弘貴・木村正人監訳『熟議民主主義ハンドブック』現代人文社）

Giddens, Anthony（1991＝2005）*Modernity and Self-Identity: Self and Society in the Late Modern Age*, Stanford University Press.（秋吉美都・安藤太郎・筒井淳也訳『モダニティと自己アイデンティティ――後期近代における自己と社会』ハーベスト社）

Giddens, Anthony（1992＝1995）*The Transformation of Intimacy: Sexuality, Love and Eroticism in Modern Societies*, Stanford University Press.（松尾精文・松川昭子訳『親密性の変容――近代社会におけるセクシュアリティ、愛情、エロティシズム』而立書房）

Giddens, Anthony（1994a＝2002）*Beyond Left and Right: The Future of Radical Politics*, Polity.（松尾精文・立松隆介訳『左派右派を超えて――ラディカルな政治の未来像』而立書房）

Giddens, Anthony (1994b=1997) "Living in a Post-Traditional Society," in Ulrich Beck, Anthony Giddens and Scott Lash, *Reflexive Modernization: Politics, Tradition and Aesthetics in the Modern Social Order*, Polity. (松尾精文・小幡正敏・叶堂隆三訳『再帰的近代化——近現代における政治、伝統、美的原理』而立書房)

Giddens, Anthony (1998=1999) *The Third Way: The Renewal of Social Democracy*, Polity. (佐和隆光訳『第三の道——効率と公正の新たな同盟』日本経済評論社)

Giddens, Anthony (2003) "Neoprogressivism. A New Agenda for Social Democracy," in Anthony Giddens (ed.), *The Progressive Manifesto: New Ideas for the Centre-Left*, Polity.

Goodin, Robert E. (1986) "Laundering Preferences," in Jon Elster and Aanund Hylland (eds.), *Foundations of Social Choice Theory*, Cambridge University Press.

Goodin, Robert E. (2001) "Work and Welfare: Towards a Post-productivist Welfare Regime," *British Journal of Political Science*, Vol. 31, No. 1.

Goodin, Robert E. (2003) *Reflective Democracy*, Oxford University Press.

Goodin, Robert E. (2008) *Innovating Democracy: Democratic Theory and Practice After the Deliberative Turn*, Oxford University Press.

Goodin, Robert E. and John S. Dryzek (2006) "Deliberative Impacts: The Macro-Political Uptake of Mini-Publics," *Politics & Society*, Vol. 34, No. 2.

Gülsözlü, Fuat (2009) "Debate: Agonism and Deliberation: Recognizing Difference," *The Journal of Political Philosophy*, Vol. 17, No. 3.

Habermas, Jürgen (1981=1985-87) *Theorie des kommunikativen Handelns Band 1: Handlungsrationalität und gesellschaftliche Rationalisierung*, Suhrkamp. (河上倫逸他訳『コミュニケイション的行為の理論［上］［中］［下］』未來社)

Habermas, Jürgen (1985=1995) *Die neue Unübersichtlichkeit*, Suhrkamp. (河上倫逸監訳『新たなる不透明性』松籟社)

Habermas, Jürgen (1991=2005) *Erläuterungrn zur Diskursethik*, Suhrkamp. (清水多吉・朝倉輝一訳『討議倫理』法政大学出版局)

Habermas, Jürgen (1992=2002-2003) *Faktizität und Geltung: Beiträge zur Diskurstheorie des Rechts und des demokratischen Rechtsstaats*, Suhrkamp. (河上倫逸・耳野健二訳『事実性と妥当性——法と民主的法治国家の討議理論にかんする研究（上）（下）』未來社)

Habermas, Jürgen (1996=2004) *Die Einbeziehung des Anderen: Studien zur politischen Theorie*, Suhrkamp. (高野昌行訳『他者の受容——多文化社会の政治理論に関する研究』法政大学出版局)

萩原久美子 (2006)『迷走する両立支援——いま、子どもをもって働くということ』太郎次郎社エディタス。

Hajer, Maarten and Hendrik Wagenaar (2003) "Introduction," in Maarten Hajer and Hendrik Wagenaar (eds.), *Deliberative Policy Analysis: Understanding Governance in the Network Society*, Cambridge University Press.

Hall, Cheryl (2007) "Recognizing the Passion in Deliberation: Toward a more

Democratic Theory of Deliberative Democracy," *Hypatia*, Vol. 22, No. 4.
Hausman, Daniel M. and Brynn Welch (2010) "Debate: To Nudge or Not to Nudge," *Journal of Political Philosophy*, Vol. 18, No. 1.
Hay, Colin (2007 = 2012) *Why We Hate Politics*, Polity.(吉田徹訳『政治はなぜ嫌われるのか――民主主義の取り戻し方』岩波書店)
早川誠(2014)『代表制という思想』風行社。
He, Baogang and Mark E. Warren (2011) "Authoritarian Deliberation: The Deliberative Turn in Chinese Political Development," *Perspectives on Politics*, Vol. 9, No. 2.
Held, David (2006) *Models of Democracy*, Third Edition, Polity.
Hendriks, Carolyn M. (2006a) "Integrated Deliberation: Reconciling Civil Society's Dual Role in Deliberative Democracy," *Political Studies*, Vol. 54, No. 3.
Hendriks, Carolyn M. (2006b) "When the Forum Meets Interest Politics: Strategic Uses of Public Deliberation," *Politics & Society*, Vol. 34, No. 4.
Hendriks, Carolyn M. (2011) *The Politics of Public Deliberation: Citizen Engagement and Interest Advocacy*, Palgrave Macmillan.
日暮雅夫(2008)『討議と承認の社会理論――ハーバーマスとホネット』勁草書房。
Hobson, Christopher (2012) "Liberal Democracy and Beyond: Extending the Sequencing Debate," *International Political Science Review*, published online 22 March 2012.
Hohe, Tanja (2002) "The Clash of Paradigms: International Administration and Local Political Legitimacy in East Timor," *Contemporary Southeast Asia*, Vol. 24, No. 3.
Huspek, Michael (2007) "Normative Potentials of Rhetorical Action within Deliberative Democracies," *Communication Theory*, Vol. 17, No. 4.
井手弘子(2010)「市民同士の熟議／対話」、田村哲樹編『政治の発見5 語る――熟議／対話の政治学』風行社、所収。
飯田文雄(2009)「現代規範的民主主義理論と民主化理論の間」『神戸法学年報』第25号。
稲葉振一郎(2008)『「公共性」論』NTT出版。
井上彰(2012)「デモクラシーにおける自由と平等――デモクラシーの価値をめぐる哲学的考察」、齋藤純一・田村哲樹編『アクセスデモクラシー論』日本経済評論社、所収。
井上彰(2014)「分析的政治哲学の方法とその擁護」、井上彰・田村哲樹編『政治理論とは何か』風行社、所収。
井上彰・田村哲樹編(2014)『政治理論とは何か』風行社。
井上達夫(2008)『自由論』岩波書店。
石田徹(2013)「新しい右翼の台頭とポピュリズム――ヨーロッパにおける論議の考察」、高橋進・石田徹編『ポピュリズム時代のデモクラシー――ヨーロッパからの考察』法律文化社、所収。
出岡直也(2012)「参加型予算(ブラジル、ポルト・アレグレ市)――大規模自治体における民衆集会的政治の可能性」、篠原一編『討議デモクラシーの挑戦――ミニ・パブリックスが拓く新しい政治』岩波書店、所収。
Jackson, Gregory (2005) "Contested Boundaries: Ambiguity and Creativity in the Evolution of German Codetermination," in Wolfgang Streeck and Kathleen Thelen

(eds.), *Beyond Continuity: Institutional Change in Advanced Political Economies*, Oxford University Press.

John, Peter, Sarah Cotterill, Alice Moseley, Liz Richardson, Graham Smith, Gerry Stoker and Corinne Wales (2011) *Nudge, Nudge, Think, Think: Experimenting with Ways to Change Civic Behaviour*, Bloomsbury Academic.

John, Peter, Graham Smith, Gerry Stoker (2009) "Nudge Nudge, Think Think: Two Strategies for Changing Civic Behaviour," *Political Quarterly*, Vol. 80, No. 3.

Johnson, James (1998) "Arguing for Deliberation: Some Skeptical Considerations," in Jon Elster (ed.), *Deliberative Democracy*, Cambridge University Press.

Kanra, Bora (2009) *Islam, Democracy and Dialogue in Turkey: Deliberating in Divided Societies*, Ashgate.

Kanra, Bora (2012) "Binary Deliberation," *Journal of Public Deliberation*, Vol. 8, No. 1.

川崎修 (2010) 『「政治的なるもの」の行方』岩波書店。

Keane, John (2011) "Monitory Democracy?" in Sonia Alonso, John Keane and Wolfgang Merkel (eds.), *The Future of Representative Democracy*, Cambridge University Press.

Kim, Joohan and Eun Joo Kim (2008) "Theorizing Dialogic Deliberation: Everyday Political Talk as Communicative Action and Dialogue," *Communication Theory*, Vol. 18, No. 1.

Knight, Jack and James Johnson (1994) "Aggregation and Deliberation: On the Possibility of Democratic Legitimacy," *Political Theory*, Vol. 22, No. 2.

Knight, Jack and James Johnson (1999) "Inquiry into Democracy: What Might a Pragmatist Make of Rational Choice Theories?," *American Journal of Political Science*, Vol. 43, No. 2.

Knight, Jack and James Johnson (2007) "The Priority of Democracy: A Pragmatist Approach to Political-Economic Institutions and the Burden of Justification," *American Political Science Review*, Vol. 101, No. 1.

Knight, Jack and James Johnson (2011) *The Priority of Democracy: Political Consequences of Pragmatism*, Princeton University Press.

Knops, Andrew (2007) "Agonism as Deliberation: On Mouffe's Theory of Democracy," *Journal of Political Philosophy*, Vol. 15, No. 1.

Knops, Andrew (2012) "Integrating Agonism with Deliberation: Realising the Benefits," *Filozofija I Društvo*, Vol. 23, No. 4.

河野勝 (2014)「『政治理論』と政治学——規範分析の方法論のために」、井上彰・田村哲樹編『政治理論とは何か』風行社、所収。

Krause, Sharon R. (2008) *Civil Passions: Moral Sentiment and Democratic Deliberation*, Princeton University Press.

Lafont, Cristina (2014) "Deliberation, Participation, and Democratic Legitimacy: Should Deliberative Mini-publics Shape Public Policy?" *Journal of Political Philosophy*, first published online, 22, January.

Leib, Ethan J. and Baogang He (eds.) (2006) *The Search for Deliberative Democracy in China*, Palgrave Macmillan.

Leopold, David and Marc Stears (eds.) (2008 = 2011) *Political Theory: Methods and Approaches*, Oxford University Press.（山岡龍一・松元雅和監訳『政治理論入門――方法とアプローチ』慶應義塾大学出版会）

Lessig, Lawrence (2006 = 2007) *Code Version 2.0*, Basic Books（山形浩生訳『CODE VERSION 2.0』翔泳社）

Levin, Peter, Archong Fung, and John Gastil (2005 = 2013) "Future Directions for Public Deliberation," in John Gastil and Peter Levine (eds.), *The Deliberative Democracy Handbook: Strategies for Effective Civic Engagement in the 21st Century*, Jossey-Bass.（藤井達夫訳「市民による熟議の未来に向けて」、ジョン・ギャスティル／ピーター・レヴィーン編、津富宏・井上弘貴・木村正人監訳『熟議民主主義ハンドブック』現代人文社、所収）

レイプハルト、アレンド（2005）粕谷祐子訳『民主主義対民主主義――多数決型とコンセンサス型の36ヶ国比較研究』勁草書房。

待鳥聡史（2012）『首相政治の制度分析――現代日本政治の権力基盤形成』千倉書房。

待鳥聡史（2015）『代議制民主主義――「民意」と「政治家」を問い直す』中央公論新社。

Mackie, Gerry (1998) "All Men are Liars: Is Democracy Meaningless?" in Jon Elster (ed.), *Deliberative Democracy*, Cambridge University Press.

Macpherson, Crawford B. (1965 = 1967) *The Real World of Democracy*, Clarendon Press.（粟田賢三訳『現代世界の民主主義』岩波新書、岩波書店）

Macpherson, Crawford B. (1977 = 1978) *The Life and Times of Liberal Democracy*, Oxford University Press.（田口富久治訳『自由民主主義は生き残れるか』岩波新書、岩波書店）

Mahoney, James and Kathleen Thelen (2010) "A Theory of Gradual Institutional Change," in James Mahoney and Kathleen Thelen (eds.), *Explaining Institutional Change: Ambiguity, Agency, and Power*, Cambridge University Press.

Mansbridge, Jane (1996a) "Reconstructing Democracy," in Nancy J. Hirschmann and Christine Di Stefano (eds.), *Revisioning the Political: Feminist Reconstructions of Traditional Concepts in Western Political Theory*, Westview Press.

Mansbridge, Jane (1996b) "Using Power/Fighting Power: The Polity," in Seyla Benhabib (ed.), *Democracy and Difference: Contesting the Boundaries of the Political*, Princeton University Press.

Mansbridge, Jane (1999) "Everyday Talk in the Deliberative System," in Stephen Macedo (ed.), *Deliberative Politics: Essays on Democracy and Disagreement*, Oxford University Press.

Mansbridge, Jane (2007) "'Deliberative Democracy' or 'Democratic Deliberation'?" in Shawn W. Rosenberg (ed.), *Can the People Govern? Deliberation, Participation and Democracy*, Palgrave Macmillan.

Mansbridge, Jane, James Bohman, Simone Chambers, Thomas Christiano, Archon Fung,

John Parkinson, David F. Thompson, and Mark E. Warren (2012) "A Systemic Approach to Deliberative Democracy," in John Parkinson and Jane Mansbridge (eds.), *Deliberative Systems: Deliberative Democracy at the Large Scale*, Cambridge University Press.

Marchart, Oliver (2007) *Post-Foundational Political Thought: Political Difference in Nancy, Lefort, Badiou and Laclau*, Edinburgh University Press.

Marcus, George E. (2002) *The Sentimental Citizen: Emotion in Democratic Politics*, The Pennsylvania State University Press.

松元雅和 (2015) 『応用政治哲学――方法論の探究』風行社。

松尾秀哉 (2011) 「ベルギー分裂危機と合意型民主主義」、田村哲樹・堀江孝司編 『模索する政治――代表制民主主義と福祉国家のゆくえ』ナカニシヤ出版、所収。

松尾秀哉 (2013) 「分断社会における「和解」の制度構築――レイプハルトの権力分有モデルを中心に」、松尾秀哉・臼井陽一郎編 『紛争と和解の政治学』ナカニシヤ出版、所収。

McNay, Lois (2008 = 2011) "Recognition as Fact and Norm: The Method of Critique," in David Leopold and Marc Stears (eds.), *Political Theory: Methods and Approaches*, Oxford University Press. (田畑真一訳「事実かつ規範としての承認――批判の方法」、山岡龍一・松元雅和監訳『政治理論入門――方法とアプローチ』慶應義塾大学出版会、所収)

Mendonça, Ricardo Fabrino and Selen A. Ercan (2015) "Deliberation and Protest: Strange Bedfellows? Revealing the Deliberative Potential of 2013 Protests in Turkey and Brazil," *Policy Studies*, Vol. 36, No. 3.

Merkel, Wolfgang (2014) "Is Capitalism Compatible with Democracy?" *Zeitschrift für Vergleichende Politikwissenschaft*, Vol. 8, No. 2.

三上直之 (2012) 「コンセンサス会議――市民による科学技術のコントロール」、篠原一編 『討議デモクラシーの挑戦――ミニ・パブリックスが拓く新しい政治』岩波書店、所収。

三上直之・高橋祐一郎 (2013) 「萌芽的科学技術に向きあう市民――『ナノトライ』の試み」、立川雅司・三上直之編 『萌芽的科学技術と市民――フードナノテクからの問い』日本経済評論社、所収。

Miller, David (2008 = 2011) "Political Philosophy for Earththlings," in David Leopold and Marc Stears (eds.), *Political Theory: Methods and Approaches*, Oxford University Press. (遠藤知子訳「地球人のための政治哲学」、デイヴィッド・レオポルド／マーク・スティアーズ編、山岡龍一・松元雅和監訳『政治理論入門――方法とアプローチ』慶應義塾大学出版会、所収)

Miller, Gary and Thomas Hammond (1994) "Why Politics is More Fundamental than Economics," *Journal of Theoretical Politics*, Vol. 6, No. 1.

三浦まり (2015) 『私たちの声を議会へ――代表制民主主義の再生』岩波書店。

宮台真司・北田暁大 (2005) 『限界の思考――空虚な時代を生き抜くための社会学』双風舎。

宮本太郎 (2008) 『福祉政治――日本の生活保障とデモクラシー』有斐閣。

水上英徳 (2003) 「社会国家プロジェクトのリフレクティヴな継続――ハーバーマスによる

手続き主義的法パラダイムの提起」、永井彰・日暮雅夫編『批判的社会理論の現在』晃洋書房、所収。
宮城崇志・柳下正治（2013）「討論型世論調査の手法を用いた民間独自調査の試み——3.11後のエネルギー・環境の選択肢に関する国民的議論」『地球環境科学』第8号。
森政稔（2014）『〈政治的なもの〉の遍歴と帰結——新自由主義以後の「政治理論」のために』青土社。
森達也（2010）「自由と公共性——関係性の技法(アート)について」、齋藤純一編『公共性の政治理論』ナカニシヤ出版、所収。
Mouffe, Chantal（2000）*The Democratic Paradox*, Verso.
Mudde, Cas（2004）"The Populist Zeitgeist," *Government and the Opposition*, Vol. 39, No. 4.
牟田和恵編（2009）『家族を超える社会学——新たな生の基盤を求めて』新曜社。
永井彰（2003）「ハーバーマスの近代国家論」、永井彰・日暮雅夫編著『批判的社会理論の現在』晃洋書房、所収。
中村正志（2009）「分断社会における民主主義の安定——権力分有をめぐる議論の展開」、川中豪編『新興民主主義の安定』調査報告研究書、アジア経済研究所、所収。
http://www.ide.go.jp/Japanese/Publish/Download/Report/pdf/2008_0405_ch2.pdf
野田昌吾（2013）「デモクラシーの現在とポピュリズム」、高橋進・石田徹編『ポピュリズム時代のデモクラシー——ヨーロッパからの考察』法律文化社、所収。
Offe, Claus（1984＝1988）"Competitive Party Democracy and Keynesian Welfare State," in Claus Offe, *Contradictions of the Welfare State*, The MIT Press.（「競争的政党民主制とケインズ主義的福祉国家」、寿福真美編訳『後期資本制社会システム——資本制的民主制の諸制度』法政大学出版局、所収）
オッフェ、クラウス（1988）寿福真美編訳『後期資本制社会システム——資本制的民主制の諸制度』法政大学出版局。
Offe, Claus（1992）"A Non-Productivist Design for Social Policies," in Philippe Van Parijs（ed.）, *Arguing for Basic Income: Ethical Foundations for a Radical Reform*, Verso.
Offe, Claus（2011＝2012）"Crisis and Innovation of Liberal Democracy: Can Deliberation Be Institutionalized?" *Czech Sociological Review*, Vol. 47, No. 3.（鈴木宗徳訳「リベラル・デモクラシーの危機と刷新——熟議は制度化できるか」、舩橋晴俊・壽福眞美編著『規範理論の探究と公共圏の可能性』法政大学出版局、所収）（英語版と日本語版は内容は基本的に同一であるが、細かい表現等において若干の違いがある）
Offe, Claus and Ulrich Preuss（2003）"Democratic Institutions and Moral Resources," in Claus Offe, *Herausforderungen der Demokratie: Zur Integrations- und Leistungsfähigkeit politischer Institutionen*, Campus.
O'Flynn, Ian（2006）*Deliberative Democracy and Divided Society*, Palgrave Macmillan.
O'Flynn, Ian（2007）"Divided Societies and Deliberative Democracy," *British Journal of Political Science*, Vol. 37, No. 4.
小川有美（2011）「EUが変える政治空間——「民主主義の赤字」か「民主主義の多様化」か」、田村哲樹・堀江孝司編『模索する政治——代表制民主主義と福祉国家のゆくえ』

ナカニシヤ出版、所収。

岡田健太郎（2012）「市民議会――ブリティッシュ・コロンビア州（カナダ）での選挙制度改革」、篠原一編『討議デモクラシーの挑戦――ミニ・パブリックスが拓く新しい政治』岩波書店、所収。

岡野八代（2009）「家族の時間・家族のことば――政治学から／政治学への接近の可能性」『現代思想』第37巻第2号。

岡野八代（2012）『フェミニズムの政治学――ケアの倫理をグローバル社会へ』みすず書房。

Olson, Kevin (2006) *Reflexive Democracy: Political Equality and the Welfare State*, The MIT Press.

尾内隆之（2010）「市民が専門知に向き合うとき――科学技術をめぐる熟議／対話」、田村哲樹編『政治の発見5　語る――熟議／対話の政治学』風行社、所収。

大嶽秀夫（1979/1996）『〔増補新版〕現代日本の政治権力経済権力――政治における企業・業界・財界』三一書房。

大津留（北川）智恵子（2010）「議会における熟議」、田村哲樹編『政治の発見5　語る――熟議／対話の政治学』風行社。

大屋雄裕（2004）「情報化社会における自由の命運」『思想』第965号。

大屋雄裕（2007）『自由とは何か――監視社会と「個人」の消滅』筑摩書房。

Owen, David and Graham Smith (2015) "Survey Article: Deliberation, Democracy, and the Systemic Turn," *Journal of Political Philosophy*, Vol. 23, No. 2.

Parkinson, John (2006) *Deliberating in the Real World: Problems of Legitimacy in Deliberative Democracy*, Oxford University Press.

Parkinson, John (2012) *Democracy and Public Space: The Physical Sites of Democratic Performance*, Oxford University Press.

Parkinson, John and Jane Mansbridge (eds.) (2012) *Deliberative Systems: Deliberative Democracy at the Large Scale*, Cambridge University Press.

Pateman, Carole (1970) *Participation and Democratic Theory*, Cambridge University Press.

Pateman, Carole (1989) *The Disorder of Women: Democracy, Feminism and Political Theory*, Stanford University Press.

Pateman, Carole (2005) "Another Way Forward: Welfare, Social Reproduction, and a Basic Income," in Lawrence M. Mead and Christopher Beem (eds.), *Welfare Reform and Political Theory*, Russell Sage Foundation.

Pateman, Carole (2006) "Democratizing Citizenship: Some Advantages of a Basic Income," in Erik Olin Wright (ed.), *Redesigning Distribution: Basic Income and Stakeholder Grants as Cornerstones for an Egalitarian Capitalism*, Verso.

Prokhovnik, Raia (2007) "Rationality," in Georgina Blakeley and Valerie Bryson (eds.), *The Impact of Feminism on Political Concepts and Debates*, Manchester University Press.

Rawls, John (2001＝2004) *Justice as Fairness: A Restatement*, Harvard University Press.（田中成明・亀本洋・平井亮輔訳『公正としての正義　再説』岩波書店）

Reynolds, Andrew (ed.) (2002) *The Architecture of Democracy: Constitutional Design, Conflict Management, and Democracy*, Oxford University Press.
Roseneil, Sasha and Shelley Budgeon (2004) "Cultures of Intimacy and Care Beyond 'the Family': Personal Life and Social Change in the Early 21st Century," *Current Sociology*, Vol. 52, No. 2.
Rostbøll, Christian F. (2008) *Deliberative Freedom: Deliberative Democracy as Critical Theory*, State University of New York Press.
齋藤純一(2000)『公共性』岩波書店。
齋藤純一(2003)「親密圏と安全性の政治」、齋藤純一編『親密圏のポリティクス』ナカニシヤ出版、所収。
齋藤純一(2007)「排除に抗する社会統合の構想――ロールズとハーバーマスにおける相互承認をめぐって」、日本政治学会編『年報政治学2007-Ⅱ 排除と包摂の政治学』木鐸社、所収。
齋藤純一(2008)『政治と複数性――民主的な公共性にむけて』岩波書店。
齋藤純一(2009)「感情と規範的期待――もう一つの公私区分の脱構築」、飯田隆他編『岩波講座哲学10 社会／公共性の哲学』岩波書店、所収。
齋藤純一(2010a)「政治的空間における理由と理念」『思想』1033号。
齋藤純一(2010b)「公共的空間における政治的意思形成――代表とレトリック」、齋藤純一編『公共性の政治理論』ナカニシヤ出版、所収。
齋藤純一(2012)「デモクラシーにおける理性と感情」、齋藤純一・田村哲樹編『アクセスデモクラシー論』日本経済評論社、所収。
齋藤純一編(2010)『公共性の政治理論』ナカニシヤ出版。
齊藤拓(2010)「日本のBIをめぐる言説」、立岩真也・齊藤拓『ベーシックインカム――分配する最小国家の可能性』青土社、所収。
坂野達郎(2012)「討議型世論調査(DP)――民意の変容を世論調査で確かめる」、篠原一編『討議デモクラシーの挑戦――ミニ・パブリックスが拓く新しい政治』岩波書店。
Sass, Jensen and John S. Dryzek (2014) "Deliberative Cultures," *Political Theory*, Vol. 42, No. 1.
Schaap, Andrew (2006) "Agonism in Divided Societies," *Philosophy & Social Criticism*, Vol. 32, No. 2.
Schmidt, Vivien A. (2002) *The Futures of European Capitalism*, Oxford University Press.
シュムペーター、ジョセフ・A(1995)中山伊知郎・東畑精一訳『資本主義・社会主義・民主主義』東洋経済新報社。
Setälä, Maija and Kaisa Herne (2014) "Normative Theory and Experimental Research in the Study of Deliberative Mini-Publics," in Kimmo Grönlund, André Bächtiger and Maija Setälä (eds.), *Deliberative Mini-Publics: Involving Citizens in the Democratic Process*, ECPR Press.
篠原一(2007)『歴史政治学とデモクラシー』岩波書店。
篠原一編(2012)『討議デモクラシーの挑戦――ミニ・パブリックスが拓く新しい政治』岩

波書店。
篠藤明徳（2012）「市民討議会——日本の政治文化を拓く」、篠原一編『討議デモクラシーの挑戦——ミニ・パブリックスが拓く新しい政治』岩波書店、所収。
篠藤明徳・吉田純夫・小針憲一（2009）『自治を拓く市民討議会——広がる参画・事例と方法』イマジン出版。
塩原良和（2012）『共に生きる——多民族・多文化社会における対話』弘文堂。
Smith, Graham (2009) *Democratic Innovations: Designing Institutions for Citizen Participation*, Cambridge University Press.
Smith, Graham (2011) "Democratic Innovations: Bringing Theory and Practice into Dialogue," *Philosophy Compass*, Vol. 6, No. 12.
空井護（2012）「現代民主政 1.5——熟議と無意識の間」『アステイオン』第 77 号。
Sørensen, Eva and Jacob Torfing (eds.) (2008) *Theories of Democratic Network Governance*, Palgrave Macmillan.
Sørensen, Eva and Jacob Torfing (2009) "Making Governance Networks Effective and Democratic Through Metagovernance," *Public Administration*, Vol. 87, No. 2.
Steiner, Jürg, André Bächtiger, Markus Spörndli and Marco R. Steenbergen (2004) *Deliberative Politics in Action: Analyzing Parliamentary Discourse*, Cambridge University Press.
Stemplowska, Zofia and Adam Swift (2012) "Ideal and Nonideal Theory," in David Estlund (ed.), *The Oxford Handbook of Political Philosophy*, Oxford University Press.
Stevenson, Hayley and John S. Dryzek (2014) *Democratizing Global Climate Governance*, Cambridge University Press.
Stoker, Gerry (2006 = 2013) *Why Politics Matters: Making Democracy Work*, Palgrave Macmillan.（山口二郎訳『政治をあきらめない理由——民主主義で世の中を変えるいくつかの方法』岩波書店）
Streeck, Wolfgang (2013) "The Crisis in Context: Democratic Capitalism and its Contradictions," in Armin Schäfer and Wolfgang Streeck (eds.), *Politics in the Age of Austerity*, Polity.
Streeck, Wolfgang (2014) *Buying Time: The Delayed Crisis of Democratic Capitalism*, Verso.
Streeck, Wolfgang and Kathleen Thelen (2005) "Introduction: Institutional Change in Advanced Political Economies," in Wolfgang Streeck and Kathleen Thelen (eds.), *Beyond Continuity: Institutional Change in Advanced Political Economies*, Oxford University Press.
Sunstein, Cass R. (2001) *Designing Democracy: What Constitutions Do*, Oxford University Press.
Sunstein, Cass R. (2007 = 2003) *Republic.com 2.0*, Princeton University Press.（石川幸徳訳『インターネットは民主主義の敵か』毎日新聞社〔ただし、邦訳は、2001 年刊行の初版からの翻訳〕）

Sunstein, Cass R.（2008）*Infotopia: How Many Minds Produce Knowledge*, Oxford University Press.
Sunstein, Cass R.（2009）*Going to Extremes: How Like Minds Unite and Divide*, Oxford University Press.
Sunstein, Cass and Richard H. Thaler（2003）"Libertarian Paternalism Is Not an Oxymoron," *The University of Chicago Law Review*, Vol. 70, No. 4.
Sunstein, Cass and Richard H. Thaler（2006）"Preferences, Paternalism, and Liberty," in Serena Olsaretti（ed.）, *Preferences and Well-Being*, Cambridge University Press.
鈴木謙介（2007）『ウェブ社会の思想——〈遍在する私〉をどう生きるか』NHK出版。
鈴木宗徳（2012）「公共性と熟議民主主義を分離・再接続する——「ミニ・パブリックス」の可能性」、舩橋晴俊・壽福眞美編『規範理論の探究と公共圏の可能性』法政大学出版局、所収。
田畑真一（2011）「熟議デモクラシーにおけるミニ・パブリックスの位置づけ——インフォーマルな次元での熟議の制度化」、須賀晃一・齋藤純一編『政治経済学の規範理論』勁草書房、所収。
武川正吾編（2008）『シティズンシップとベーシック・インカムの可能性』法律文化社。
田村哲樹（2002）『国家・政治・市民社会——クラウス・オッフェの政治理論』青木書店。
田村哲樹（2004）「熟議民主主義とベーシック・インカム——福祉国家「以後」の公共性という観点から」『早稲田政治経済学雑誌』第357号。
田村哲樹（2006）「ジェンダー平等・言説戦略・制度改革——日本の「男女共同参画社会」政策の展開を事例として」、宮本太郎編『比較福祉政治——制度転換のアクターと戦略』早稲田大学出版部、所収。
田村哲樹（2007b）「シティズンシップと福祉改革」『法政論集』第217号。
田村哲樹（2008）『熟議の理由——民主主義の政治理論』勁草書房。
田村哲樹（2009a）『政治理論とフェミニズムの間——国家・社会・家族』昭和堂。
田村哲樹（2009b）「熟議による構成、熟議の構成——ミニ・パブリックス論を中心に」、小野耕二編『構成主義的政治理論と比較政治』ミネルヴァ書房、所収。
田村哲樹（2009c）「足場とブレーキ——希望の条件としてのベーシック・インカム」、東大社研・玄田有史・宇野重規編『希望学4　希望のはじまり——流動化する世界で』東京大学出版会、所収。
田村哲樹（2010a）「熟議民主主義における「理性と情念」の位置」『思想』1033号。
田村哲樹（2010b）「ベーシック・インカム、自由、政治的実現可能性」、宮本太郎編『自由への問い2　社会保障——セキュリティの構造転換へ』岩波書店、所収。
田村哲樹（2010c）「親密圏における熟議／対話の可能性」、田村哲樹編『政治の発見5　語る——熟議／対話の政治学』風行社、所収。
田村哲樹（2011a）「男性稼ぎ手型家族を基礎とした福祉国家からどのように脱却するのか——ベーシック・インカム、性別分業、民主主義」、田村哲樹・堀江孝司編『模索する政治——代表制民主主義と福祉国家のゆくえ』ナカニシヤ出版、所収。
田村哲樹（2011b）「デモクラシーのためのアーキテクチャ、アーキテクチャをめぐるデモクラシー」、宇野重規・田村哲樹・山崎望『デモクラシーの擁護——再帰化する現代

社会で』ナカニシヤ出版、所収。
田村哲樹（2011c）「シティズンシップの再構想——政治理論はどのようにパラダイム・シフトするのか」、辻村みよ子編『壁を超える——政治と行政のジェンダー主流化』岩波書店、所収。
田村哲樹（2011d）「模索する政治、政治の模索」、田村哲樹・堀江孝司編『模索する政治——代表制民主主義と福祉国家のゆくえ』ナカニシヤ出版、所収。
田村哲樹（2013a）「熟議民主主義は自由民主主義的か？——『熟議システム』概念の射程」『政治思想研究』第13号。
田村哲樹（2013b）「熟議による『和解』の可能性」、松尾秀哉・臼井陽一郎編『紛争と和解の政治学』ナカニシヤ出版、所収。
田村哲樹（2013c）「個人化の時代にどのような民主主義なのか——ポピュリズム・『民主主義2.0』・熟議民主主義」『比較文明』第29号。
田村哲樹（2014a）「熟議と参加——リベラル・デモクラシーを超えるのか」、川崎修編『岩波講座政治哲学6　政治哲学と現代』岩波書店、所収。
田村哲樹（2014b）「政治／政治的なるものの政治理論」、井上彰・田村哲樹編『政治理論とは何か』風行社、所収。
田村哲樹（2014c）「構築主義は規範をどこまで語ることができるのか？——政治的構築主義・節合・民主主義」『法政論集』第255号。
田村哲樹（2015a）「観察可能なものと観察不可能なもの——規範・経験の区別の再検討」、日本政治学会編『年報政治学2015-I　政治理論と実証研究の対話』木鐸社。
田村哲樹（2015b）「立憲主義・代表制・熟議民主主義——自由民主主義と熟議民主主義の関係をめぐって」『憲法問題』第26号。
田村哲樹（2015c）「『民主的家族』の探究——方法論的ナショナリズムのもう一つの超え方」『法政論集』第262号。
田村哲樹（2015d）「ソーシャル・キャピタルと熟議民主主義」、坪郷實編『福祉＋α　ソーシャル・キャピタル』ミネルヴァ書房、所収。
田村哲樹（2016）「熟議民主主義と集団政治——利益団体・アソシエーション・集合性の構成」、宮本太郎・山口二郎編『リアル・デモクラシー——ポスト「日本型利益政治」の構想』岩波書店、所収。
Tamura, Tetsuki (2014) "Rethinking Grassroots Participation in Nested Deliberative Systems," *Japanese Political Science Review*, Vol. 2.
田村哲樹編（2010）『語る——熟議／対話の政治学』風行社。
Tang, Beibei and John S. Dryzek (2014) "Introduction: The Continuing Search for Deliberation and Participation in China," *Journal of Chinese Political Science*, Vol. 19, No. 2.
立岩真也・齊藤拓（2010）『ベーシックインカム——分配する最少国家の可能性』青土社。
Thaler, Richard H. and Cass R. Sunstein (2009＝2009) *Nudge: Improving Decisions about Health, Wealth, and Happiness*, Revised and Expanded Edition, Penguin Books.（遠藤真美訳『実践 行動経済学——健康、富、幸福への聡明な選択』日経BP社。ただし邦訳は、2008年刊行の初版からの翻訳）

Thompson, Dennis F. (2008) "Deliberative Democratic Theory and Empirical Political Science," *Annual Review of Political Science*, Vol. 11.
宇野重規 (2010)『〈私〉時代のデモクラシー』岩波書店。
宇野重規 (2011)「再帰性とデモクラシー——もう一つの起源」、宇野重規・田村哲樹・山崎望『デモクラシーの擁護——再帰化する現代社会で』ナカニシヤ出版、所収。
宇野重規 (2012)「政治を哲学する (最終回) デモクラシーを問い直す」『本』第37巻第4号。
宇野重規・田村哲樹・山崎望 (2011)『デモクラシーの擁護——再帰化する現代社会で』ナカニシヤ出版。
Urbinati, Nadia and Mark E. Warren (2008) "The Concept of Representation in Contemporary Democratic Theory," *The Annual Review of Political Science*, Vol. 11.
Van Parijis, Philippe (1995 = 2009) *Real Freedom for All: What (If Anything) Can Justify Capitalism?* Oxford University Press. (後藤玲子・齊藤拓訳『ベーシック・インカムの哲学——すべての人にリアルな自由を』勁草書房)
Walzer Michael (2004 = 2006) *Politics and Passion: Toward a More Egalitarian Liberalism*, Yale University Press. (齋藤純一・谷澤正嗣・和田泰一訳『政治と情念——より平等なリベラリズムへ』風行社)
Warren, Mark E. (1996a) "What Should We Expect from More Democracy? Radically Democratic Response to Politics," *Political Theory*, Vol. 24, No. 2.
Warren, Mark E. (1996b) "Deliberative Democracy and Authority," *American Political Science Review*, Vol. 90, No. 1.
Warren, Mark E. (1999) "What is Political?," *Journal of Theoretical Politics*, Vol. 11, No. 2.
Warren, Mark E. (2002) "Deliberative Democracy," in April Carter and Geoffrey Stokes (eds.), *Democratic Theory Today: Challenges for the 21st Century*, Polity Press.
Warren, Mark E. (2007) "Institutionalizing Deliberative Democracy," in Shawn W. Rosenberg (ed.), *Can the People Govern? Deliberation, Participation and Democracy*, Palgrave Macmillan.
Warren, Mark E. (2008) "Citizen Representatives," in Mark E. Warren and Hilary Pearse (eds.), *Designing Deliberative Democracy: The British Columbia Citizens' Assembly*, Cambridge University Press.
Warren, Mark E. (2009) "Exit-Based Empowerment in Democratic Theory," Paper Prepared for the Presentation to the Working Group on Political Ethics, American Political Science Association Annual Meeting, September 3-6, 2009. (https://www.arts.ubc.ca/fileadmin/template/main/images/departments/poli_sci/Faculty/warren/Exit_Based_Empowerment_in_Democratic_Theory_08-25-09.pdf)
Warren, Mark E. and Hilary Pearse (2008) "Introduction: Democratic Renewwal and Deliberative Democracy," in Mark E. Warren and Hilary Pearse (eds.), *Designing Deliberative Democracy: The British Columbia Citizens' Assembly*, Cambridge

University Press.
渡辺幹雄（2004）「ロールズにおける「福祉国家」と「財産所有制民主主義」」、塩野谷祐一・鈴村興太郎・後藤玲子編『福祉の公共哲学』東京大学出版会、所収。
Wedeen, Lisa（2007）"The Politics of Deliberation: Qāt Chews as Public Spheres in Yemen," *Public Cultures*, Vol. 19, No. 1.
ヴェルナー、ゲッツ・W（2009）渡辺一男訳『すべての人にベーシック・インカムを——基本的人権としての所得保障について』現代書館。
山田陽（2009）「熟議民主主義と「公共圏」」『相関社会科学』第19号。
山田陽（2012）「熟議民主主義と政治的平等」、宇野重規・井上彰・山崎望編『実践する政治哲学』ナカニシヤ出版、所収。
山田陽（2015）「熟議は代表制を救うか？」、山崎望・山本圭編『ポスト代表制の政治学——デモクラシーの危機に抗して』ナカニシヤ出版、所収。
山田真裕（2016）『政治参加と民主政治』東京大学出版会。
山本圭（2012）「ポピュリズムの民主主義的効用——ラディカル・デモクラシー論の知見から」、日本政治学会編『年報政治学 2012-Ⅱ 現代日本の団体政治』木鐸社、所収。
山森亮（2009）『ベーシック・インカム入門——無条件給付の基本所得を考える』光文社。
山根純佳（2010）『なぜ女性はケア労働をするのか——性別分業の再生産を超えて』勁草書房。
山崎望・山本圭編『ポスト代表制の政治学——デモクラシーの危機に抗して』ナカニシヤ出版。
柳瀬昇（2015）『熟慮と討議の民主主義理論——直接民主制は代議制を乗り越えられるか』ミネルヴァ書房。
安冨歩（2008）『生きるための経済学——〈選択の自由〉からの脱却』NHK出版。
安冨歩・本條晴一郎（2007）『ハラスメントは連鎖する——「しつけ」「教育」という呪縛』光文社。
吉田徹（2011）『ポピュリズムを考える——民主主義への再入門』NHK出版。
吉田徹（2013）「ステイツ・オブ・デモクラシー——ポピュリズム・熟議民主主義・アーキテクチャ」憲法理論研究会編『変動する社会と憲法』敬文堂。
Young, Iris M.（1990）*Justice and the Politics of Difference*, Princeton University Press.
Young, Iris M.（1996）"Communication and the Other: Beyond Deliberative Democracy," in Seyla Benhabib（ed.）, *Democracy and Difference: Contesting the Boundaries of the Political*, Princeton University Press.
Young, Iris M.（2000）*Inclusion and Democracy*, Oxford University Press.
湯浅誠（2012）『ヒーローを待っていても世界は変わらない』朝日新聞出版。
Zakaria, Fareed（2003）*The Future of Freedom: Illiberal Democracy at Home and Abroad*, W. W. Norton & Company.
Zelleke, Almaz（2008）"Institutionalizing the Universal Caretaker Through A Basic Income?" *Basic Income Studies*, Vol. 3, No. 3.

あとがき

　4冊目となる単著をようやく刊行することができた。最初にこの本のことを考え始めたのは、恐らく2013年ごろである。そのころ、『熟議の理由――民主主義の政治理論』(勁草書房、2008年) 刊行以後に発表した熟議民主主義関係の論文をまとめて、次の本にすることを考え始めた。しかし、現実は甘くなかった。『熟議の理由』の「あとがき」で、当初、最終的に同書にまとめられた諸論文をまとめることは無理だろうと思っていた旨を書いたが、今回はそれ以上に難しい作業だった。どのようにまとめるべきかについてなかなか方針が立たなかったことに加えて、方針が立ったあとも、全体にそれなりの整合性と一貫性を持たせるために加筆修正するのが想像以上に難しかったためである。

　「阻害要因」をキーワードとすればまとめることができるのではないかと思いついたのは、2014年の春ごろである。しかし、そこから全体の整合性と一貫性を作り出すのに2年近くもかかってしまった。その間に、2014年当初の目次にも大幅な変化が生じた（各章の順番が大幅に入れ替わった）。さらに、主に第8章で取り上げた熟議システム論に依拠する形で全面的に書き直すべきではないかという誘惑（または強迫観念）に囚われかけたこともあった（が、断念した）。こうして、何とか本書にたどり着くことができた。うれしいというよりも、ほっとしたというのが、今の率直な気持ちである。

　各章の初出は、以下のとおりである。もちろん、本書にまとめるにあたって、いずれも加筆修正を行っている。転載を認めてくださった各出版社・学会に感謝申し上げる。

- 第1章：「熟議による「和解」の可能性」松尾秀哉・臼井陽一郎編『紛争と和解の政治学』ナカニシヤ出版、2013年、67-85頁。

- 第 2 章：「個人化の時代にどのような民主主義なのか——ポピュリズム・「民主主義 2.0」・熟議民主主義」『比較文明』第 29 号、2013 年、21-42 頁。
- 第 3 章：「民主主義のための福祉——「熟議民主主義とベーシック・インカム」再考」『思想地図』Vol. 2、NHK 出版、2008 年、115-142 頁。
- 第 4 章：「熟議民主主義における「理性と情念」の位置」『思想』、第 1033 号、2010 年、152-171 頁。
- 第 5 章：「デモクラシーのためのアーキテクチャ、アーキテクチャをめぐるデモクラシー」宇野重規・田村哲樹・山崎望『デモクラシーの擁護——再帰化する現代社会で』ナカニシヤ出版、2011 年、147-209 頁。
- 第 6 章：「親密圏における熟議／対話の可能性」田村哲樹編『政治の発見 5 語る——熟議／対話の政治学』風行社、2010 年、47-79 頁。
- 第 7 章：「熟議による構成、熟議の構成——ミニ・パブリックスを中心に」小野耕二編『構成主義的政治理論と比較政治』ミネルヴァ書房、2009 年、111-140 頁。
- 第 8 章：「熟議民主主義は自由民主主義的か？——「熟議システム」概念の射程」『政治思想研究』第 13 号、2013 年、135-161 頁。

なお、本書は、科学研究費基盤研究（C）「熟議システム概念の拡張を通じた現代民主主義理論における「政治の重要性」の再検討」（2015 年度〜2018 年度（予定））および同基盤研究（C）「熟議システム概念の射程についての政治理論的研究」（2012 年度〜2014 年度）の成果である。

　こうして苦労の末にできた本書であるが、熟議民主主義について 2 冊目の本を出すことができたことには、ある種の感慨がある。研究テーマにも、流行り廃りというものがある。熟議民主主義についても、それを 1990 年代後

あとがき

半から 2000 年代の「流行り」のテーマの一つと見なす向きもあるだろう。しかし、私自身は、気づけば 15 年以上も熟議民主主義研究を続けている。今では、きっと今後も熟議民主主義研究を続けていくのではないかと思っている。流行り廃りとは関係なく、熟議民主主義研究がライフワークになりつつあると自分自身で認識し始めている。そのことに、感慨を持つのである。

　その「ライフワーク」の当面の課題は、海外における熟議システム論の展開を追いかけつつ、親密圏（をはじめとする公式の制度以外の場）における熟議民主主義、自由民主主義と熟議民主主義との関係、熟議システム論と規範理論としての熟議民主主義論との関係、といったテーマをさらに追究していくことになるだろう。また、熟議には、依然として「理想論」「一部の人（エリート）のものに過ぎない」というイメージがつきまとっているが、それをどのように変えていくことができるかという問題も重要である。本書第 3 章や第 5 章における「条件」や「ナッジ」についての議論は、そのような取り組みの一端である。これらの議論の前提は、熟議の「ハードルの高さ」である。しかし、矛盾となりかねないことを承知で言えば、同時に私は、熟議はもっと「日常的なもの」ではないかとも考えている。このことを学問的にうまく表現できれば、熟議についての上記のイメージを変えることにもつながるはずである。今後もこれらの課題に取り組んでいかなければならないのだから、やはり熟議民主主義研究は、私のライフワークになっていくのだろう。

＊　＊　＊

　これまでの著作と同様に、本書とそのもとになった各論文の執筆にあたっても、実に多くの方々にお世話になっている。今回の「あとがき」は、極力シンプルなものにしたかったのだが、とてもできそうにない。私は、2009 年 9 月から 2011 年 8 月の 2 年間、キャンベラのオーストラリア国立大学（ANU）で在外研究を行う機会を得た。この本のいくつかの章（第 4 章、第 5 章、第 6 章）のもとになった論文は、ANU 滞在時に書かれたものであり、ま

た、第 8 章のもとになった論文も執筆は帰国後だが、そのアイデアはやはりANU 滞在中に得たものである。まず、熟議民主主義とグローバル・ガヴァナンスセンター（Centre for Deliberative Democracy & Global Governance）のメンバーのみなさんに感謝したい。同センターを主宰するジョン・S・ドライゼク（John S. Dryzek）先生は、決して口数が多いわけではないが、見るべきところはきちんと見てくれる研究者であった。重要だと思ったアイデアは誰のものでもきちんと尊重し、様々な国・地域から分け隔てなく学生を受け入れ、メンバーの大切な交流の機会であるモーニング・ティーには欠かさず出席するジョンの姿勢からは、多くのことを学ぶことができた。セレン・A・エルカン（Selen A. Ercan）は、理論的な問題関心を共有するところが多く、私の拙い英語にもつきあってくれた。同センターのその他の関係者では、滞在後の出会いも含めて、とりわけ、ニコル・クラート（Nicole Crato）、キャサリン・カーチン（Katherine Curchin）、マリア・ノエリン・ダノ（Maria Noelyn Dano (Weng)）、アンドレア・フェリチェッティ（Andrea Felicetti）、ボラ・カンラ（Bora Kanra）、リカルド・F・メンドーサ（Ricardo F. Mendonça）、サイモン・ニーメイル（Simon Niemeyer）、アレサンドラ・ペッチ（Alessandra Pecci）、そしてヘイリー・スティーヴンソン（Hayley Stevenson）に感謝したい。ANU 滞在時には、客員として滞在する多くの研究者に出会ったが、中でも、ジョン・バリー先生（John Barry）、エリック・M・アスレイナー先生（Eric M. Uslaner）、郇慶治先生（Qingzhi Huan）に温かい励ましの言葉を頂いたことは、忘れることができない。このセンターでの、ドライゼクおよびロバート・E・グッディン（Robert E. Goodin）という、熟議民主主義研究を世界的に牽引してきた二人の研究者とその下に集う研究者たちとの貴重な出会いによって、私の熟議民主主義研究は大きく進展したし、同時に、自分は間違っていなかったという確信を得ることもできた。センターは、現在はキャンベラ大学に移ったが、ドライゼク氏を中心に、熟議民主主義研究の世界的なセンターであり続けている。交流は現在も続いており、上記のセレンには、名古屋大学の集中講義講師として来ていただいたこともある。キャンベラは、自然豊かで、カンガルーや白い巨大なオウムのカカトゥには会えるが、正直に言えば、都市とし

あとがき

ての魅力にはやや欠ける（と私には思われる）街である。でも、そんなキャンベラで在外研究を行ったことは、私にとって正しい選択であったと実感している。「研究第一」の構えを貫き、私を快くキャンベラに送り出してくれた、名古屋大学大学院法学研究科の同僚のみなさんに厚くお礼申し上げる。

　ANUでの滞在2年目には、公式にはアジア太平洋研究院（College of Asia and the Pacific）の言語歴史文化学部（School of Culture, History & Language）に客員研究員として受け入れていただいた。快く受け入れ教授を引き受けてくださったケント・アンダーソン先生（Kent Anderson）、大学院生との読書会形式のセミナーに参加をお認め頂いたテッサ・モーリス－スズキ先生（Tessa Morris-Suzuki）、そしてリ・ナランゴワ先生（Li Narangoa）に感謝申し上げる。特に、テッサ先生の大学院読書会に出席して、私は「アジア」を意識することができるようになったと思うし、そのことは、熟議文化論への関心にもつながっている。また、調査でキャンベラとANUを訪問された塩原良和さんと、熟議について議論できたことも、幸運なことであった。

　ANU滞在は、私にとって初めての長期海外滞在経験であり、ただでさえ不慣れである上に元々の英語力の低さも相まって、日々不安とトラブルに直面している状態であった。日本では気にもかけないようなことが、私の場合には、「深刻なトラブル」になった。そんな私の日常生活をサポートするとともによき話し相手となり、かつ、学問的刺激も与えてくださったのは、辛島理人さん、小林柔子さん、川村覚文さん、井上浩子さん、井上睦さん、高橋進之介さんといった方々である。何人かの方には、半年間だけ「シングル・ファーザー」として連れて行った二人の子どもたちの面倒を見てもらうこともあった。彼ら／彼女たちがいなければ、私は果たして2年間を無事生き延びることができただろうかとさえ思う。どれだけ感謝しても足りないほどであるが、深く感謝申し上げたい。

　また、キャンベラで英語を教えてくださったジェニファー・ホルムグレン（Jennifer Holmgren）先生にも感謝したい。オリジナルの英語で読む、先生のシェイクスピア講読は、単なる「語学の勉強」ではなく、さながら大学のゼミでの文献講読のようであった。ジェニファー先生の下で学ぶことができたの

261

は、本当に幸運であった。

　本書は、ANU での在外研究のみによって完成したのではない。齋藤純一先生は、本書第 4 章のもとになった論文が掲載された雑誌『思想』の特集「情念と政治」のための研究会にお誘いくださった。また、風行社の「政治の発見」シリーズの編集代表の一人として、私に同シリーズの第 5 巻『語る――熟議／対話の政治学』を編集する機会を与えてくださった。私は、齋藤先生との違いを意識することを通じて、自分の議論を組み立てることが多いと思っているが、それももちろん先生のおかげである。

　『デモクラシーの擁護』（ナカニシヤ出版、2011 年）を共に執筆した宇野重規さんと山崎望さんは、同書所収の拙稿を、本書に転載することをお認めくださった。『デモクラシーの擁護』は、「かなり実質的な意味で「共著」」（同書、i 頁）であり、その一部だけを取り出してよいのかという迷いは私にもあった。お二人の寛大さと変わらぬ友情にお礼を申し上げる。幸い、本書は『デモクラシーの擁護』と同じ出版社から刊行される。なお、本書のサブタイトルにある「政治理論的考察」は、宇野さんの『政治哲学的考察』（岩波書店、2016 年）からも示唆を得ている。

　杉田敦先生には、「政治の発見」シリーズでお世話になったほか、その啓発的な政治論から影響を受けている。本書の構成は、先生の『政治的思考』（岩波新書、2013 年）からもヒントを得ている。小野耕二先生、川出良枝先生、北田暁大さん、松尾秀哉さん、山下範久さんには、本書のもとになった論文執筆の機会を与えていただいた。日本ミニ・パブリックス研究フォーラムに集う方々は、私を、熟議の「現場」へと連れ戻してくれている。ここでは、篠藤明徳先生、坂野達郎先生、伊藤雅春先生のお名前のみを挙げさせていただきたい。様々な形で熟議民主主義研究あるいはそれに「対抗的」な民主主義理論研究に従事している、安藤丈将、乙部延剛、尾内隆之、田畑真一、西山渓、三上直之、柳瀬昇、山田陽、山本圭といった方々も、常に知的刺激を与えてくださっている。待鳥聡史さんは、相互書評会で、刊行前の本書の書評報告を行ってくださった。さらに、本書執筆と同時進行の様々なプロジェクトや研究会または直接のコメントを通じて、熟議民主主義と政治理論に関

あとがき

する様々な示唆やヒントを与えてくださった方々（の一部）として、飯田健、飯田文雄、井上彰、岡崎晴輝、小川有美、川崎修、加藤哲理、小玉重夫、新川敏光、盛山和夫、谷口尚子、千葉眞、坪郷實、西山真司、野村康、畑農鋭矢、原田綾子、藤谷武史、松元雅和、宮本太郎、村田和代、本秀紀、横溝大といった方々がいる。これらの方々に、深く感謝申し上げたい。

　本書では、熟議民主主義は必ずしも自由民主主義を前提としないという立場を打ち出している。これはドライゼクの議論でもあるが、クロフォード・B・マクファーソンの議論に示唆を得たものでもある（なお、マクファーソン自身は、ある種の「自由民主主義」に希望を見出そうとした）。そのマクファーソンの議論を私が知ったのは、学部時代のゼミの先生であった田口富久治先生を通じてである。不真面目なゼミ生であったが、それでも田口ゼミに入ることがなければ、私が熟議民主主義と自由民主主義との関係にこだわるようになることもなかったに違いない。あらためて、先生の学恩に感謝したい。

　2015年10月に逝去された篠原一先生に、本書をお届けすることができないのは、悲しく、残念なことである。先生と直接お会いする機会は、たった一度しかなかった。しかし、先生は、ご著書を通じてあるいは人づてに、私を励ましてくださった。そのご厚情に報いるためにも、やはり私は、先生が晩年に到達された熟議民主主義（討議デモクラシー）の研究に取り組み続けなければならないだろう。

　名古屋「政治と社会」研究会での、大園誠さん、小林正嗣さん、坂部真理さん、中田晋自さん、堀江孝司さん、柳原克行さん、渡辺博明さん、松尾さんとの遠慮のない交流には、相変わらず助けられている。「遠慮のない交流」については、上村泰裕さんと近藤康史さんの存在も欠かすことができない。また、東海地区政治思想研究会の菊池理夫先生、川田稔先生、大竹弘二さんをはじめとするみなさん、社会政治研究会の大岡頼光さん、山岸敬和さん、上村さんにも、日頃の貴重な交流機会の提供にお礼を申し上げる。

　本書の出版については、ナカニシヤ出版の酒井敏行さんにお世話になった。酒井さんには、先述の『デモクラシーの擁護』などで既にお世話になっているが、単著は初めてである。このたび、単著を酒井さんとともに送り出すこ

とができることをうれしく思っている。

　『熟議の理由』の「あとがき」で、「家族という親密圏における熟議民主主義を本当に実践できているのかと言われれば、若干心もとないところではある」と書いた。その後どうだろうかと思い、妻に聞いてみると、「「妻や子どもたちとの熟議に依然として悩んでいる」ということなんじゃないの？」という、私としては少々（かなり？）不本意な答えが返ってきた。けれども、そうした「悩み」は「親密圏における熟議」には困難が多いことを示しており、そして、妻のこうした率直な物言い自体が困難の「乗り越え方」を示唆しているようにも思われる。そういうわけで、私にとっての熟議民主主義は家族とともにあるものである。本書の刊行を、妻・竹内佐和子、長男・田村優樹人、次男・竹内暁希人とともに、喜びたい。

　2017年3月

　　　　　　　　　　　　　　　　　　　　　　　　　　　田 村 哲 樹

【増刷にあたっての追記】
　増刷にあたって、誤字、脱字等を訂正した。その際、名古屋「政治と社会」研究会（2017年8月21日）での本書の検討、特に中田晋自さん（愛知県立大学）による誤字・脱字の指摘が大変有益だった。もちろん、なおも誤りが残っているとすれば、それは私の責任である。（2021年6月）

人名索引

あ

東浩紀　vi, 30-33, 36, 37, 108
アブツ、コエン　30
井上彰　233
井上達夫　47
ウェディーン、リサ　228
ウェルチ、ブライン　117-119, 139
ウォーレン、マーク・E　63, 94, 101, 125, 136, 179, 195, 199, 211
ウォルツァー、マイケル　71
宇野重規　27
ウルビナティ、ナディア　125, 199
江原由美子　168, 171, 172
エルカン、セレン・A　19, 22, 190
エルスター、ヤン　113
岡野八代　157, 181
オッフェ、クラウス　47, 50, 127, 198
オフリン、イアン　9, 10, 12-16, 18, 20, 21, 23-25
オルソン、ケヴィン　55

か

ガットマン、エイミー　17, 165
カニンガム、フランク　220
カノヴァン、マーガレット　30
カンラ、ボラ　12
キーン、ジョン　223
ギデンズ、アンソニー　27, 50-55, 58, 159, 161
キム・ジョハン　159, 160, 175
キム・ユンジョ　159, 160, 175
ギャスティル、ジョン　201
ギュルゾツル、フアト　70
キング、マーティン・ルーサー　21, 76, 90, 116, 131, 177
グッディン、ロバート・E　49, 50, 61, 100, 119-121, 130, 139, 191, 192
クラウス、シャロン　80-86, 88, 89, 91, 107
クラウチ、コリン　28, 29
河野勝　233
コーエン、ジョシュア　7, 204, 235
コノーヴァー、パメラ・J　114, 158-160, 173, 174

さ

齋藤純一　33, 48, 80, 157
齊藤拓　132
坂野達郎　188
ザカリア、ファリード　204
サス、ジェンセン　227, 228
サンスティーン、キャス・R　vi, 76-80, 82, 83, 92, 95, 98, 100, 103-109, 111, 118, 120, 125, 128-130, 134
塩原良和　22
篠原一　211, 212
シャープ、アンドリュー　9
シュトレーク、ヴォルフガング　145, 236
シュミット、ヴィヴィアン・A　140
シュムペーター、ジョセフ　28
ジョン、ピーター　98-102, 106
ジョンソン、ジェームス　95, 142, 143, 148, 150, 151
杉田敦　37
鈴木謙介　97, 107

鈴木宗徳　211
スティアーズ、マーク　233
スティーブンソン、ヘイリー　206
ストーカー、ジェリー　98-102, 106
スミス、グラハム　98-102, 106
セイラー、リチャード　vi, 78, 95, 98, 100, 104, 105, 108, 109, 111, 118, 120, 134
セーレン、キャサリン　145, 146
ゼレク、アルマーツ　136, 137

た
ダール、ロバート・A　14, 59
タン、ベイベイ　211
ダンリヴィー、パトリック　47
チェンバース、シモーヌ　83, 84, 116, 130, 165-168, 186, 187, 189, 202, 211
デヴォー、モニーク　18, 19
ドライゼク、ジョン・S　v, 9-11, 13, 14, 16-21, 23, 24, 42, 47, 70, 75, 76, 79, 80, 82-84, 90-93, 107, 116, 129-131, 151, 190-193, 196, 197, 204, 206, 211-218, 220-223, 227, 228, 235
ドレーク、アン　23
トンプソン、デニス　17, 165

な
ナイト、ジャック　95, 142, 143, 148, 150, 151
ノップス、アンドリュー　70

は
パーキンソン、ジョン　123, 199
バーテルソン、イェンス　232
バーバー、ベンジャミン　46, 61-63, 65
ハーバーマス、ユルゲン　56-58, 84-89, 203, 206-209, 212, 227, 228
バイオッキ、ジャンパオロ　187
ハウスマン、ダニエル・M　117-119, 139

バウマン、ジグムント　59, 63, 65
萩原久美子　168
バシール、バシール　17
ファン、アルカン　187, 194, 195, 201
フィシュキン、ジェイムズ・S　43, 102, 186-188, 211
フィッシャー、フランク　151
フィッツパトリック、トニー　61
ブッフシュタイン、フーベルトゥス　123-126
フレイザー、ナンシー　93, 173, 174
プロイス、ウルリヒ　127, 198
プロコフニク、ライア　74
ベイカー、ジョン　134, 136
ベイトマン、キャロル　47, 205
ベクティガー、アンドレ　199, 211
ベック、ウルリヒ　vi, 9, 26, 27, 33
ベック-ゲルンスハイム、エリーザベト　161
ヘルド、デヴィッド　220
ヘンドリクス、キャロリン・M　126, 199, 200
ホー、バオガン　211
ホーエ、ターニャ　24
ホブソン、クリストファー　204
本條晴一郎　152, 175

ま
マーカス、ジョージ・G　73, 80
マークハルト、オリヴァー　234
マカロック、アリソン　23
マクネイ、ロイス　234
マクファーソン、クロフォード・B　204, 218-220, 231
松尾秀哉　14
マッキー、ジェリー　175
松元雅和　7, 233
マホニー、ジェームス　146
マンスブリッジ、ジェーン　v, 138, 162-165, 176, 179, 200, 214-216,

221-227
マンデラ、ネルソン　21, 90, 116, 131
三上直之　192
ムフ、シャンタル　70, 177
メルケル、ヴォルフガング　236

や
安冨歩　152, 175
柳瀬昇　188
山田陽　204
ヤング、アイリス・M　48, 74, 235
吉田徹　35

ら
ライト、エリック・O　195
ラクラウ、エルネスト　234
ラフォント、クリスティーナ　186-189, 202
ルメンス、ステファン　30
レイプハルト、アレンド　12, 13
レヴィーン、ピーター　201
レオポルド、デイヴィッド　233
レッシグ、ローレンス　96, 102, 103, 139
ロールズ、ジョン　7, 59, 84
ロストボール、クリスティアン・F　103, 108-118

事 項 索 引

あ
一般意志2.0　32, 33, 36, 38

か
くじ引き（ミニ・パブリックスにおける）　123-127
言説　17, 18, 140-142, 196
　――的基礎　176
公共フォーラム　122, 123, 147
公／私区分　205, 208-210, 220-223
コンセンサス会議　192, 193

さ
再帰的近代（化）　i, 65, 94
財産所有民主主義　59, 60
サバルタン対抗公共圏　173, 174, 179
参加型予算　185, 187, 211
参加所得　62
参加民主主義（論）　220, 236
ジェンダー秩序　171, 172, 176

私的領域　208, 209, 216, 217, 220-222, 226
自動システム　78, 126-128, 134, 135,
市民議会　184, 191
市民代表　125, 199
市民討議会　184
市民陪審　184
社会運動　190, 214, 235
社会的学習（としての熟議）　12, 192
社会的決定　226
集計民主主義　40, 91
自由民主主義　iv, v, 23-25, 28, 44, 45, 203-206, 214, 215, 218, 227, 228, 230
熟議システム　vii-ix, xi, 122, 138, 176, 200, 213-218, 220-224, 226
　入れ子型――　223, 232, 236
熟議所得　132-138
熟議文化　227, 228
親密圏　22, 52-54, 137, 138, 156, 157, 206, 208, 220-224, 226, 227

——〈からの〉熟議　157-160, 174,
　　　221-223
　　——〈をめぐる〉熟議　160, 164, 174,
　　　221-223, 227
生活政治　51, 54
生産主義（的）　50-52
政治的なるもの　163, 164
積極的福祉　50-52, 54, 55

た
多極共存型民主主義　12-15
脱商品化　55
沈黙　165, 168-172, 174, 175
デモ　122, 123
闘技（民主主義）　9, 70, 71, 177
討論型（熟議）世論調査（DP）　184,
　186

な
ナッジ　x, 43, 44, 77, 78, 95, 96, 98-107,
　118-119, 141, 147
日常的な話し合い　22, 138, 162-165,
　221-227

は
パターナリズム　107, 108, 110-114,
　117-121, 133
　許容される——　121, 133
　正当な——　111, 121, 130, 148
ハラスメント　175
反省（性）　33-36, 40-42, 72, 82, 91-93,
　116, 149
反省システム　78
非理想理論　7, 234, 235
フェミニズム　174-175, 205, 209
複数的な自己（自己の分断的性質、分断さ
　れた自己）　17, 89, 90, 131
複線モデル　207, 208, 210
プランニング・セル　184
分析的政治哲学　233-235
ベーシック・インカム（BI）　47, 59, 60,
　64, 132-134, 137, 138, 147, 178
方法論的国家（政府）主義　vii
ポスト家族的家族　161
ポピュリズム　30-31, 34, 35, 37-41

ま
ミクロな非熟議的実践のマクロな熟議的効
　果　122
ミニ・パブリックス　11, 42, 123, 125,
　126, 184, 185, 210-213, 216
民主主義2.0　31-39
民主的家族　161, 232
メタ熟議　217

ら
理想理論　7, 234, 235
リバタリアン・パターナリズム　77, 79,
　104, 105, 108-111
レトリック　76, 89, 90, 116, 128-132, 177,
　214
　熟議的——　116, 117, 122, 130, 177

田村哲樹（たむら　てつき）
1970 年生まれ。名古屋大学大学院法学研究科博士課程後期課程修了。博士（法学）。現在、名古屋大学大学院法学研究科教授。政治学・政治理論。『ここから始める政治理論』（共著、有斐閣、2017 年）、『政治理論とは何か』（共編、風行社、2014 年）、『政治理論とフェミニズムの間——国家・社会・家族』（昭和堂、2009 年）、『国家・政治・市民社会——クラウス・オッフェの政治理論』（青木書店、2002 年）、など。

熟議民主主義の困難
その乗り越え方の政治理論的考察

2017 年 5 月 15 日　初版第 1 刷発行
2021 年 7 月 15 日　初版第 2 刷発行

（定価はカヴァーに表示してあります）

著　者　田村哲樹
発行者　中西　良
発行所　株式会社ナカニシヤ出版
　　　　〒606-8161　京都市左京区一乗寺木ノ本町 15 番地
　　　　　　　　　TEL 075-723-0111　FAX 075-723-0095
　　　　　　　　　　http://www.nakanishiya.co.jp/

装幀＝白沢　正
印刷・製本＝創栄図書印刷
©Tetsuki Tamura 2017　Printed in Japan
＊落丁・乱丁本はお取り替え致します。
ISBN978-4-7795-1172-1　C3031

本書のコピー、スキャン、デジタル化等の無断複製は著作権法上での例外を除き禁じられています。本書を代行業者等の第三者に依頼してスキャンやデジタル化することはたとえ個人や家庭内の利用であっても著作権法上認められておりません。

デモクラシーの擁護
再帰化する現代社会で
宇野重規・田村哲樹・山崎望

危機の時代において、デモクラシーこそが唯一の選択肢である！ リベラリズムやナショナリズムと理論的に対決しながら、デモクラシーの可能性を徹底的に考察する。新たな時代のデモクラシー宣言。　二八〇〇円＋税

ハーバーマスを読む
田村哲樹・加藤哲理 編

公共圏、コミュニケーション的行為、システムと生活世界、討議倫理――。現代の政治哲学・社会哲学に多大なる影響を与え続けるハーバーマス。その多様かつ壮大なる理論体系の全貌を明らかにする。　三六〇〇円＋税

ロールズを読む
井上彰 編

正しい社会のあり方をめぐる問いに正面から向き合い、人文・社会科学に巨大な影響を与え続けるロールズ。規範理論と経験科学の接点に着目しながら、ロールズ正義論の全貌を明らかにする。　三八〇〇円＋税

ヨーロッパ・デモクラシーの論点
伊藤武・網谷龍介 編

左右のポピュリズムの台頭、ユーロ危機、イギリスのEU離脱、ナショナリズムと分離主義、難民危機――。危機と刷新に直面するヨーロッパ・デモクラシーの諸問題を、アクターと政策課題から解説。　二八〇〇円＋税